1263229

V&R

Michael Fröhlich / Klaus Langebeck / Eberhard Ritz

Philosophieunterricht
Eine situative Didaktik

Mit einem Vorwort
von Herbert Schnädelbach

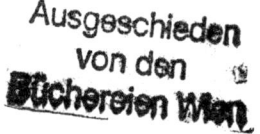

Vandenhoeck & Ruprecht

Über die Autoren
Die Autoren sind von ca. 1980 bis 2011 in verschiedenen Funktionen für den Philosophieunterricht in Hamburg und Norddeutschland verantwortlich gewesen, u. a. an den Universitäten Hamburg und Rostock, in der Rahmenplanerstellung in Mecklenburg-Vorpommern, Brandenburg und Hamburg, in der Lehreraus- und fortbildung, in der Hamburger Bildungsbehörde und natürlich – in Schulen.

Bibliografische Information der Deutschen Nationalbibliothek

Die Deutsche Nationalbibliothek verzeichnet diese Publikation in der Deutschen Nationalbibliografie; detaillierte bibliografische Daten sind im Internet über http://dnb.d-nb.de abrufbar.

ISBN 978-3-525-70157-7

Umschlagabbildung: Michael Fröhlich, In den Himmel gucken

Das Gedicht auf Seite 5 stammt aus Lewis Carroll: Alice im Wunderland. Mit zweiundvierzig Illustrationen von John Tenniel. Übersetzt und mit einem Nachwort von Christian Enzensberger. Frankfurt/M. (Insel it 42) 5. Aufl. 1978, S. 9–10

© 2014, Vandenhoeck & Ruprecht GmbH & Co. KG, Göttingen /
Vandenhoeck & Ruprecht LLC, Bristol, CT, U.S.A.
www.v-r.de
Alle Rechte vorbehalten. Das Werk und seine Teile sind urheberrechtlich geschützt. Jede Verwertung in anderen als den gesetzlich zugelassenen Fällen bedarf der vorherigen schriftlichen Einwilligung des Verlages.
Printed in Germany.

Satz: SchwabScantechnik, Göttingen
Umschlag: SchwabScantechnik, Göttingen
Druck und Bindung: ⊕ Hubert & Co., Göttingen

Gedruckt auf alterungsbeständigem Papier.

Gemach im goldenen Nachmittag
Gleiten wir leis dahin,
Da kleine Ärmchen ungeschickt
Sich an den Rudern mühn
Und wenig achten, ob durchs Nass
Einen graden Pfad sie ziehn.

Ihr schlimmen drei! Ach, lockts euch nicht,
Die Stunde hinzuträumen?
Erzählen? Wo mein Atem sich
Fast selbst möcht versäumen?
Und doch – vor solcher Übermacht
Muss ich das Feld wohl räumen.

Schon ordnet Prima hoheitsvoll
Mir an: doch zu beginnen!
Auch Unsinn, hofft Sekunda drauf,
Kommt doch wohl vor darinnen?
Und Tertia lässt nicht einen Satz
Ohne »Wieso?« verrinnen.

Lewis Carroll, Alice im Wunderland

Inhalt

Vorwort 11

Einleitung 17

KAPITEL 1
Zehn Minuten vor Schluss, und 25 Gesprächsfäden liegen
offen. – Was kann ich als Lehrerin und Lehrer jetzt tun? 25

KAPITEL 2
»Sagen Sie uns bitte, was Philosophie eigentlich ist!« –
Wie führe ich in das Fach ein? 31

KAPITEL 3
»Was machen wir heute?« – Der Philosophieunterricht
beginnt. Ich weiß nicht, wie ich anfangen soll. 40

KAPITEL 4
»Reden wir heute wieder über *dieses* Thema?« –
Wie kommen die Schülerinnen und Schüler zu
einer Leitfrage? 49

KAPITEL 5
»Einverstanden, mit *der* Frage wollen wir uns beschäftigen!« –
Wie mache ich weiter,
wenn wir eine Frage haben? 58

KAPITEL 6
Exkurs 1 – Eine Forschungsgemeinschaft aufbauen 65

KAPITEL 7
»Aha, so ist das also! Und ist das jetzt richtig?« – Wie können
die Schülerinnen und Schüler Gedanken und Vorstellungen
prüfen lernen? 70

KAPITEL 8
»Hä? Die Texte, die Sie mitbringen, kann man gar nicht
verstehen.« – Wie sorge ich dafür, dass die Schülerinnen
und Schüler sich einen Text erarbeiten? 78

KAPITEL 9
»Das ist uns zu unübersichtlich!« – Wie visualisiere ich
im Philosophieunterricht? 84

KAPITEL 10
»Immer nur Worte und abstrakte Gedanken!« –
Wie sorge ich für Konkretisierung und Lebensweltbezug? ... 97

KAPITEL 11
»Einige sagen was, und weiter kommen wir auch nicht!« –
Wie gestalte ich ein Gespräch? 104

KAPITEL 12
»Immer reden wir.« – Geht es auch anders? 119

KAPITEL 13
»Warum tun wir das jetzt nochmal?« – Wie sorge ich dafür,
dass die Problemstellung präsent und leitend bleibt? 127

KAPITEL 14
»Ich will jetzt mal das machen, das ›bringt‹ mir mehr!« –
Wie viel Binnendifferenzierung brauche ich? 132

KAPITEL 15
Exkurs 2 – Den Raum der Auseinandersetzung gestalten 139

Inhalt

KAPITEL 16
»Etwas Richtiges lernen wir hier gar nicht!« – Wie sorge
ich dafür, dass Schülerinnen und Schüler die Erfahrung
machen, etwas gelernt zu haben? 143

KAPITEL 17
»Wer sagt denn nun was: haben doch beide irgendwie
recht!« – Wie können die Schülerinnen und Schüler
Positionen miteinander vergleichen? 149

KAPITEL 18
»Und warum soll das so sein?« – Wie können die
Schülerinnen und Schüler trainieren, zu argumentieren? 156

KAPITEL 19
»Ich sehe keinen Unterschied!« – Wie kommen
meine Schülerinnen und Schüler zu Begriffen –
und zu ihrer Reflexion? 164

KAPITEL 20
»Wir wollen das auch ohne Sie können!« – Wie erhöhe ich
die Mitverantwortung der Schülerinnen und Schüler? 171

KAPITEL 21
»Wie war das noch mal?« –
Wie wird im Philosophieunterricht geübt? 177

KAPITEL 22
Exkurs 3 – Zur Erweiterung geistiger Landkarten beitragen .. 183

KAPITEL 23
»Wann klären wir, was nun insgesamt gilt?« – Wie können
die Schülerinnen und Schüler zu einer systematisierenden
Antwort gelangen – zu ihrem eigenen Urteil? 189

Kapitel 24
»Was sollen wir für die Arbeit lernen?« – Wie gestalte ich
als Lehrkraft die Leistungsbewertung? 197

Kapitel 25
»Wann kriegen wir das nächste Thema?« –
Wie komme ich von einer Frage zur nächsten? 209

Kapitel 26
Eine bunte Reihe Fragen 216

Kapitel 27
Exkurs 4 – Der Bildungsanspruch des Fachs Philosophie 227

Nachwort 236

Vorwort

Zunächst ein Blick zurück: Durch die Reformen der gymnasialen Oberstufe seit 1972 wurde die Philosophie in mehreren Bundesländern zu einem ordentlichen Schulfach, sei es als Wahlfach, Wahlpflichtfach oder sogar als Leistungsfach im Hinblick auf das Abitur. Außerdem begannen die Landesregierungen nach 1975, Ersatzunterricht für die Schüler vorzuschreiben, die sich aus Gründen der Religionsmündigkeit vom Religionsunterricht abmeldeten. Die Bezeichnungen »Werte und Normen« oder »Ethik« dominierten, weil man in alter deutscher Tradition immer noch davon ausging, der Religionsunterricht habe vor allem die Aufgabe, den Kindern und Jugendlichen Moral beizubringen, und wenn diese Erziehungsinstanz wegfalle, müsse man eben Ersatz schaffen. Obwohl in einigen Bundesländern an dieser Stelle von vornherein von Philosophie die Rede war, glaubte man andernorts, diese Aufgabe eben so gut den Religions- oder Sozialkundelehrern überlassen zu können. Aber allmählich setzte sich dann doch die Einsicht durch, dass auch im Bereich der normativen Bildung an den Schulen philosophische Fachkompetenz unentbehrlich sei. Von den meisten schulischen Unterrichtsfächern her waren Fachdidaktiken als feste Bestandteile der universitären Lehrerausbildung vertraut, denn es hatte sich längst gezeigt, dass es nicht mehr genügte, diese Aspekte auf die Referendarsausbildung zu vertagen. Nun stellte sich die Aufgabe, auch für die künftigen Philosophielehrer eine eigene Fachdidaktik zu entwerfen und zu institutionalisieren.

In der universitären Fachgenossenschaft blieb es nicht bei der bloßen Skepsis gegenüber einem solchen Vorhaben, sondern es regte sich offener Widerstand. Da wurde behauptet, Philosophie sei ohnehin nicht lehrbar, und deswegen sei hier eine Fachdidaktik fehl am Platze; merkwürdig war nur, dass so etwas von Universitätsprofessoren mit Lehrverpflichtungen vertreten wurde. Dann wurde eingewandt, Philosophie sei für Schüler zu schwer, und es sei aussichtslos, sie ohne deutlichen Niveauverlust als gymnasiales Fach zu betreiben; die unvermeidliche didaktische Aufbereitung fordere nun einmal diesen Preis. Ganz in diesem Sinn sagte Adorno, im Respekt vor den Studierenden »verschmähe« er es, sich in seiner Lehrtätigkeit pädagogische Gedanken zu machen; schließlich gehe es ausschließlich um die Sache selbst und nicht um deren methodische Zurichtung. Mit dieser Sicht der Dinge stand er damals nicht allein, wobei er wie viele seiner damaligen Kollegen Methodik und Didaktik nicht auseinander hielt; dabei entging ihm wie manchen anderen, dass er selbst in seiner Lehrtätigkeit sehr wohl didaktischen Leitideen folgte, aber ohne auf sie zu reflektieren. Überhaupt war damals die Überzeugung sehr verbreitet, eine Didaktik der Philosophie sei als Fach nur etwas für Philosophielehrer und deren Ausbildung; als Universitätsprofessor schien man sich davon fernhalten zu können. Bis heute hat die Idee einer Hochschuldidaktik unter Hochschullehrern einen schweren Stand.

So war die deutsche Universitätsphilosophie auf die von den Kulturverwaltungen geforderte Konzeption eines philosophiedidaktischen Curriculums denkbar schlecht vorbereitet, denn was hatte sie hier zu bieten? Bis weit in die 70er-Jahre bestimmte in den philosophischen Seminaren und Instituten der Morbus hermeneuticus das Bild, also die Krankheit der Reduktion von Philosophie auf Philologie; nur die historisch-hermeneutische Beschäftigung mit dem in den überlieferten Textbeständen dokumentierten schon gedachten Denken galt da als wissenschaftlich. Man rechtfertigte dies mit der Generalthese, nach Kant und Hegel sei »große« Philosophie ohnehin nicht mehr möglich, und gemessen an deren Maßstäben sei jedes autonome Philosophieren zum Dilettantismus verurteilt. Philosophie galt jetzt als »Geisteswissenschaft«, und so konnte man sich mit einem dicken und hochgelehrten Buch über den Klassiker XYZ habilitieren, vorausgesetzt, es stand kein eigener neuer Gedanke darin – der konnte ja nur unwissenschaftlich sein. (Ludwig Wittgenstein hätte hierzulande mit seinem Tractatus keine Chance bekommen, denn er enthielt ja keine Fußnoten.) Kant hingegen hatte bekanntlich behauptet, man könne nicht Philosophie, sondern nur das Philosophieren lernen; er wandte sich mit scharfen Worten gegen die Reduktion der Philosophie auf Philosophiegeschichte, nannte den bloß historisch Gebildeten einen »Gipsabdruck von einem lebenden Menschen«; und seine »Maximen des gemeinen Menschenverstandes« lauteten: »1. Selbstdenken; 2. An der Stelle jedes andern denken; 3. Jederzeit mit sich selbst einstimmig denken.«. Aber das, was Kant gesagt und gefordert hatte, war damals bloß historischer Lernstoff, der in Prüfungen abgefragt werden konnte; auf didaktische Konsequenzen aus all dem im Sinn von Anleitungen zum philosophierenden Selbstdenken verzichtete man weitgehend, denn die selbst nur »geisteswissenschaftlich« gebildeten Professoren wären damit heillos überfordert gewesen.

Die Frage nach Sinn und Zweck der philosophischen Fachdidaktik war nur zu beantworten, wenn klar war, was im schulischen Philosophieunterricht geschehen sollte. Am bequemsten war die Auskunft: »Dasselbe wie im üblichen Philosophiestudium, nur eben auf ermäßigtem Niveau.« So griff man vielfach auf die angeblich »leichten« Texte der Klassiker zurück und traktierte sie in der gewohnten Weise; bestimmte Platon-Dialoge und Kants populäre Schriften schienen sich dafür besonders zu eignen. Ein solches »Heruntertransformieren« des an den Universitäten Üblichen auf das für Schülergehirne Fassbare erwies sich freilich als eine Sackgasse, denn die didaktischen Ziele des philosophischen Fachstudiums und des Philosophieunterrichts an den Schulen sind ja nicht dieselben. Wer Philosophie studiert, soll dazu befähigt werden, kompetent am professionellen Diskurs der wissenschaftlichen Philosophie teilzunehmen und hier etwas Weiterführendes beizutragen. Der philosophische Schulunterricht hingegen muss ganz andere Wege gehen, denn er hat ja nicht primär den Zweck, Schüler propädeutisch auf ein Philosophiestudium vorzubereiten, sondern er ist nur sinnvoll als Anleitung zum eigenen und gemeinsamen Philosophieren im Sinn des »Selbstdenkens«, von dem Kant gesprochen hatte; vernünftige Selbstständigkeit ist auch hier das leitende Bildungsziel. Entscheidend ist dabei die Idee der Orientierung im Denken und durch das Denken, bezogen auf den Bereich der Grundsätze unseres Denkens, Erkennens und Handelns. Orientierungsbedürfnisse, die das Philosophieren anregen, erwachsen aus den Problemen, vor die uns unsere moderne

Lebenswelt stellt, und dem kann sich nur eine problemorientierte philosophische Bildung gewachsen zeigen.

Man muss nicht bestreiten, dass auch das heutige Philosophiestudium geeignet ist, zur philosophischen Bildung in diesem Sinn beizutragen und zum Selbstdenken anzuregen; das war auch in Zeiten der »geisteswissenschaftlichen« Gefangenschaft unseres Fachs der Fall, aber es galt und gilt heute bestenfalls als ein wünschbarer Nebeneffekt. Inzwischen ist der Morbus hermeneuticus weitgehend Geschichte, selbst wenn die wenigen originären Denker, die man nach Hegel noch gelten ließ, auch heute noch durch gigantische Philologien geehrt werden – zu nennen sind hier Nietzsche, Heidegger und Wittgenstein. Der wissenschaftliche Philosophiediskurs organisiert sich zunehmend anhand von Themenfeldern, zu denen freilich auch das Historisch-Hermeneutische gehört. Im deutschen Sprachraum war es vor allem die Rezeption der angelsächsischen analytischen Philosophie mit ihrer dominierenden Themenorientierung, die die Fachgenossenschaft zunehmend dazu anregte, sich der gedanklichen Orientierungsprobleme anzunehmen, die die Zeitgenossen wirklich beschäftigen; man denke nur an die zahlreichen Themen der sogenannten *Angewandten Philosophie*. In den letzten Jahrzehnten ist das durch Orientierungsbedürfnisse motivierte Interesse an Philosophie ständig gewachsen, was sich nicht zuletzt an den zahllosen Einführungen unterschiedlichster Machart und dann vor allem an bestimmten Bestsellern zeigt. Gleichwohl ist die Kluft zwischen dem, was philosophisch in den Universitäten geschieht, und den Erwartungen der philosophisch interessierten Laien seitdem immer breiter geworden; der Grund ist eine nachhaltige Verwissenschaftlichung der Philosophie als Universitätsfach, die sich vor allem in einer ständig fortschreitenden Spezialisierung der Fachvertreter zeigt. Die Anforderungen an die Qualifikation künftiger Hochschullehrer lassen sich angesichts der riesigen Bewerberzahlen nur durch strikte Konzentration auf immer begrenztere Arbeitsgebiete erfüllen. Im Effekt bedeutet dies den Zerfall des Singulars ›Philosophie‹, an dem das Fach immer noch festhält, in lauter Bindestrich-Philosophien mit eigenen Gesellschaften, Zeitschriften und Kongressen. Auf diese Weise beginnt die Spezies derer, die ohne Qualitätsverlust im Stande sind, an den Hochschulen allgemein interessierende Übersichtsvorlesungen über breitere Themengebiete und dementsprechende Publikationen anzubieten, allmählich auszusterben; ihre Aufgabe wird heute zunehmend von Spezialisten fürs Generelle außerhalb der Universitäten wahrgenommen – von den popularisierenden Bestsellerautoren. Ein Nebeneffekt dieses Trends ist das Verschwinden der größeren philosophischen Kontroversen, die seit jeher zum kontinentalen Kulturdiskurs dazugehörten und ihn wesentlich prägten; denn wenn nicht mehr singuläre Großprofessoren und ihr jeweiliger Anhang die Szene beherrschen, sondern lauter hochspezialisierte Experten, die wie Epikur ihre jeweiligen Gärten pflegen, dann ist nicht zu erwarten, dass das, worüber sie sich streiten mögen, von allgemeinerem kulturellen Interesse sein könnte.

In dem Maße, in dem sich die Universitätsphilosophie durch ihre fortschreitende Verwissenschaftlichung genötigt sieht, sich auf die Ausbildung ihres akademischen Nachwuchses zu konzentrieren, droht sie als Ort gelingender Bildung im Medium des philosophischen Selbstdenkens auszufallen. Für Kant war Philosophie der Inbegriff dessen, was »jedermann notwendig interessiert«; unsere Spezialisten können dies nur von den wenigsten ihrer geschrumpften Themengebiete behaupten. Wem in dieser Situation überhaupt noch an philosophischer Bildung im Sinn der Anleitung zum vernünftigen Selbstdenken gelegen ist, sieht sich immer deutlicher an die Schule als geeigneten Lehr- und Lernort verwiesen. Das gilt nicht nur für die gymnasiale Oberstufe, sondern auch schon für die Klassen, in denen philosophischer Ersatzunterricht für das Fach Religion vorgeschrieben ist. Dass man damit gar nicht früh genug anfangen kann, zeigen die ermunternden Erfahrungen mit dem Philosophieren mit Kindern. Ekkehard Martens hat das Philosophieren einmal als eine unentbehrliche Kulturtechnik bezeichnet, und wir verdanken ihm als einem Pionier zeitgemäßer Philosophiedidaktik das dialogisch-pragmatische Konzept von Philosophieunterricht. Dass es besonders geeignet ist, die philosophische Bildung zu fördern, ist längst erwiesen; man denke nur an den publizistischen Erfolg der Zeitschrift für Didaktik der Philosophie und Ethik, die mit ihrer strikten Themen- und Problemorientierung jenem Didaktikkonzept folgt und seine Realisierung seit vielen Jahren nachhaltig unterstützt. Auch dieses Buch bekennt sich ausdrücklich zu jener Grundlage gelingender Bildung im Medium des gemeinsamen Philosophierens; vor dem Hintergrund reicher Lehrerfahrung gelingt es ihm, die damit gestellten didaktischen Aufgaben im Hinblick auf konkrete Lehr- und Lernsituationen in der Schule weiter zu konkretisieren und dadurch zu ihrer Bewältigung beizutragen. Rezepte oder gar Patentlösungen sind hier nicht zu erwarten, dafür aber vielfältige Anregungen für eine Lehrpraxis, die geeignet ist, das philosophierende Selbstdenken zu fördern.

Im Februar 2014 Herbert Schnädelbach

Einleitung

Philosophieren heißt selber denken. Denken Schülerinnen und Schüler im Philosophieunterricht selber, entstehen Lerngeschichten. Eine Geschichte lebt von Details, in denen Allgemeines erfahrbar wird, sie lebt von komplexen Bezügen, von Narrationen sowie von Persönlichem und Subjektivem, das sich in verschiedenen Situationen jeweils wieder neu und anders darstellt und beleuchten lässt.

Wie lässt sich darstellen, auf welche Art und Weise Lehrerinnen und Lehrer möglichst gut Lerngeschichten von Schülerinnen und Schülern aufbauen können? Eine Möglichkeit stellt die Erläuterung und Begründung allgemeiner Prinzipien, Konzepte und Methoden guten Philosophieunterrichts dar. Dies führt aber noch nicht zu den Erfahrungen, die Philosophielehrerinnen und Philosophielehrer brauchen, um Unterricht situationsgerecht gestalten zu können. Und es führt nicht dazu, dass Lehrerinnen und Lehrer eine Vorstellung und Bilder davon erwerben, welches die Erfahrungen sind, die Schülerinnen und Schüler im Philosophieunterricht machen können. Umgekehrt aber kann eine bloße Erzählung einer Lerngeschichte dazu führen, dass die *Struktur* des Philosophieunterrichts nicht mehr deutlich wird.

Unser Ausweg aus diesem Dilemma didaktischer Fokussierung zwischen erfahrungsferner Verallgemeinerung und erfahrungsnaher Narration ist der folgende. Wir bieten den Leserinnen und Lesern eine Erzählung an, in der die *Struktur einer Geschichte* im Mittelpunkt liegt; wir erzählen die typische Lerngeschichte einer Lerneinheit anhand von Situationen. Wir möchten die Leserinnen und Leser daher auf eine Reise einladen. Wir werden keinen Reisebericht geben; vielmehr wollen wir Reiseführer sein, die zentrale Orte und zentrale Stationen der Lerngeschichte des Philosophieunterrichts beschreiben, strukturieren, ausmalen und schmackhaft machen.

Indem wir die Typik von Situationen erläutern, wollen wir einen gewissen Überblick liefern.

Im Verlauf einer Lerngeschichte werden sich die beteiligten Personen verändern. Andere Mitreisende nämlich, Mitschülerinnen und Mitschüler, werfen ein Licht auf eine beteiligte Person, die sich und ihre Denkungsart dadurch besser zu verstehen lernt. Zudem wird es Brechungen geben, in denen andere diese Person anders wahrnehmen, als sie über sich selbst zu denken glaubte. Solche Brechungen fordern zum Nachdenken und eventuell zu Veränderungen auf. Auch kann sich das verändern, was die Beteiligten unter Philosophie verstehen. Denn die Erfahrungen der Beteiligten verändern, was sie sich unter dem Land vorstellen, in dem sie reisen und in dem sie eine Geschichte erleben. Es wird ein gewisses Eintauchen in die Erfahrungen erforderlich sein, um dies zu verstehen.

Warum und inwiefern schreiben wir eine situationsorientierte Didaktik?

Situationen spielen in diesem Buch eine mehrfache Rolle.

Zum einen betrachten wir Situationen *des* Philosophieunterrichts. Diese Situationen scheinen uns typisch zu sein für die vielen Stunden des Philosophierens im Unterricht, und sie scheinen uns exemplarisch zu sein für die Aufgaben, vor denen die Lehrkraft steht, wenn sie Unterricht gestalten will. Insofern jede echte unterrichtliche Situation natürlich individuell und einzigartig ist, könnte man genauer sagen, wir betrachten *Situationstypen* des Philosophieunterrichts.

Typische Situationen zu betrachten ist uns deshalb wichtig, weil das Wissen, das eine Lehrerin bzw. ein Lehrer braucht, *konkret* ist. Es ruft nach Beispielen und Bildern, und erst in Erörterungen der Bedingungen sinnvollen Einsatzes der Beispiele entstehen tiefere Begriffe. Begriffe für konkretes Handeln sind nicht schon »fertig« da; Beispiele sind daher nicht bloß die »Geschenkverpackung« um einen festliegenden Inhalt oder das, was ohnehin schon dem »Karton« des Begriffs angesehen werden kann; jedes Beispiel für unterrichtliches Handeln illustriert nicht nur, es vertieft, (er)läutert, verschiebt, ergänzt, erweitert und verändert didaktische Begriffe. Daher gibt es in diesem Buch viele konkrete Beispiele und viele Überlegungen zu

Unterschieden in Situationen, die unterschiedliche Gestaltungen nahe legen können.

Lehrerinnen und Lehrer lernen am besten, das ist unsere Erfahrung in der Lehrerausbildung, aus und in Situationen. Sie schulen ihre Fähigkeiten, indem sie sich Situationen vorstellen und prüfen, wie sie gestaltet werden können. Dies verändert die inneren Bilder und die inneren Lehr- und Lernskripte, d. h. die Regieanweisungen, die Lehrerinnen und Lehrer sich selbst geben und die sie benutzen. Situationen aufmerksam darauf zu betrachten, wie sie gestaltet werden können, schult die Urteilskraft, aber ebenso erweckt es neue, gleichsam bebilderte Vorstellungen des Unterrichts.

Situationen zu betrachten bedeutet größtmögliche Konkretisierung. Aber das darf nicht zu einem Wissen und zu einer Fähigkeit führen, die *nur* in einer bestimmten konkreten Situation Anwendung findet. Auch deshalb betrachten wir Typen von Situationen – so dass die Struktur, die in ihnen liegt, deutlich wird. (Aus diesem Grund binden wir Situationen beispielsweise nicht an konkrete Unterrichtsinhalte an.)

Situationen strukturieren zu können, ermöglicht es, handlungsleitende Modelle und Maximen zur Gestaltung der Arten von Situationen zu erwerben. Zu solchen Leitlinien formulieren wir konkrete unterrichtliche Gestaltungsmöglichkeiten. Auf diese Weise liefern wir ein Bild des Philosophieunterrichts und einen situationsorientierten »Handwerkskoffer« zugleich, der im Unterricht direkt angewendet werden kann.

Dies geschieht in Form von Maßnahmen, die zu typischen Situationen passen. Maßnahmen sind *Impulse*, die die Lehrerin bzw. der Lehrer geben kann, damit die Arbeit der Lerngruppe eine deutlichere Gestalt bekommt. Impulse sind alle zielgerichteten Äußerungen und Handlungen der Lehrkraft, durch die sie Einfluss auf das Unterrichtsgeschehen nimmt, vornehmlich sind es *Arbeitsaufträge und Fragen*. Wenn wir, d. h. die Autoren dieses Textes, Impulse nennen, ist die Sozialform, in der sie erarbeitet werden, damit noch ebenso wenig festgelegt wie die konkrete unterrichtspraktische Methodisierung dieser Maßnahme. Die Lehrkraft kann den Impuls im Unterrichtsgespräch geben, sie kann einen Arbeitsauftrag erteilen, der in Einzelarbeit, Partner- oder Gruppenarbeit bearbeitet wird. Oder es können aufeinander aufbauende Arbeitsaufträge in einer kooperativen, mehrstufigen Lernform verfolgt werden.

Die *Sprache*, in der wir Impulse formulieren, ist schülerorientiert, d. h. auch bisweilen lax und ungenau. Dies ist aber in einer Schüler-Lehrer-Denkgemeinschaft sinnvoll. Die Lehrerin und der Lehrer müssen auf verschiedenen Sprachebenen zu Hause sein können und nur dort genau sprechen, wo dies sachlich notwendig ist und wo sie als Sprachvorbild agieren.

Mit dieser Formulierungsart ist keine sachliche Ungenauigkeit oder gar esoterischer Glaube erkauft. Formulieren wir etwa: *Welche Frage ist im Raum? Wo stehen wir?* so können Leserinnen und Leser umformulieren: *Welche Frage hat sich euch in den letzten zehn Minuten gestellt? Zu welchem Zwischenergebnis seid ihr gekommen?* Aber die ersteren Formulierungen generieren bisweilen einen gemeinsamen Habitus in einer forschenden Gruppe.

Guten Unterricht zu erteilen erfordert eine Art Wenn-Dann-Wissen der Lehrkraft: *Wenn eine Situation so und so ist, dann lässt sie sich wahrscheinlich so und so gestalten.* Daraus folgt jedoch nicht: *Immer wenn die Situation so und so begriffen werden kann, muss ich als Lehrkraft genauso und so handeln.* Unterricht folgt keinem Schematismus und keiner einlinigen Kausalität. Erfahrungswerte und Konzipierungen können in mein Urteil und meine Handlungsmöglichkeiten als Lehrkraft einfließen, aber mein aktuelles Handeln im Unterricht ist einzigartig, weil es sich in jeder unterrichtlichen Situation um eine einmalige Erfahrung zwischen konkreten Menschen handelt, die gegenwärtig und präsent miteinander handeln. Wir beschreiben Situationen, indem wir typische Schüleräußerungen formulieren. Je nachdem, wie der Lehrer bzw. die Lehrerin die Situation deutet, in der Schülerinnen und Schüler etwas Typisches äußern, formulieren wir Gestaltungsoptionen für die Lehrkraft. Die konkreten Motivlagen von Schülerinnen und Schülern dagegen können in Äußerungen und Sprechakten, die sie vollziehen, jeweils höchst verschieden sein – die realen, wirklichen Situationen sind jeweils spezifisch bestimmt.

Indem wir unterrichtsnah auf die Strukturierung von Philosophieunterricht blicken, *fokussieren wir auf bestimmte Aspekte* – beispielsweise auf die Erarbeitung von Denkmodellen, auf die Entwicklung einer tragfähigen Fragestellung (unser Ansatz ist problemorientiert) –, während in der Realität natürlich weitere Aspekte eine Rolle spielen, die hier zunächst ausgeblendet bleiben. Jedes fachdidaktische Feld, das wir in diesem Buch anhand von Situationen bearbeiten – Gesprächsführung, Problementwicklung, Materialeinsatz, Prüfung von Kontroversen, Bearbeitung von Denkmodellen usw. –, taucht nicht nur in gewissen, nacheinander auftauchenden Situationen auf, sondern diese Felder werden von erfahrenen Lehrerinnen und Lehrern zugleich und miteinander verbunden bearbeitet.

Wenn wir in diesem Buch typisierend von gewissen Unterrichtssituationen und nahe liegenden Aspekten der Unterrichtsgestaltung ausgehen, so beschreiben wir Unterrichtssituationen dabei tendenziell chronologisch, d. h. wir betrachten Fortschritte und Entwicklungen *im Verlaufe einer Lerneinheit*. (Die ersten beiden Kapitel haben dabei eher einführenden Charakter; besonders das erste basiert darauf, dass Lehrerinnen und Lehrer meistens in unterrichtliche Situationen hineingeworfen sind und situativ entscheiden müssen, was nicht im Vorwege planbar war.) Fortschritte berücksichtigen wir außerdem auch – in einer größeren Zeitspanne – darauf bezogen, wie erfahren eine Lerngruppe *über mehrere Lerneinheiten hinweg* betrachtet ist. Und schließlich – in einer zeitlich kleineren Spanne – macht es einen Unterschied, an welcher *Stelle einer Unterrichtsstunde* sich die Beteiligten gerade befinden. Je mehr wir uns – in jeder dieser drei Dimensionen! – hier am Anfang befinden, umso stärker muss die Lernsituation von Offenheit geprägt sein. Und je weiter fortgeschritten die Beteiligten agieren, umso stärker muss die Situation strukturiert und gestaltet sein.

Insgesamt beschreiben wir etwas zeitlich, das bei näherer Betrachtung ein sich aufbauendes Strukturgefüge darstellt. Das Buch entfaltet so einen Kompetenzfortschritt der Lehrkraft während des Unterrichts, und es wendet sich daher besonders auch an Unterrichtsanfänger (wenngleich wir von uns selbst behaupten würden, dass wir in diesem Sinne jahrelang Anfänger geblieben sind).

Der *Zusammenhang* vieler Aspekte wird erst später im Buch deutlich – wir flechten in die Darstellung von Situationen *Exkurse* ein, zusammenfassende Kapitel. In ihnen verallgemeinern wir die didaktischen Prinzipien, denen wir in den Kapiteln folgen, in denen wir Situationen bedenken. Insgesamt gehen wir davon aus, dass der

Philosophieunterricht in drei Etappen gegliedert werden kann, die sich wiederum in zugehörige typische Situationen aufteilen. Was in diesen drei Etappen im Zentrum steht, fassen wir in den drei Exkursen zusammen.

Indem wir Situationsarten im Unterricht beschreiben und zu ihnen passende Impulse formulieren, kennzeichnen wir eine Diskrepanz, die sich schon in den Überschriften der Kapitel widerspiegelt. Die Lehrkraft trifft im Unterricht auf Schülerintentionen und Schüleräußerungen (und auf Situationen, in denen etwas »in der Art« gesagt werden könnte, in denen es »in der Luft liegt«). Sie hat zugleich eigene Ziele und Absichten: Die Intentionen von Lehrkraft und Schülerinnen und Schülern liegen auseinander und sind erst aufeinander zu beziehen. In dieser Bezugnahme wird ein Arbeitsbündnis aufgebaut und aus der Spannung beider miteinander wird ein zielorientiertes Vorgehen entwickelt und eingefädelt.

Der Unterschied zwischen Lehrerperspektive und Schülerperspektive ist gerade der Kern des pädagogischen Geschehens, welcher Unterrichtsgestaltung und jede Art von methodischer Aufgabe erst ermöglicht. Unterrichtsgestaltung heißt dementsprechend, ein mögliches Missverhältnis und mögliche Perspektivunterschiede zwischen Lehrkraft und Schülerinnen und Schülern produktiv zu wenden.

Heutzutage ist in diesem Zusammenhang viel die Rede von sogenannter Stärken- oder Ressourcenorientierung. Die Lehrkraft solle immer von den Stärken der Schülerinnen und Schüler ausgehen und auf ihnen aufbauend handeln. Hierin steckt die Einsicht, dass Menschen ihre neu zu erwerbenden Fähigkeiten immer nur aufbauend auf bereits vorhandenen anderen Fähigkeiten erweitern können. (Aus einem Mangel könne nichts Positives werden.) Aber dies ist nur die halbe Wahrheit. Denn natürlich basiert jede Intervention der Lehrerin bzw. des Lehrers darauf, dass sie bzw. er feststellt, was Schülerinnen und Schüler gerade noch nicht können. Würde die Lehrkraft nicht so denken, dürfte man sie für ihre Tätigkeit nicht bezahlen. Aus dem Verständnis heraus und der Diagnose dessen, was Schülerinnen und Schüler *noch nicht* können, ergibt sich ja erst die Notwendigkeit des Lehrerhandelns. Nur weil das so ist, brauchen Schülerinnen und Schüler Lehrerinnen und Lehrer. Es ist also keine Defizitorientierung, klar zu formulieren, was Schülerinnen und Schülern aktuell an Fähigkeiten oder Wissen noch fehlt.

Insgesamt soll die Lehrerin bzw. der Lehrer sich unserer Einsicht nach mit heterogenen Optionen, Fehlendem, noch Ausstehendem und Intentionen anfreunden. Diskrepanzen und Defizite sind fruchtbar! Hierin steckt die methodische Chance, Schülerinnen und Schülern Wege zu eröffnen, und hierin steckt die Möglichkeit, von den eigenen Gedanken abweichende zu erkennen, zu würdigen und mit ihnen weiter zu arbeiten. Insofern eröffnet sich der Lehrerin bzw. dem Lehrer im Bemerken solcher Gedanken, die von ihrer bzw. seiner Planung abweichen, die Chance, im Unterricht mitlernen zu dürfen.

Die Didaktik, die wir in diesem Buch schreiben, ist nicht nur situativ, insofern wir Situationen des Philosophieunterrichts beleuchten. Zum anderen gehen wir nämlich davon aus, dass es *im* Philosophieunterricht höchst wichtig ist, Situationen zu betrachten und zu reflektieren. Auch hier gilt: Gedankenmodelle lassen sich fruchtbarer entwickeln, reflektieren und prüfen, wenn sie in Situationen eingebettet sind. Üblicherweise dienen Situationen der Erklärung und Veranschaulichung, aber auch der Begründung, Erläuterung und Rechtfertigung philosophischer Gedanken. Wir verwenden Situationen im Philosophieunterricht in *exemplarischer* Bedeutung: Implizit wenden Schülerinnen und Schüler Denkschemata an, indem sie sich eine konkrete Situation vorstellen. Solche Denkschemata können in der reflexiven Betrachtung von Situationen entdeckt werden. Situationen dienen also der *Aufklärung* über zugrunde liegende Denkmodelle. Wir benutzen Situationen jedoch nicht als Exempel zur *Rechtfertigung* von Denkmodellen, etwa solchen aus der Tradition der Philosophie.

Die Tatsache, dass wir nicht nur Situationen *des* Philosophieunterrichts, sondern auch Situationen *im* Philosophieunterricht in den Mittelpunkt stellen, hängt mit einem dritten, situationsorientierten didaktischen Ansatz zusammen. Wir gehen davon aus, dass das Wissen, das Schülerinnen und Schüler durch Philosophieunterricht erwerben, *situative Orientierung* ermöglicht. Es ist zumeist nicht von der Art, dass universal gültige Sätze und Weisheiten produziert werden, sondern Wissen um Bedingungen und daher Urteilsvermögen – oder Gebrauchswissen. Situationen können durch philosophische Reflexionen beleuchtet werden, und philosophische Denkmodelle können Lebenssituationen verstehen und gestalten helfen; manchmal eignen sich bestimmte Denkmodelle für andere Situationen als andere gedanklich-grundsätzliche Ansätze.

Schließlich ist dieses Buch – viertens und recht pragmatisch – in Situationen zustande gekommen: Wir, die Autoren, haben uns pro Kapitel einmal getroffen und in dieser unserer Situation des Zusammenkommens jeweils an einem Vormittag zwei Stunden lang überlegt, wie wir die jeweilige Situation des Philosophieunterrichts verstehen und welche Empfehlungen wir zu ihrer Gestaltung geben.

KAPITEL 1
Zehn Minuten vor Schluss, und 25 Gesprächsfäden liegen offen. – Was kann ich als Lehrerin und Lehrer jetzt tun?

»Wir brauchen einen starken Staat!«
»Im Naturzustand darf man tun, was man will!«
»War das nicht so was mit der Gewaltenteilung?«
»Der Staat, also die Polizei, die machen ja auch nicht alles richtig.«
(leise) »Wie lange noch?«
»Was sagst du denn dazu, Karl?«
»…«
»Also mir persönlich ist die Freiheit schon immer wichtig gewesen. Neulich …«
»Wo stehen wir eigentlich?«
»Reden wir über Gerechtigkeit oder darüber, was die Menschen gerne hätten?«
»Worüber reden wir?«
»Was war noch mal das Thema?«
»…« (spielt mit ihrem Handy)
(leise) »… machs'n heute nachmittag?«
»Ich bekomme das alles nicht mehr zusammen!«
»Können Sie nicht mal eingreifen?«

Jede Philosophielehrerin und jeder Philosophielehrer kennt dies:

Zehn Minuten vor Schluss, und 25 Gesprächsfäden liegen offen. – Was kann ich als Lehrerin und Lehrer jetzt tun?

Wie kann ich die Schülerinnen und Schüler jetzt so einbeziehen, dass der Unterricht wieder »auf Kurs kommt«, dass er »an Gestalt gewinnt«? Verstehen die Schülerinnen und Schüler auch, dass es jetzt gerade nicht mehr produktiv ist, so weiterzumachen? Oder ist es produktiv und nur ich blicke nicht durch?

Wenn ich mir vorstelle, dass die Situation *jedes Mal* kurz vor dem Klingeln so aussieht – erfahren die Schülerinnen und Schüler dann, dass der Philosophieunterricht zielorientiert ist? Alle sollen doch wissen, was das Thema, die Frage, das Problem ist. Alle sollen sagen können, wie der argumentative Gang der Stunde bisher war. Am besten wäre es sogar, die Schülerinnen, Schüler und ich könnten darüber urteilen, wie es jetzt sinnvoll weitergeht. Jedenfalls soll die Lerngruppe sich um eine Frage, eine Kontroverse, den Zusammenhang von Begriffen oder um überhaupt irgend etwas herum gruppieren.

Wenn sich alle Gesprächsteilnehmer beteiligen – *wenn* sie es denn tun –: Beziehen sie sich aufeinander, und geschieht dies argumentativ? Wie erziehe ich meine Lerngruppe dazu, dass alle sich möglichst immer aufeinander beziehen? Wie überwinde ich einen bloß meinungsbezogenen Philosophieunterricht?

So vielfältig und bunt die Situation sein kann, so hilft mir als Lehrkraft nur, auf irgendeine Art zu *Überblick* zu gelangen. Wir wollen die Situation auf verschiedene Art interpretieren, das heißt, mehrere Fälle unterscheiden. Je nachdem, wie die Situation gekennzeichnet ist, wollen wir mehrere Gestaltungsimpulse vorschlagen, die die Lehrkraft zur Gestaltung der Situation anregen kann.

Die folgenden Unterscheidungen wollen wir vornehmen: Zunächst ist es möglich, dass die Schülerinnen und Schülern die Situation noch als fruchtbar, *bereichernd* und in viele Richtungen ausstrahlend erleben. Dann kann den Schülerinnen und Schülern zwar das Thema klar sein, es fehlt ihnen aber an *Begründungen*. Drittens kann eine *gemeinsame Fragestellung* fehlen. Viertens und fünftens – quer zu diesen Unterscheidungen liegend – macht es einen Unterschied, ob ich als Lehrerin *selbst strukturierend eingreifen* möchte oder ob ich *Hilfe zur Strukturierung durch die Schülerinnen und Schüler* als hilfreicher erachte.[1]

Impulse zur Würdigung einer Reichhaltigkeit

- Stellt euch im Raum auf: nah bei Personen, deren Äußerungen viel mit euren zu tun hatten, weiter weg von Leuten, zu deren Gedanken es nur einen geringen Zusammenhang gab. Befragt

---

1 Wir wollen uns in manchen folgenden Kapiteln vorstellen, die Lehrkraft sei (zufälligerweise und ohne Beschränkung der Allgemeinheit) weiblich oder männlich – hier sei sie weiblich.

euch nun: Zu welchem Thema habt ihr gesprochen, zu welcher Frage, ggf. dazu, welche Thesen ihr gemeinsam vertreten habt. Schreibt diese Ergebnisse auf Karten, die wir in der nächsten Stunde näher betrachten.
- Ok, lasst uns innehalten. Inwiefern kann es etwas Gutes darstellen, dass wir gerade so vielfältige Gedanken im Raum haben?
- Inwiefern unterstützt es unser Nachdenken zum Thema X (oder zur Frage Y), dass ihr in Gedanken gerade »ausschwärmt«?
- Bitte nennt mir alle Gedanken, die zuletzt geäußert wurden – z. B. in Form von Strukturen, Thesen, Fragen, Themen, Bildern.
- Ich habe gerade eben gedacht, dass alles, was gesagt wird, nur noch sehr wenig miteinander zusammenhängt. Ist das so? Ist das vielleicht ganz anders, als ich es gedacht habe?
- Für mich scheinen die vielen Beiträge nicht klar miteinander zusammenzuhängen. Ich habe die folgenden vielen Aspekte wahrgenommen. … Gibt es weitere? Wie hängen sie zusammen?

Das Thema war klar, aber es wurden nur Meinungen geäußert.

- Notiere Gründe für die folgende These …
- In einer Partnerarbeit erhält eine Schülerin oder ein Schüler die Aufgabe, Pro-Argumente aufzuschreiben, die gefallen waren, der andere die Aufgabe entsprechend zu Contra-Argumenten. Dann stellen sie einander die Argumente vor. In neuer Zusammensetzung dürfen nun die Schülerinnen und Schüler in einer neuen Partnerarbeit die gehörten Argumente zur Stützung einer These wiederholen, und eine Gruppe von zwei Paaren erhält die Aufgabe, sich zu einigen. (Diese Methode wird üblicherweise »Strukturierte Kontroverse« genannt.)
- Ich provoziere die Lerngruppe, indem ich eine extreme Position vertrete, die bisher nicht genannt wurde (zu empfehlen besonders dann, wenn nur ähnliche Meinungen ohne Begründung genannt wurden). Anschließend frage ich nach den Argumenten gegen meine These.
- Ich sage, was »richtig« ist, und frage, ob die Schülerinnen und Schüler das überzeugend finden.

- Ich verteile einen Text an die Lerngruppe (methodisch oder inhaltlich), der für Aufklärung oder Strukturierung sorgt, und frage, inwiefern dieser Text dienlich sein kann, eine Übersicht zu schaffen.
- Geht es um einen Machtkampf, bei dem sich eine Schülerin oder ein Schüler gegen die gesamte Gruppe gestellt hat, kann ich ein Zwiegespräch mit dieser oder diesem meinungsführenden Schülerin bzw. Schüler führen, etwa in der folgenden Art: *Nenne mir deine Gründe! Ich nenne dir Gegenargumente, die anderen prüfen, welche besser sind.*

Das Thema ist klar, aber die Frage nicht, um die es geht.

- Wir sprechen über … Um welche Frage geht es eigentlich? Schreibt mal bitte jeder die seiner Einsicht nach wichtigste auf.
- Ich höre, die folgenden Fragen sind alle im Raum. Fehlen noch welche? … Hängen die Fragen zusammen?
- Welche der Fragen sollten wir als erste beantworten?
- Welche ist am philosophischsten?
- Welche am wichtigsten?
- Verabredet haben wir, über die Frage … zu sprechen. Tun wir das noch? Wie hängt das, was wir tun, mit der Frage zusammen?

Ich entscheide mich dafür, selbst zu strukturieren oder dem Lernprozess eine deutlichere Gestalt zu geben.

- Ich gebe euch hier ein paar Thesen, die genannt wurden. Bitte führt ein Schreibgespräch zu diesen Thesen.
- So hängen die Gedanken zusammen, scheint mir – stimmt's?
- Ich habe den Eindruck … Das würde heißen, die folgende Frage steht im Mittelpunkt – ist das so?
- Ich habe den Eindruck … Das würde heißen, der Zusammenhang zwischen … und … steht in Frage – ist das so? Wie können wir nun genauer herausfinden, worin er besteht?
- Am Anfang war das Thema …, jetzt ist es … Habt ihr eine Erklärung dafür? Was sollten wir jetzt tun?
- Einige von euch haben zur Frage … gesprochen. Dazu möchte ich jetzt eine Antwort und Begründung hören.

- Ich habe hier fünf Worte aufgeschrieben, die ihr immer wieder benutzt. Ich hänge sie mal an die Tafel. In welcher Anordnung sollen sie hängen?

Ich möchte eine Anleitung dazu geben, dass die Schülerinnen und Schüler selbst für eine deutlichere Kontur des Lerngeschehens sorgen.

- Wo stehen wir gerade?
- Was haben wir eigentlich alles gemacht?
- Wie habt ihr euch aufeinander bezogen, dass diese Vielfalt entstehen konnte?
- Welche Art des Sprechens sollen wir künftig verabreden?
- Wie habe ich eingegriffen, und wie habt ihr euch verhalten, so dass …?
- Hausaufgabe: Schreibe fünf Thesen auf, die genannt wurden, und eine Frage, die dir am wichtigsten scheint. Begründe deine Entscheidung.
- Gibt es von all dem vielen, das ihr gesagt habt, etwas, das enger zusammenhängt? Gibt es Äußerungen, die zusammenpassen? Die unverträglich miteinander sind?
- Ich verstehe seit einigen Minuten gar nicht mehr, was das Philosophische an unserem Gespräch ist. Wer kann mir helfen?
- Stell dir vor, in den nächsten Minuten geschieht ein Wunder, und wir sprechen alle über das Gleiche. Woran würdest du das merken? Woran könnte ein Beobachter, der in unserem Unterricht sitzt, das bemerken? Was können wir tun, damit das so wird?
- Hier ist eine Skala von 1 bis 10. 1 bedeutet »völliges Chaos«, 10 »Wir sprechen alle über die gleiche Sache«. Wo stehen wir da? – Stellt euch jetzt alle auf die 5; dies ist von nun an der Stand, von dem du denkst, wir stehen dort – also jedenfalls irgendwo zwischen 1 und 10. Sieh auf die 1. Was haben wir bereits getan, um hierher zu kommen? … Geh nun zur 10. Wie siehst du hier auf unseren Unterricht? Was ist anders geworden? … Gehe nun wieder zur 5. Was kannst du tun, um einen Schritt näher an die 10 zu kommen? … Merke es dir, schreibe es als Tipp für unsere Gespräche an die Tafel und befolge es.

- Ich spüre ein Unbehagen, und ich denke, jeder sollte jedes Unbehagen mit dem philosophischen Fortschritt in unseren Gesprächen jederzeit artikulieren. Welche Gründe gibt es dafür, jetzt gerade ein solches Unbehagen zu verspüren? An welcher Stelle hätte es sinnvoll sein können, dass auch ihr ein Unbehagen verspürt hättet? Vielleicht habt ihr es auch verspürt; wie habt ihr das bemerkt, und was schoss euch durch den Kopf?
- Ich merke, es wird unruhig. Was ist der Grund dafür?
- Ich glaube, wir brauchen mehr Struktur. Hier ist sie: ... (Dann erstelle ich ein Strukturbild an der Tafel und frage, ob diese Struktur zum Gesprächsgang passt.)

In allen solchen Maßnahmen stecken Leitlinien für das Handeln oder Maximen der Steuerung des Unterrichtsgeschehens.

- Sorge dafür, dass eine Struktur gegeben wird, entwickelt wird oder dass die Schülerinnen und Schüler sie entwickeln.
- Greife ein!
- Irgendein Ergebnis muss am Ende stehen, und wenn es nur ist, dass alle darüber nachdenken, woran es lag, dass es nicht da war.
- Sorge für Visualisierungen, auch eines Chaos.

KAPITEL 2

»Sagen Sie uns bitte, was Philosophie eigentlich ist!« – Wie führe ich in das Fach ein?

»Soll ich Ihr Fach wählen?«
»Meine Mutter möchte wissen, was wir in Ihrem Fach behandeln. –
Was ist das?«
»Was lernen unsere Kinder bei Ihnen?«
»Mir macht das Spaß, aber *was* machen wir hier eigentlich?«
»Was soll das, was wir hier gerade tun?«
»Weshalb gibt es hier denn keine Ergebnisse?«
»Wofür ist das gut?«

Wann können solche Fragen auftauchen? Sie werden möglicherweise auf einer Informationsveranstaltung oder anlässlich der Vorstellung des Fachs auf einem Elternabend gestellt. Ebenso können sie nach einer geglückten philosophischen Unterrichtseinheit auftauchen – dann wollen sich die Schülerinnen und Schüler mit dieser Frage vergewissern, was denn das ist, was sie erfolgreich praktiziert haben, möglicherweise um es beim nächsten Mal bewusster tun zu können. Die Frage kann aber auch Indiz für einen ergebnislosen Unterricht sein, und die Schülerinnen und Schüler wollen wissen, »was das bringt«, was alle gerade getan haben.

Eine *Definition* zu geben, mit der dann die Frage als »ein für allemal« beantwortet gilt, ist problematisch. (Wenngleich Definitionen nützlich sein können, um Orientierung zu geben und um sie zu erörtern.[1]) Das gilt aus innerphilosophischen Gründen, denn

---

1 So beispielsweise die folgenden: Philosophie ist unablässiges Deuten von Deutungen, grundsätzliche Reflexion von Denkweisen, begrifflich-argumentative Erörterung grundsätzlicher Fragen, Reflexionswissenschaft, Hinterfragen von Selbstverständlichkeiten, Aufklärung in wichtigen und letzten Lebensfragen, Liebe zur Weisheit, …

jede Definition setzt ein bestimmtes Philosophieverständnis bereits voraus. Und es gilt aus didaktischen Gründen. Denn eine Definition ist möglicherweise kompliziert, sie kann verschrecken oder zu einer abstrakten Diskussion führen. Wahrscheinlich ist es auch gar nicht das Frageziel, eine Definition zu erhalten – sondern zu erfahren, was einen erwartet, wenn man Philosophie wählt. *Vor Erfahrungen* mit dem Philosophieunterricht das Fach vorzustellen, erfordert vor allem, plastisch vorstellbar zu machen, was im Unterricht geschieht – es erfordert, für das Fach zu motivieren und eine anfängliche Orientierung zu geben. *Hüte dich vor der Falle der Definition,* können wir raten. Es kommt eher darauf an, auf die Frage nach dem, was Philosophie ist, so zu reagieren, dass *Erfahrungen* und *Reflexionen* gleichermaßen in der Antwort vorkommen. Erfahrungen mit dem Philosophieren führen oftmals erst zum Wunsch nach einer Definition – die sonst blass und unzugänglich bliebe –, und Erfahrungen sind außerdem dasjenige, das überhaupt im Philosophieunterricht reflektiert wird. Wer als Lehrer (den wir uns in diesem Kapitel männlich vorstellen wollen) also mit der Angabe einer Definition nur die reflexive Seite der Philosophie stark macht, vergrault vielleicht diejenige Schülerin oder denjenigen Schüler, der bzw. dem es um ihre bzw. seine Erfahrungen und deren Würdigung geht.

Wir geben im folgenden Empfehlungen zu verschiedenen Situationen: zunächst zur *Vorstellung des Faches,* bevor Schülerinnen und Schüler (oder Eltern) Erfahrungen mit dem Unterricht hatten, anschließend zur Klärung des Philosophieverständnisses *nach einer Lerneinheit* und drittens zur Gestaltung einer Situation, in der die Schülerinnen und Schüler nach dem Philosophiebegriff fragen, weil sie *unzufrieden mit dem Unterricht* sind. Zum Abschluss dieses Kapitels formulieren wir Empfehlungen, wie die Lehrkraft eine solche Situation möglichst vermeiden kann, indem sie Sorge dafür trägt, dass im Philosophieunterricht in genügendem Maße *Erfahrungen* vorkommen.

Ich möchte das Fach Philosophie vorstellen.

- Ich sage: In der Philosophie geht es um Fragen, die jeden Menschen als Menschen angehen. Bitte nenne eine Frage, auf die du

immer schon eine Antwort haben wolltest, auf die du nur leider bisher keine erhalten hast – also eine für dich wichtige Frage.
- Zu älteren Schülerinnen und Schülern kann ich sagen: In der Philosophie besprechen wir Fragen, die andere Wissenschaften liegenlassen. Das will ich an einem Beispiel erklären ...
- Ich erkläre euch heute, wie Menschen philosophieren. Das ist sehr unterschiedlich, und ich will es an zwei Beispielen versuchen, am Beispiel des Sokrates und am Beispiel von Jean-Paul Sartre. Auf diese Art lässt sich eine Vorstellung erwerben, was Philosophie ist.
- Was Philosophie ist, lässt sich gut erklären, wenn wir uns anschauen, welche Einstellung zum Leben philosophierende Menschen haben. »Wie lebt ein Philosoph? Was zeichnet ihn aus? ›Hat‹ er etwas davon?« – dazu werde ich Ihnen anhand eines Beispiels etwas sagen. Ich wähle Sokrates ...[2]
- »Was ist in Philo denn *anders* als in Deutsch oder Gemeinschaftskunde oder Mathe oder Naturwissenschaften?«
Ich greife Bemerkungen von Schülern auf und gehe ihnen nach, z. B.: »Philosophie – das ist ja wie Deutsch, als neu aufgenommene Fremdsprache«. Ich sage: Im philosophischen Denken geraten die Worte in neue, gedankliche Verhältnisse, oft in andere als im täglichen Umgang. So verfremden alltägliche Worte die Lebenswelt. Ein und dasselbe Wort gerät in sehr verschiedene Denkzusammenhänge. Das Begriffs-Wort wirft ein bestimmtes Licht auf die Dinge. In Zusammenhängen zwischen Sätzen, Grund und Folge werden unser Denken, Handeln und Selbstverständnis inspiziert und geprüft. Da gibt es in den Antworten auf Fragen bei uns und bei anderen Licht und Schatten zu bilanzieren: dank der philosophischen Grammatik von Begriff, Satz und Begründung der philosophischen »Fremd-Sprache«.
- Ich vertraue den unterrichtlichen Reflexionserfahrungen meiner Lerngruppe und kontrastiere sie mit einem dahinter zurückblei-

---

2   Platon: Apologie des Sokrates. In: Otto Apelt (Hrsg.): Platon: Sämtliche Dialoge, Bd. 1, Meiner, Hamburg 2004, (Übersetzung (Otto Apelt) mit Einleitung und Erläuterungen; Nachdruck der 2., durchgesehenen Auflage, Leipzig 1922). In: Platon: Apologie des Sokrates. Griechisch/Deutsch. Übersetzt und herausgegeben von Manfred Fuhrmann. Stuttgart, (Reclam UB 8315) 1986, 21a–23c, 28b–31e, 37e–38a.

benden, Denken verdinglichenden, ideologischen Verständnis von Philosophie: »Ja, Philosophie ist so etwas wie ein zweiter Blick auf die Wirklichkeit. Aber: dann *noch* ein Blick und *noch* eine Ansicht? Man probiert Ansichten wie Brillen?«
Was ist nach Ihrer Unterrichts-Erfahrung von Philosophie und Ihrer Reflexion mit der Karikatur getroffen, was (ist ver-)fehlt?

Abb. 1: Es gibt kein klares Bild

- Beim Philosophieren geht es um die Suche nach Antworten auf bestimmte Fragen, auf Fragen, die *grundsätzlich* sind. Ich will dies an ein paar Beispielen erklären. »Was ist die Zeit?« – denken wir darüber manchmal nach oder nur darüber, wie viel Zeit wir »sparen« können? Ich lese Ihnen einen kurzen Ausschnitt aus einem Buch vor, mit dem wir uns auch im Philosophieunterricht beschäftigen könnten. Es heißt *Der Papalagi* und ist die (fiktive) Erzählung eines Südseeinselhäuptlings. ...[3]
- Nach ein paar Beispielen erkläre ich dann genauer, wie wir feststellen können, dass Fragen grundsätzlich sind, nämlich dann, wenn in ihnen gefragt wird,

---

3   Erich Scheirmann: Der Papalagi hat keine Zeit. In: Der Papalagi (1920). Die Reden des Südseehäuptlings Tuiavii aus Tiavea. Zürich 2012, S. 61 ff.

- wie wir die Wirklichkeit verstehen oder erkennen können, ja, was sie ›zusammenhält‹
- wie wir in unserem Leben handeln sollen
- welche Hoffnungen wir uns für unser Leben und für uns selbst insgesamt machen dürfen
- wer wir überhaupt sind und wie wir uns selbst verstehen (sollen, können und wollen)

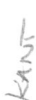

Damit verweise ich als Lehrkraft natürlich auf die berühmten vier kantischen Fragen.

Der Art nach, wie denn auf diese Fragen nach Antworten gesucht werden kann, ist es möglich zu sagen, dass Lehrer und Schülerinnen und Schüler beim Suchen immer wieder hinterfragen werden,
- welche Begriffe wir benutzen und ob wir sie gleich verstehen, wie wir also etwas genau »meinen«
- welche Argumente gelten, warum wir also so und nicht anders denken.

- Die Frage, was denn Philosophie sei, lässt sich mit der Frage vergleichen, was denn Tanzen sei. Der, der das fragt, will doch wohl am ehesten Erfahrungen des Tanzens haben. Also gebe ich euch ein paar Erfahrungen, die Anlass zum Philosophieren geben. ... Wer in dieser Erfahrung steckt, kann sich selbst oder einem Freund Nachfragen stellen. Zum Beispiel diese ... Diese Fragen zu versuchen zu beantworten, *das ist Philosophie,* und das tun wir im Philosophieunterricht.

Aber nicht nur dies: Wer tanzen lernt, der *kann* am Ende auch tanzen. Daher möchte ich erklären, was ihr nach dem Besuch des Philosophieunterrichts besser könnt. ...

- Ich erkläre euch heute, in welcher Weise die Geschichte der Philosophie und in welcher Weise Texte im Philosophieunterricht eine Rolle spielen. Das werde ich an drei Beispielen versuchen, an Platon, Kant und Wittgenstein.
- Ich stelle das Fach Philosophie vor, indem ich *Prüffragen* nenne, durch die geklärt werden kann, wann eine Frage philosophisch ist. Anschließend nenne ich Fragen, die so als philosophisch gekennzeichnet werden können.
  - Erhalte ich mit einer Antwort Aufklärung über die Art, wie die Welt gedacht oder verstanden werden kann?

- Erhalte ich Gründe dafür, eine bestimmte Hoffnung haben zu dürfen oder auch nicht?
- Können Antworten gefunden werden?
- Ist die Frage grundsätzlich?
- Gibt es in der Frage Begriffe, die klärungsbedürftig sind?
- Scheint es möglich, dass ich Argumente dafür und dagegen finden kann?
- Hängt die Art, wie ich mein Leben führe, von der Antwort ab?
- Ist es wichtig, ob ich die Frage beantworten kann oder auch nicht?
- Berührt die Frage die Art und Weise, wie ich mich selbst verstehe?

– Ich erkläre, dass Philosophie *Weiterfragen* bedeutet. Ich stelle anhand einer ausgedachten Erfahrung typische Nachfragen von Philosophen. Diese sind dafür geeignet, dass die Schülerinnen und Schüler erfahren, wie philosophisches Nachdenken aussehen kann. Während der Vorstellung des Faches kann ich als Lehrer mit Hilfe solcher Nachfragen zeigen, was ein Philosoph tut.

- Was gehört alles zu dieser Erfahrung?
- Wie sieht diese Erfahrung genau aus?
- Was nimmst du an, wenn du so denkst?
- Was verstehst du dabei unter …?
- Warum …?
- Was spricht alles dafür, so zu denken?
- Welche Gründe kann … anführen oder geltend machen?
- »Wirklich?«
- Kann es jemandem gut tun, so zu denken? Warum?
- Wenn du so denkst, was bedeutet das für die Art, wie du durch das Leben gehst? Für deine Handlungen?

Die Frage wird zum Ende einer Unterrichtseinheit gestellt.

Zu einer anderen Situation, in der die Schülerinnen und Schüler wissen wollen, was Philosophie ist: Die Schülerinnen und Schüler haben anhand einer Frage etwas gelernt, während des Unterrichts war aber ihr Interesse *allein,* wie es häufig geschieht, auf das *Thema* oder den Inhalt gelenkt. Nun beginnt das Interesse und die Aufmerksamkeit

sich hiervon zu lösen, und die Schülerinnen und Schüler bemerken, dass im Philosophieunterricht etwas Besonderes geschieht und geschehen ist, das sie gerne verstehen möchten. Typischerweise ist es sinnvoll, als Lehrkraft als erstes eine philosophische Frage exemplarisch für mehrere Wochen in den Mittelpunkt zu rücken, zweitens auf einer Metaebene zu erörtern, was Philosophie ist, um dieses drittens bei einer neuen exemplarischen Frage zu erproben und zu erweitern. Impulse zur Vergegenwärtigung »des Philosophischen« sind beispielsweise die folgenden.
- Sage, wie wir vorgegangen sind, um eine Antwort zu erhalten.
- Sage, was *also* Philosophie ist.
- Erstellt ein Flussdiagramm »So geht ein Philosoph vor, um eine Frage zu beantworten.«
- Benutzt dabei die folgenden Wörter: Erfahrungen, Denkansätze, Begriffe, Argumente, Fragen, Denkweisen, Beispiele.
- Erkläre, in welcher Weise wir Antworten gefunden haben.
- Was ist der Unterschied zwischen der Frage *Was ist Philosophie?* und der Frage *Wie philosophieren wir?*

Die Frage wird gestellt, weil der Unterricht gerade ergebnislos verläuft.

Hier ist es sinnvoll, dass ich als Lehrer die Art und Weise des Vorgehens sowie die Gründe in den Mittelpunkt rücke, aus denen heraus Antworten beim Philosophieren »nicht leicht zu haben sind«. Gegebenenfalls ist es auch notwendig, die Argumentorientierung und die Anzahl erhaltener Antworten zu erhöhen. Ein Unterricht, der faktisch dabei stehen bleibt, herauszustellen was Menschen so alles denken oder zu klären, dass es keine letztgültigen Antworten gibt, wird nämlich wohl nur spezielle Schülerinnen und Schüler anlocken können.

Mögliche Impulse dazu:
- Worin lagen genau die Hürden auf dem Weg, zu Antworten zu gelangen?
- Wie können wir im Unterricht zu Ergebnissen gelangen?
- Worauf haben wir zu achten, wenn wir philosophieren?
- Was sollen wir auf alle Fälle vermeiden?

- Ich nehme mir als Lehrer vor, künftig stärker auf ... zu achten. Was könnt ihr euch vornehmen?
- Gibt es sachliche Gründe dafür, dass wir bisher keine befriedigende Antwort erhalten haben? Wie lauten sie?
- Können gerade diese Argumente Gründe dafür sein, die Philosophie gut zu finden?
- »Bringt die Philosophie überhaupt etwas«, wenn es doch zu keinen Antworten kommt?
- Kann gerade das zu etwas gut sein?
- Unter welchen Voraussetzungen bin ich unzufrieden damit, keine letztgültige Antwort erhalten zu haben?
- Kann im Philosophieunterricht als Ergebnis *eine* Wahrheit herauskommen?
- Welche Ziele kann Philosophieunterricht erreichen?
- Welche Ziele verfolgt ein Philosoph?
- *Lohnt* sich die Philosophie?
- Ist eine philosophische Lebensführung erstrebenswert?

Wenn ich als Lehrkraft keine größeren methodischen Fehler begangen habe (und in diesem Fall sollte ich zunächst diese korrigieren), kann es an dieser Stelle auch hilfreich sein, philosophische Texte zum besonderen Umgang mit Aporien zu behandeln (z. B. Sokrates' Apologie).

Hintergrund der Unzufriedenheit mit Philosophieunterricht kann sein, dass wichtige Erfahrungen gefehlt haben. Daher ist es sinnvoll zu überlegen, wie der Philosophieunterricht so gestaltet werden kann, dass Erfahrungen in ihm vorkommen.

Wie evoziere ich eine Erfahrung und deren Entfaltung?

Geeignet sind dafür zunächst kurze Sätze über Menschen allgemein angehende Belange, beispielsweise Aphorismen, Gedichte, Behauptungen oder Sentenzen. Schülerinnen und Schüler können aufgefordert werden, einen subjektiven Kommentar zu ihnen zu verfassen und zu erläutern, warum sie gerade diesen Sinnspruch ausgewählt haben. Über diese Gedanken der Schülerinnen und Schüler samt zugehöriger Erfahrungen kann dann nachgedacht werden.

Außerdem sind der Einsatz von Gedankenspielen, von Bildern und subjektivierende Verfahren geeignet. Methodisch ist auf den Selbstbezug zu achten und – zunächst – das Vermeiden von Rede und Gegenrede.

Werden Erfahrungen und Situationen genannt, sind die folgenden Impulse hilfreich, um sie zur Entfaltung zu bringen.
- Wo spielt es eine wichtige Rolle, so zu denken bzw. diese Situation so zu verstehen?
- Was alles gehört zu dieser Erfahrung?
- Wie kann jemand dazu kommen, so zu denken?
- Was für Gründe sprechen dafür, so zu denken?

KAPITEL 3

»Was machen wir heute?« – Der Philosophieunterricht beginnt. Ich weiß nicht, wie ich anfangen soll.

> Wann fragen Schülerinnen und Schüler dies?
> Handelt es sich um die erste Stunde überhaupt,
> die ich in einer Lerngruppe gebe?
> Hat die Lerngruppe Erfahrungen mit Philosophieunterricht
> und jetzt einen Lehrerwechsel?
> Plane ich die erste Stunde einer neuen Lerneinheit?
> Geht es um einen Unterrichtseinstieg innerhalb einer Unterrichtssequenz, um einen Neuanfang nach einer Zäsur, etwa einer Klausur,
> oder um die Etablierung eines neuen Aspekts eines Themas?

Unter Umständen wird es sinnvoll sein, mich selbst vorzustellen. Auf welche Art tue ich dies – verknüpfe ich meine Vorstellung bereits mit philosophischen Inhalten? Werde ich Vorerfahrungen der Schülerinnen und Schüler auswerten?

Ich sollte einen Impuls zum Beginn des Unterrichts geben. Soll ich ihn eng oder weit wählen, d. h. soll der Raum des Nachdenkens begrenzter oder offener sein? Ein Impuls zu Beginn einer Lerneinheit wird in der Regel offener und weiter sein als einer während einer Lerneinheit. Gleichwohl ist es notwendig, dass die Schülerinnen und Schüler zu Beginn der Arbeit an einem neuen Aspekt, zur Vertiefung eines Aspekts und auch zu Anfang jeder Unterrichtsstunde Gelegenheit erhalten, *in den Raum des gemeinsamen Nachdenkens hineinzukommen.*

Die Antwort auf die Frage, wie eng oder weit der Impuls sein wird, den ich gebe, hängt davon ab, ob das Thema vorgegeben ist, zur Wahl steht oder durch den Impuls erst entwickelt wird. Und sie hängt davon ab, wie stark ich es mir als (in diesem Kapitel zufälligerweise weiblich bezeichnete) Lehrkraft zutraue, eine solche Offenheit noch gestalten und – im Anschluss – strukturieren zu können.

Beachten sollte ich:

– Jede Schülerin und jeder Schüler soll zu Gedanken und zu Fragen kommen.
– Jede Schülerin und jeder Schüler soll Gelegenheit eröffnet bekommen, auf seine Weise zu einer passenden und freien Äußerung von Gedanken zu kommen.

Vehikel

Der Schlüssel zur Eröffnung eines Denkraumes ist ein *Vehikel*.

Ein Vehikel ist ein Gegenstand, an dem das Denken sich entzündet und durch dessen Be-Denken Fragen entstehen, die es lohnen, sich mit ihnen zu beschäftigen. Zu einem Vehikel gehört also zweierlei: ein Material und eine zugehörige Aufgabenstellung. Ein Vehikel – ein Gefährt für den Weg hin zu grundsätzlichen Fragen und Erörterungen – zeichnet sich nicht nur durch das Material aus, sondern auch durch die Art und Weise des Umgangs mit dem Material. Ein Vehikel in der angegebenen Definition ist ein *Problemlift*. Weiter unten in diesem Kapitel nennen wir ein paar geeignete Vehikel; vorläufig kann man bezüglich des Gegenstands etwa an Aphorismen, kurze Sinnsprüche, Bilder, Karikaturen, unbekannte plastische Dinge, provokante Fragen und an Gedankenspiele denken.

Mit Hilfe von Vehikeln kann ein Scheingegensatz zwischen Offenheit und Enge vermieden werden. Die scheinbar offene Frage *Welches Thema wollt ihr?* mag demokratisch plausibel sein, aber sie führt nicht dazu, dass Menschen ins Denken hineingelangen; es wird hier eher um Meinungen und Absichten als um Gedanken gehen. Umgekehrt dient der Impuls »Ab heute Erkenntnistheorie« nicht dazu, eine (innere) Beteiligung zu erzeugen. Ein Vehikel schafft *gedankliche Öffnung durch eine Vorgabe*.

Auch ein weiterer Scheingegensatz, der zwischen Nähe und Distanz, kann mit Hilfe eines Vehikels produktiv aufgegriffen werden. Ein Vehikel schafft *Nähe durch Distanz*. Zuviel Nähe führt dazu, dass ich nicht mehr reflektieren kann, das Thema ist dann »zu dicht an mir dran«. Zuviel Entfernung auf der anderen Seite führt dazu, dass der Denkgegenstand nichts mit mir als Schülerin oder Schüler zu tun hat. Der Abstand, der in einem Vehikel entsteht, ist der einer Verfremdung, einer Verrätselung; er führt mich dazu, von außen auf mich selbst zu gucken und damit sozusagen die eigene Welt auf einen zweiten (reflexiven) Blick zu betrachten.

Ob ein Material oder mehrere verwendet werden (beispielsweise ein Aphorismus oder viele, aus denen Schülerinnen und Schüler einen auswählen), hängt davon ab, ob das Thema oder der neu zu behandelnde Aspekt bereits feststeht.

Was leistet ein Vehikel?

Ein Vehikel ist erstens dazu geeignet, vielfältige Gedanken hervorzurufen. Zentral ist, dass durch die Behandlung im Unterricht die *Subjektivität* der Schülerinnen und Schüler stark gemacht wird. In dieser Vielfalt werden zweitens *unterschiedliche und gegensätzliche Reaktionen* provoziert. Oft enthält das Vehikel einen Gegensatz, eine Paradoxie, in der wir leben; speziell im Philosophieunterricht sind grundsätzliche Gedanken berührt. Produktiv und generativ ist der Umgang mit dem Material, insofern und wenn die Schülerinnen und Schüler zu ihren eigenen Gedanken kommen und zu *Fragestellungen*.

Die Schülerinnen und Schüler sollen mit einem Vehikel die Erfahrung machen, »Ich bin mit meinen Gedanken dabei!«, sie erleben die Buntheit menschlicher Gedanken, der Gedanken ihrer Mitschülerinnen und Mitschüler. »Was Eva jetzt denkt, das hätte ich so nie gedacht – das ist ganz anders, als ich es denke, aber ich verstehe sie!« – »Aber was ist denn nun richtig?« – Solche Erfahrungen sind zentral für gelingende Vehikelsituationen. Am Ende des Fahrens mit dem Vehikel existiert ein vorläufiges Arbeitsbündnis, sich weiter mit dem Denkgebiet zu beschäftigen – es beginnt sich aufzubauen oder es ist gefestigt.

Was kann die Lehrkraft dafür tun, dass solche Erfahrungen entstehen?

Sie sollte dafür sorgen, dass eine unterstützende Haltung bei allen Beteiligten vorliegt, in der das Ziel vorherrscht, andere (genauer) zu verstehen. Motto: *Alles, was an Gedanken auftaucht, ist erlaubt, nur keine Gegenrede.*

Die Lehrerin freut sich über die Gedanken, über Beziehungen zwischen Gedanken, über gemeinsame Interessen und auch über Unterschiede – die sie gerade nicht versucht, durch eine (Personen in ihren Gedanken abwertende) Bewertung zu beeinflussen. Und die Lehrerin sorgt dafür, dass die Schülerinnen und Schüler in ihren konkreten Erfahrungen Fuß fassen.

Lass' die Gedanken in der Komplexität!, könnte der Selbstappell der Lehrerin lauten. Genauer gesagt, kommt es auf das reflektierende Urteilsvermögen an, nicht so sehr auf bestimmende Urteilskraft – der gemeinsame Denkweg geht *hin* zu Allgemeinheiten und grundsätzlichen Fragen, aber er geht nicht *von ihnen aus*. Abschließende Urteile werden nicht benötigt oder jedenfalls nur, um von ihnen ausgehend zu reflektieren. Gewissermaßen riskieren die Beteiligten die Abenteuerlichkeit des Denkens und begreifen sich so als Lernende und Forschungsgemeinschaft – die Lehrerin erweist sich als Person, die verstehen will, die mitlernt und mitdenkt. So wie sachlich gesehen Tabellen an das Ende des Denkens gehören, so erweisen sich die Haltung der Lehrerin und ihre Fähigkeit (sowie ihr Wille!) dazu, eine entsprechende Haltung bei den Schülerinnen und Schülern zu befördern, als zentrale Bedingungen für die Funktion, zu tragfähigen Problemstellungen des Philosophieunterrichts zu gelangen.

Die Lehrerin sollte also Freude daran haben, dass so viele so Unterschiedliches denken, und sie sollte die Freude daran inszenieren.

Ein gewisses Maß an Unbestimmtheit gehört zum Denkverlauf dazu.

Sorge als Lehrerin dafür, dass das Denken vielfältig bleibt, und dafür, dass am Ende eine Frage steht!

Bedenke: Die Gedanken, Begriffs- und Argumentationswege von Gruppen verlaufen anders als die Wege Einzelner. Eine Diskursivitätskette ist stets die Denkbahn eines Einzelnen, sei es die der Lehrkraft, einer Schülerin bzw. eines Schülers oder eines Textes. Wenn alle nur in ihr denken sollen, werden andere aus ihrer Denkbahn herausgeworfen. Vorgezeichnete Wege nachzugehen – beispielsweise beim Verstehen eines Denkmodells eines Autors – erfordert als Voraussetzung ein etabliertes Arbeitsbündnis und eine konsolidierte Frage. Und selbst dann sind die Wege, auf denen wir die Wege anderer verstehen, unsere eigenen Wege.

Dreischritt des Fahrens mit einem Vehikel

Wir bleiben in der Beschreibung des Philosophieunterrichts metaphorisch, weil es beim Beginn symbolisch, vielfältig und mehrdeutig zugeht. In Aggregatszuständen gesprochen beginnt Unterricht *gasförmig*. Erst dann bilden sich Formen heraus, das Lerngeschehen wird weiterverarbeitet und somit *flüssig*. Schließlich wird festgestellt, was bleibt, was *fest* gemacht werden kann. Ein weiterer Dreischritt hängt damit zusammen: Erst geht es um das Ich – um *meine* Gedanken –, dann um die Beziehung – um das *Du* – und schließlich um das Wir, um *gemeinsame* Gedanken, Fragestellungen, Ergebnisse – Intersubjektivität.

Im *ersten Schritt* gestaltet die Lehrkraft den Unterricht durch Auswahl des Gegenstandes und eines Impulses. Jetzt spielen Spontaneität sowie die Beachtung der Regungen, Emotionen, Affekte und Bewegungen eine wichtige Rolle.
- Warum lacht ihr?
- Ihr lacht?
- Was ist lustig, was regt zum Schmunzeln an?

sind elegante Einstiege nach Betrachten eines Materials.

Jetzt werden Anmutungen, Ein- und Ausdrücke gesammelt.
   Mögliche Impulse sind:
- Wähle dir einen Spruch aus.
- Begründe die Auswahl.
- Verfasse einen subjektiven Kommentar.
- Lies deine Gedanken vor.
   - an die Mitschülerinnen und Mitschüler gerichtet – beantwortet: *Welche Gedanken habe ich dazu? Welche Frage stellt sich mir, wenn ich das höre, und um welche Gedanken geht es für mich im Gesagten?*
- Welche Gedanken fehlen *noch*?
- Gibt es *noch* einen Gedanken, von dem ihr denkt, er gehört vielleicht nicht ganz dazu, aber ihr habt ihn trotzdem? Welcher ist das?
- Marie, was denkst du – du siehst aus, als würdest du nachdenken? Du musst nichts sagen.

- Das scheint euch nicht zu interessieren. Ihr wirkt auf mich ablehnend. Was lehnt ihr ab, was ruft euer Desinteresse hervor?

Im ersten Schritt ist es nicht hilfreich, andere Auffassungen argumentativ zu entkräften. Eine *Ja, aber ...*-Einstellung gilt es vielmehr zu vermeiden und stattdessen eine Bezugnahme der Schülerinnen und Schüler untereinander aufzubauen, in der sie Beiträge anderer aufgreifen, verstärken, weiter entfalten oder Unterschiede zu ihren eigenen Gedanken benennen. Dennoch kann jetzt *argumentiert* werden, nämlich im Sinne der Klärung der eigenen Gedanken, so dass ich sie mir besser zugänglich machen kann.

Für den *zweiten Schritt* – die Formung der Vielfalt – können Maximen genannt werden. Es ist zunächst gut, wenn das Denken eine klarere *Gestalt* gewinnt, z. B. schriftlich, durch eine Stellungnahme, ein Schreibgespräch, kurz, alle Impulse sind geeignet, die dafür sorgen, dass sich alle *auf etwas beziehen können*. Um Beziehungen zu stiften, ist es außerdem hilfreich, jeweils eine andere Perspektive einzunehmen.
- Verfasst einen Antwortbrief.
- Schreibe einen Gegenaphorismus.
- Beginne ein Schreibgespräch mit deinem Nachbarn.
- Notiere mit deinem Nachbarn zusammen alle wichtigen Gedanken, die eben genannt wurden. Bringt sie in eine Struktur.

Sodann erschaffen *Extreme* einen Raum der Auseinandersetzung, sie stiften eine grobe Struktur, die später nach und nach verfeinert werden kann. Alle Impulse, die Schülerinnen und Schüler auffordern, eine extreme Gegenposition einzunehmen, sind geeignet, ein Feld der Auseinandersetzung zu eröffnen.
- Prüft bitte, ob es zu allem Gesagten Gegengedanken gibt, solche, die ganz anders sind. Wie unterscheiden sie sich?
- Mir scheint, eure Gedanken lassen sich auf diese beiden Pole legen ... Stimmt das?
- Ich nehme jetzt eine extreme Auffassung ein. Eure Aufgabe besteht darin, mich zu widerlegen.

Beziehungen zwischen Extrempositionen schaffen schließlich Raum dafür, einen *Bezug auf Allgemeines oder Grundlegendes* zu stiften. Hierfür ist es hilfreich, wenn die Lehrkraft ein Angebot macht, ins Grundlegende zu gehen. Sie versteht jetzt wahrscheinlich als Einzige, wie die Debatte heimlich von grundlegenden und leitenden Annahmen geprägt wird, und sie wirft daher einen Ball ins Spiel, der ins Grundsätzliche führt. Das ist anspruchsvoll und erfordert viel Übung und Kenntnis der philosophischen Problembereiche, die in einem Gespräch stecken. Das Prinzip der Steigerung und der Beziehung auf ein Urteil kann leitend sein, Impulse wie diese hinein zu geben:
- Wer ist freier, … oder …?
- Wer ist glücklicher, … oder …?
- Was sollen wir *eher* tun, … oder …?

Solche inhaltlich gestaltenden Beiträge sind klugerweise halb an das Symbol oder das Beispiel angebunden, das gerade besprochen wird. Und Schülerinnen und Schüler können an dem Material, das gezeigt wird, eine produktive Variation vornehmen.

Leichter ist es, überhaupt auf *relative Beziehungen* zwischen Gedanken zu fokussieren. Die klassischen Impulse dazu sind natürlich:
- Gibt es einen Unterschied?
- Was ist das Gemeinsame?
- Was würden die, was die auf diese Frage antworten: …?

Auch in diesem Schritt ist es nicht sinnvoll, in Rede und Gegenrede zu verfallen. Aber auch hier spielt das *Argumentieren* eine Rolle, nämlich im Sinne der Klärung von Zusammenhängen und des Verstehens von Auffassungen.

Im *dritten Schritt* geht es um diskursiveres Arbeiten und schließlich um das Ableiten einer Frage. Impulse dazu:
- Welche Frage liegt im Mittelpunkt?
- Worum ging es die ganze Zeit?
- Wenn du unser Gespräch bis hierher zusammenfassen solltest, wie würdest du das in vier Sätzen tun?
- Welche Gründe kann *der,* kann *der* geltend machen?
- Gibt es eine Hinsicht, in der alle Positionen übereinstimmen?

In diesem Schritt wird nun explizit argumentiert.

Beispiele für Gegenstände (Materialien), die für Vehikel in Anspruch genommen werden können

Es ist wohl empfehlenswert, nicht primär in der Philosophie zu suchen. Denn für Schülerinnen und Schüler zugängliche Materialien sind an Alltägliches und an Handlungen angebunden, an ein Spiel mit Begriffen und an Symbole. Ein paar Beispiele:
- Mehrere Aphorismen von Lichtenberg, z. B.: *Der Glaube macht die Blitzableiter auf den Kirchen nicht überflüssig. // Der Mann hatte so viel Verstand, dass er zu nichts in der Welt mehr zu gebrauchen war. // Theorie der Falten in einem Kopfkissen. // Er schliff an sich so sehr, dass er am Ende stumpf war. // ...*
- Brief an die Finanzkasse: *Hoch verehrte Herren, hierdurch teile ich Ihnen mit, dass ich mich nach reiflicher Überlegung entschlossen habe, der Einkommensteuer nicht beizutreten. Hochachtungsvoll, Emil Ludwig Zwer*
- Stell dir vor, hier vor dir steht ein Glas mit dem Wasser des Lebens, das dich unsterblich macht. Würdest du trinken?
- Bring ein Symbol (einen Gegenstand) mit, das (den) du mit »...« verbindest. Möglicherweise hast du einen persönlichen Bezug dazu.
- *Wenn jeder an sich selbst denkt, ist allen geholfen.*
- »Ich bin moralisch, wenn ...« – Denke dir eine Situation aus, in der das ganz und gar für dich zutrifft.
- Schülerthesen wörtlich aufgreifen und an die Tafel schreiben. – »Was spricht alles dafür?«
- *»Was willst du sein?« – »Glücklich.« Und was machst du dann?*
- *Mein Hund ist gestorben. Mit ihm habe ich mich so gut verstanden wie sonst mit niemandem auf der Welt.*
- Bild »Das Gerücht« (A. Paul Weber)
- Letzte Worte Sterbender, z. B.: Ich glaube, allmählich verstehe ich etwas davon. (Renoir, malte an seinem letzten Tage Anemonen) // Wir sind Bettler, das ist wahr. (Luther) // Lasst mich in Ruhe! (Brecht) // Das Spiel ist zu Ende, Applaus! (Augustus, wie die römischen Schauspieler) // Das ist das Ende. Für mich der

Beginn des Lebens. (Bonhoeffer) // Gott wird mir vergeben, das ist sein Beruf. (Heine) // Pfui Teufel! (Karl Kraus) // Fegt mich weg! (Kierkegaard)

KAPITEL 4

»Reden wir heute wieder über *dieses* Thema?« – Wie kommen die Schülerinnen und Schüler zu einer Leitfrage?

Menschen diskutieren, vertreten verschiedene Meinungen und Positionen, sie reden hin und her oder äußern auch nur verschiedene lose Gedanken zu einem Thema. Üblicherweise ist ihnen nicht klar, wie ihre Gedanken zusammengehören und welche verschiedenen Ebenen und Aspekte berührt sind. Die Aufgabe, immer wieder solche Zusammenhänge zu klären, gehört dauerhaft zum Philosophieunterricht.

Eine erste und grundlegende Art, einen Zusammenhang zwischen Äußerungen herzustellen, ist, sich auf eine gemeinsame Fragestellung zu einigen. 18 oder 29 Positionen können sich unter einer Leitfrage versammeln und dadurch aufeinander bezogen werden. Sie sind dann beispielsweise kontroverse Thesen, Beispiele für Antworten oder Gründe, so oder so zu antworten.

Daher besteht die vornehmliche Aufgabe im Philosophieunterricht darin, eine gemeinsame Frage zu etablieren.

Was ist das – ein Problem und eine Leitfrage?

Ein Problem kann als eine ungelöste, zwecks ihrer Lösung bearbeitete Aufgabe oder Frage angesehen werden.[1] In dieser Definition sind drei Dinge wichtig:
- Ein Problem kann als Frage formuliert werden.
- Die Frage ist aber nur dann ein Problem, wenn sie noch nicht gelöst bzw. beantwortet ist.
- Die Frage stellt *für jemanden* eine Herausforderung dar (und daher etwas, das er sich *vorlegt,* das er zu beantworten *vorhat*), d. h. er bearbeitet sie gerade (mindestens gedanklich).

---

[1] vgl. G. Schischkoff (Hrsg.), Philosophisches Wörterbuch. Stuttgart 1978, Art. »Problem«.

Philosophieunterricht ist demzufolge problemorientiert, wenn
- es eine Leitfrage gibt (oder alle Beteiligten auf dem Weg zu einer Frage sind),
- die die Beteiligten beantworten wollen.

Ein Problem ist subjektiv und sachlich ergiebig und in dieser Weise ein Bündel von Beweggründen, d. h. alle Beteiligten verstehen die Wichtigkeit der Frage, sie sind motiviert, die Frage zu beantworten, und sie verfolgen das Ziel, eine Antwort zu suchen (weshalb die Fähigkeit der Lernenden aktuell noch nicht darin besteht, die Frage zu beantworten).

Eine Leitfrage im Philosophieunterricht ist für eine Unterrichts- bzw. Lerneinheit gedacht, nicht für eine einzelne Stunde. Stunden können Unterfragen zum Gegenstand haben, müssen es in der Regel aber nicht.

Die Leitfrage ist die Gestalt, in der das Problem gefasst und konkretisiert wird; sie spannt einen Problemraum und ein Thema auf, und sie begrenzt und klärt die Felder der Auseinandersetzung.

Funktion der Leitfrage

Wie vermeide ich als Lehrer[2], zu viele Fragen zu stellen und den Schülerinnen und Schülern Antworten zu entlocken? Diesen normalen Anfängerfehler kann ich bearbeiten, indem ich die Lernenden motiviere, Antworten auf Fragen zu finden. So ist der Rahmen gesteckt und die Kontur klar: Wir, Lehrer und Schülerinnen und Schüler, suchen gemeinsam die Antwort auf eine Frage.

Und dies ist kein »didaktischer Kniff«: Der Lehrer kennt natürlich Antwortangebote, aber er wird als Philosoph Suchender sein, der seinen Schülerinnen und Schülern Unterstützung bei ihren Suchbewegungen gibt.

Die zugrunde liegende Haltung des Lehrers kann jetzt sein: *Nicht ich stelle die Fragen, sondern die Schülerinnen und Schüler.* Damit wird die Verantwortung zwischen Lehrer und Schülerinnen und Schülern

---

2 Wieder einmal entscheiden wir uns, dieses Mal für die männliche Bezeichnung.

geteilt, die Schülerinnen und Schüler übernehmen sie nach und nach, und es etabliert sich eine Forschungs- und Untersuchungsgemeinschaft. Gewissermaßen ist der Unterricht fortan projektorientiert: Das Projekt und Forschungsinteresse besteht darin, die Frage zu beantworten. Fortan dreht sich alles um diese Frage.

Dementsprechend ist der Unterricht auch zielorientiert; der Lehrer kann in allen Folgestunden jederzeit diese Standardimpulse geben, die dem Philosophieunterricht eine methodisch konturierende Funktion geben:
- Was hat das mit unserer Frage zu tun?
- Haben wir jetzt eine bessere Antwort auf unsere Frage gefunden?
- Was macht es schwer, die Frage zu beantworten?
- Wovon hängt es ab, ob ich so oder so antworte?
- Sind wir noch auf einem guten Wege hin zu einer Antwort?
- Wie sollen wir jetzt weitermachen, um unsere Frage zu beantworten?
- Erkläre, inwiefern uns dein Beitrag weiterhilft.

Problemorientierung setzt Schülerinnen und Schüler in einem doppelten Sinne ins Verhältnis zur Philosophie: *inhaltlich,* weil Philosophie verstanden werden kann als Stellen, Klären und Beantworten grundsätzlicher Fragen, und *methodisch,* weil der Unterricht fortan die Tätigkeit des Philosophierens in den Mittelpunkt rückt. Der nun abgesteckte Rahmen des Unterrichts ermöglicht Rückbezug und Reflexion:
- Was heißt es, zu philosophieren?
- Wie haben wir dies getan, wenn wir bedenken, was wir bisher getan haben?
- Worauf sollten wir künftig achten?
- Was ist das Besondere daran, philosophisch nach Antworten zu suchen?

Unterrichtspraktisch beleuchtet, dient problemorientierter Unterricht dazu, dass der Lehrer jede Stunde fragen kann und die Stunde sogar so eröffnen kann:
- Worum geht es eigentlich aktuell in unserem Philosophieunterricht?
- Wo sind wir gerade?

- Was sollten wir heute machen?
- Schreibt mal bitte jeder auf: Das ist unsere Frage. So weit sind wir bei der Beantwortung gekommen …

Nun gilt es dem Gesagten zufolge, eine Frage zu finden. Das kann im Philosophieunterricht eine gesamte oder sogar zwei Stunden umfassen; diese Zeit sollen sich alle lassen. Welche Impulse sind dafür dienlich, dass die Schülerinnen und Schüler zu einer gemeinsamen Frage kommen?

Impulse, um zu einer Frage zu kommen

Manchmal ist das Einfache das Schwierigste: dass ich, während die Schülerinnen und Schüler diskutieren, als Lehrer nicht auf die Inhalte »anspringe« – und meine eigenen (natürlich fortgeschritteneren) Antworten und Positionen beitrage –, sondern dass ich Abstand halte und mich »nur« frage (und dies ggf. für mich aufschreibe), um welche Frage es geht und welche Frage jetzt gerade besonders ergiebig ist. Wenn mir das gelingt, sind die folgenden Standardimpulse möglich und hilfreich.
- Was interessiert euch daran?
- Können wir das, was euch interessiert, als Frage formulieren?
- Um welche Frage geht es in euren Beiträgen gerade?
- Geht es bei allem, was ihr gesagt habt, um diese Frage? (an die Tafel schreiben)
- Was wollt ihr daran wissen?
- Was wollt ihr herausbekommen?
- Ist das nun *so* oder *so*?

Mehrere Fälle können sich herauskristallisieren – drei wollen wir herausheben. Im Mittelpunkt liegt (1) eine Frage, aber diese kann den Gang der Untersuchung nicht leiten. Sie ist nämlich nicht *philosophisch* genug, nicht *zielführend* genug oder *schlecht formuliert*. Oder (2) es gibt *zu viele Frageformulierungen*, die noch nicht fokussiert genug sind. Und (3) können schließlich *unterschiedliche Interessen* herrschen.

Wie gelangen alle Beteiligten zu einer tragfähigen Fragestellung?

Ist die Frage nicht philosophisch genug, so ist es notwendig zu klären, was eine philosophische Frage auszeichnet, beispielsweise über den Unterschied zwischen Tatsachen- und Begriffsfragen und die Klärung dessen, was es heißt, dass eine Frage grundsätzlich oder reflexiv ist (siehe Kapitel 2).

Ist die Frage nicht zielführend genug, so kommt es wiederum darauf an: Wenn ich es als Lehrkraft nicht bemerke, aber selbst mit der Fragestellung unzufrieden bin, sollte ich vorschlagen, zu Hause über die genaue Formulierung nachzudenken und die endgültige Entscheidung für eine Frage erst in der nächsten Stunde zu treffen. Bemerke ich es, kann ich die folgenden Impulse setzen:
- Was für eine Art von Antwort sucht ihr?
- Welche Arten von Antworten sind auf diese Frage möglich?
- Wann seid ihr zufrieden? »Wenn wir ... herausbekommen haben.«
- Trägt die Frage für sechs Wochen/¼-Jahr/ein halbes Jahr?

Für die Formulierung einer Frage können die folgenden Maximen oder Qualitätsmerkmale beachtet werden:
Die Frage ist
- kurz,
- nicht zu speziell,
- provozierend,
- mit Aussicht auf eine zufriedenstellende Antwort bearbeitbar.
- Es sind zentrale und problematische Begriffe enthalten.
- Eine Auswahl von Denkmodellen ist möglich.
- Es ist im Anfangsunterricht eine Ja-nein-Frage.
  - Dies ermöglicht Kontroversität (z. B. auch der Denkmodelle)
  - Es ermöglicht bedingtes Urteilen, d.h. eine »Wenn-dann-Struktur«. – Wenn ich ... annehme, lautet die Antwort ..., sonst ...
  - Die Frage ermöglicht es, Wahrheitsansprüchen nachzugehen.

Die Frage »Welchen Sinn hat das Leben?« wird Schülerinnen und Schüler des Anfangsunterrichts interessieren. Aber sie führt am Ende nicht zur Zufriedenheit durch den Eindruck: »Ich habe nun eine Antwort gefunden.« So lassen sich diese Qualitätsmerkmale auf verschiedene Fragen und deren Formulierungen als Prüfinstrumente benutzen. *Destruierung* von Wahrheitsansprüchen ist jedoch in allen Fällen für den Anfangsunterricht zu vermeiden.

Überlegt die Lehrkraft sich anhand vorliegender Vorschläge zu Hause, welche Frage am besten ist, so kann auch eine eigene Umformulierung vorgeschlagen, zur Diskussion gestellt oder den Schülerinnen und Schülern gegenüber begründet werden.
- Welche Frage ist besser formuliert?
- Welchen Vorteil bietet diese Formulierung gegenüber der?

Aus vielen Fragen eine machen

Liegen zu viele Fragen vor, die sich aber nur in gewissen Akzenten und Formulierungen unterscheiden, so ist wohl zu empfehlen, dass der Lehrer zu Anfang eher steuert, entscheidet und die Schülerinnen und Schüler auf einen ertragreichen Kurs mitnimmt. Erst mit zunehmender Erfahrung von Lehrern und Schülerinnen und Schülern ist es methodisch aussichtsreich, offener zu verfahren. Zunächst ist es hilfreicher, auf Vertrauen statt auf Metadiskussionen zu setzen – wenngleich Begründungen für Frageformulierungen möglich und sinnvoll sind. Der Weg von einer fruchtbaren und interessierten Diskussion bis zur In-Wert-Setzung einer Frage darf nicht dazu führen, dass das Interesse erlischt.

Erfordert die Steuerung der Lehrkraft, bestimmte Aspekte, die im Interesse und Fokus der Lernenden lagen, zurückzustellen, ist es hilfreich, diese Aspekte auf eine Merkliste zu setzen und jetzt bereits einen vorläufigen Plan der Bearbeitung zu machen. Beispielsweise ist es möglich, die Frage »Kann es gerechte Herrschaft geben?« gegenüber der Frage »Braucht der Mensch einen Staat?« zu bevorzugen. Aber nun können einige Schülerinnen oder Schüler geltend machen, dass die Frage nach dem Zusammenhang zwischen den Menschen, wie sie sind, und der Art ihres Zusammenlebens gar nicht mehr sichtbar ist. Dann ist es angezeigt, die Frage als eine Unterfrage aufzunehmen und zu klären, dass die Frage nach der Gerechtigkeit eines Zusammenlebens von Menschen beinhaltet, ob einige über andere bestimmen dürfen, und dass dies davon abhängt, wie die Menschen sind – m. a. W., es wird geklärt, dass die die Schülerinnen und Schüler interessierende Frage nicht verschwindet, sondern mitbehandelt wird.

Generell gilt, dass die Fragen der Schülerinnen und Schüler mitgenommen werden sollen. An geeigneter Stelle soll auf sie zurückgegriffen werden, etwa in der Form einer Zwischenbilanz, welche Fragen schon beantwortet wurden.

Aus der Frage ein Problem für jeden machen

Die Leitfrage und die Einigung auf eine Frage dienen der Orientierung im Thema. Auf dieser Grundlage existiert ein umgrenzter Forschungsraum. Es existiert aber noch kein Arbeitsbündnis in dem Sinne, dass die Frage für alle zum Problem geworden ist. Sicherlich wird dies indirekt schon der Fall sein, denn die Schülerinnen und Schüler haben ja zuvor munter diskutiert, sie haben ihr Interesse benannt, und sie haben sich geeinigt auf das, was sie wollen. Der Selbstverständigung halber und der gemeinsamen Vergewisserung zuliebe sollte aber noch eine Phase folgen, in der geklärt wird, was das Problematische an der Frage ist. Erst dann hat eine Orientierung *im* Problem stattgefunden, es ist verstanden, die Suchrichtung ist klar, die Grenzen sind sichtbar, und das Erkenntnisinteresse sowie die Relevanz und der Bildungsgehalt sind bewusst. Erst auf dieser Grundlage kann eine Orientierung *am* Problem stattfinden: Die Frage ist dann leitend.

Impulse dazu, aus einer Frage ein Problem zu machen:
- (Warum) Muss ich das wissen?
- Warum wollt ihr das wissen?
- Was ist daran wichtig?
- Was steht dabei auf dem Spiel?
- Warum ist das eine wichtige Frage?
- Warum interessiert das viele Menschen?
- Sollte das interessieren?
- Inwiefern ist das eine Herausforderung?
- Was verändert sich am menschlichen Leben durch eine Antwort?

Wie mit Ablehnung Einzelner umgehen?

Abstimmung gilt zwar als demokratisch und daher »schülerorientiert«, aber abgestimmt werden muss nur, was bereits kein gemeinsames Interesse mehr ist. Deswegen sind Abstimmungen zur Generierung eines Problems nicht das Mittel der Wahl. Manchmal kann aber eine Abstimmung nicht vermieden werden, und ebenso kann eine Frage entstehen, aber eine Schülerin bzw. ein Schüler oder wenige sind »dagegen«.

In einer solchen Situation gilt es, sich weder von Angst leiten zu lassen noch aggressiv Macht auszuüben oder moralisch zu »überzeugen«. Der Ablehnende ist vielleicht in seinem Wahlverhalten ein Gegner, er ist aber ebenso und mehr ein *diskursiv Verbündeter*. In einem Problemraum sein, heißt in Feldern der Auseinandersetzung zu sein. Diese Felder erweitern sich bei Ablehnung der Frage um die ergänzende Frage nach dem Bildungswert der Frage: *Ist das wirklich wichtig?* Ist *Hannes* unser diskursiv Verbündeter, so können wir ihm sagen, dass er immer, wenn der Sinn unseres Tuns nicht klar ist, nachfragen soll.

Inhaltlich abweichende Gedanken gilt es zu stärken. – Welche Impulse dienen dazu?

- Was kann der, der nicht mit unserer Frage einverstanden ist, vorbringen?
- Welche Gefahren liegen darin, die Frage so zu formulieren, wie wir es getan haben?
- Was braucht jemand, der skeptisch gegenüber unserer Frage ist, um gleichwohl aktiv mit dabei sein zu können?
- Was können wir, neben dem Nennen von Gründen für die Wichtigkeit der Frage, tun, damit dein Interesse, Hannes, im Rahmen dieser Frage zur Geltung kommen kann?
- Wie können die Gründe, die wir für die Frage angeführt haben, möglichst gut zur Geltung gebracht werden und auch Hannes überzeugen?

Auch während des folgenden Forschungsprozesses können alle Beteiligten darauf zurückkommen.

- Können wir sagen, dass unsere aktuelle Diskussion notwendig und wichtig ist?
- Was haben wir nun davon? Kann Hannes jetzt mit Gründen sagen, dass das unwichtig ist; dass das uninteressant ist?
- Ist das, was jetzt geschieht, noch in unserem Problemraum?
- Was kann der, der der Frage skeptisch gegenüber steht, jetzt mitnehmen?

Außerdem sollte der Lehrer in einem solchen Fall Denkmodelle suchen, die Hannes' kritische Position stärken, aber ebenso auch solche, die kontrovers zu ihr sind.

Beispiele für den Anfang – Leitfragen

- Staat – ja oder nein?
- Erfordert Liebe Treue?
- Was wäre die Welt ohne uns?
- Ist ungleiches Einkommen gerecht?
- Macht Schule dumm?
- Ich will mich selbst finden. – Kann ich mich »finden«?
- Wofür ist Philosophieren gut?
- Kann mein idealer Partner jemand sein, mit dem ich nicht lachen kann?

Eher ungeeignet hierfür sind die so genannten *Was ist …?*-Fragen. Ihnen sieht man nämlich das *Frageinteresse* nicht mehr an; man weiß nicht, warum man herausfinden soll, was … ist.

KAPITEL 5

»Einverstanden, mit *der* Frage wollen wir uns beschäftigen!« – Wie mache ich weiter, wenn wir eine Frage haben?

Haben die Schülerinnen und Schüler eine Frage gefunden, die sie motiviert, so liegt ein Untersuchungsinteresse vor. Das heißt aber noch nicht, dass ein Raum der Auseinandersetzung bestimmt ist. Und es heißt ebenfalls nicht, dass der methodische Gang des Philosophieunterrichts vorgezeichnet ist oder den Schülerinnen und Schülern vor Augen steht.

Wir können dies mit einer Wanderung vergleichen: Wir haben uns entschieden loszumarschieren und müssen jetzt die ersten Schritte gehen; wir waren noch nicht »draußen« – bei den ersten Schritten kann es regnen, wir können uns verlaufen, den Überblick verlieren, wir können Blasen bekommen. Mühen entstehen, das Ziel kann plötzlich ganz anders erscheinen als im Prospekt, unter Umständen brauchen wir eine Karte und Proviant; und wir tun gut daran, für Geselligkeit zu sorgen.

Der folgende Gang der Untersuchung kann erst Fahrt aufnehmen, wenn das Ziel bestimmt ist und wenn es für uns lohnend erscheint. Wir benötigen daher kleine *Anhöhen*, die uns einen Vorblick gestatten.

Der Unterricht sollte jetzt zu *Thesen* und deren Betrachtung geführt werden. Zu Thesen kann ich mich als Schülerin oder Schüler verhalten; ich kann mich fragen, ob sie richtig sind, ob ich auch so denke und – im Unterrichtsgespräch – was mein Denken von dem meiner Mitschülerinnen und Mitschüler unterscheidet.

Auf der anderen Seite dürfen diese Thesen nicht so *scharf* sein, dass es nur noch um Rechthaberei angesichts von Behauptungen geht, deren Relevanz nicht für alle deutlich ist. Die Behandlung von Thesen und ihre Rechtfertigung bzw. Kritik kann außerdem dazu führen, dass nur noch ein spezieller Aspekt, ein unter Umständen randständiger Teil des gewählten Themas zur Geltung kommt, während das, was die anderen zwei Drittel des Kurses sich gewünscht hatten, nun unterzugehen droht – Enttäuschung kann schnell folgen. Ebenso wie es gilt, zu Thesen zu gelangen, gilt es somit, den Raum der Auseinandersetzung zu füllen und einzurichten, beispielsweise mit der Frage: *Was steht auf dem Spiel, wenn eine These sich als richtig oder falsch erweist?*

Eine Aufgabe für die Lehrkraft besteht folglich darin, die Balance zwischen der Prüfung von Thesen und der Orientierung im Raum der Auseinandersetzung zu wahren.

Eine weitere besteht darin, die Ernsthaftigkeit der Auseinandersetzung mit spielerischer Leichtigkeit zu verbinden. Denn wenn ich mich als Schülerin oder Schüler zu schnell auf das Vertreten einer Meinung verpflichte, laufe ich Gefahr, viele Gedanken außer Acht zu lassen, die mir jetzt noch unbekannt sind – die ich aber möglicherweise, wenn ich erst über sie nachdenke und sie als möglich und sinnvoll erachte, gerne (und mich bereichernd) in mein Selbstverständnis übernehme. Erst in einem freien Bezug zu mir selbst und möglichen Gedanken kann ich mich ernsthaft befragen und meine Art zu denken und ggf. mein Leben auf den Prüfstand stellen. Spielerische Leichtigkeit entsteht hauptsächlich dadurch, dass ich als Lehrerin (wir entscheiden uns für die weibliche Form) Impulse in den *Konjunktiv* setze, dass ich also hypothetische Situationen entstehen lasse, sei es durch die Formulierung eines Impulses, durch Herbeiziehung fiktiver Figuren, in deren Namen gesprochen werden soll, oder sei es durch Gedankenspiele.

Genau genommen gibt es noch zwei weitere Spannungsfelder, die nämlich zwischen Methode und Ziel sowie zwischen gemeinschaftlicher Suche und Wahrheitsansprüchen: Es macht einen Unterschied, ob ich meine Aufmerksamkeit als Lehrerin darauf richte, was richtig ist oder wie wir vorgehen sollen, um gemeinsam die bestmögliche Antwort zu finden. Wir möchten in den Impulsen, die wir gleich geben, darauf achten, diese Pole ebenfalls miteinander auszubalancieren.

So wie hier angedeutet, ist es günstig, die jeweiligen Pole der Spannungsfelder *füreinander* zu benutzen und *aufeinander* zu beziehen.

```
        Schärfung durch
           Thesen
              |
 Spiel ———————+——————— Ernst
              |
         Raum der
      Auseinandersetzung
```

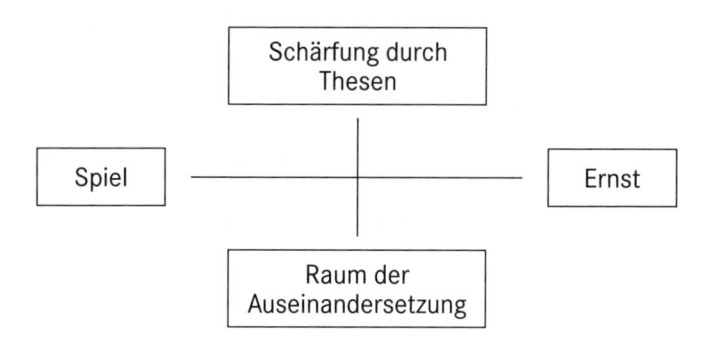

Abb. 2: Spannungsfelder

Welche Impulse die Lehrkraft gibt, hängt davon ab, welcher der folgenden Fälle vorliegt: Liegen bereits Thesen vor, die einander ausschließen oder liegen nur nebeneinander liegende Thesen vor oder schließlich noch gar keine?

Kontroverse Thesen liegen vor

Im Normalfall liegen mit einer Frage auch Antworten vor, und es ist geradezu ein Gütemerkmal einer Frage, dass sie auf diese Art formuliert ist: *Kann es gerechte Herrschaft geben?* ist beispielsweise eine Frage, auf die ich von vornherein mit *Ja* oder *Nein* antworten kann. Das Interesse an einer Frage ist im Allgemeinen entstanden, *weil* Antwortmöglichkeiten vorliegen. Diese können nun beispielsweise unter die Fragestellung an die Tafel geschrieben und betrachtet werden.
- Sind wir jetzt fertig – wir haben ja zwei Antworten?
- Was macht es für einen Unterschied, ob das oder das richtig ist?
- Was muss ich noch wissen oder herausfinden, um die Antwort zu prüfen?
- Wenn jemand *absolut entschieden* ist (*wir* denken ja noch nach und stehen gerade erst am Anfang!), dass *nur* diese Antwort richtig ist – wie lebt der?
- Ändert sich etwas für dich, wenn du dies oder dies für richtig hältst?
- Was steht hierbei alles auf dem Spiel?

- Wie *denke ich die Welt,* in der ich lebe, wenn ich so oder so antworte?
- Wie *handle ich,* wenn ich so oder so antworte?
- Welche *Ziele* bestimmen mein Handeln?
- Auf welche *größte Hoffnung* richtete ich mein Leben aus, wenn ich diese oder diese Antwort *ganz und gar* favorisieren würde?
- Wie *versteht sich jemand selbst,* wenn er auf diese oder diese Art antwortet?
- Ist dies, was wir gerade erörtern, das, was euch an unserer Frage interessiert hat? Tun wir gerade das, was ihr euch gewünscht habt?
- Wie könnten wir mit unseren Thesen umgehen, wenn wir alle unsere Interessen an der Frage einbeziehen?
- Welche Thesen sind geeignet, für unsere weitere Prüfung zu kandidieren?
- *Muss* ich mich eigentlich entscheiden?
- Was ist für dich wichtig, wenn wir prüfen, welche Antworten richtig sind? Was sollten wir nicht vergessen?
- Was müssten wir jetzt tun, um herauszufinden, welches die beste Antwort ist?
- Gibt es *Bedingungen* (Umstände), unter denen die eine oder die andere Antwort richtig sein kann? Wenn du nicht genau weißt, was du antworten kannst: Gibt es *Situationen,* in denen *die* Antwort eher richtig ist, und Situationen, in denen *die andere* richtiger erscheint?

Um von der Begrenzung zweier kontroverser Thesen wieder zu einem offeneren Raum der Auseinandersetzung zu gelangen, kann ich schließlich als Lehrerin auch *symbolischere* Materialien mitbringen und solche, die offener, mehrdeutiger sind.

Unterschiedliche Thesen liegen vor

Manchmal nennen Schülerinnen und Schüler Antworten, aber diese Antworten stehen bloß nebeneinander, und es will nicht recht gelingen, in eine produktive Debatte einzusteigen. Die Schülerinnen und Schüler können in diesem Fall in relativer Teilnahmslosigkeit herumsitzen und denken: ›Ja, beides mag auf seine Weise stimmen, ein

bisschen ist beides wahr, vielleicht soll man einfach sagen: So *und* so ist es die beste Antwort.‹ Üblicherweise ist dies bei den klassischen ›Was-ist-…?‹-Fragen der Fall. *Freundschaft heißt* – so können Schülerinnen und Schüler sagen –, *miteinander Spaß zu haben* und *füreinander da zu sein.* So bestimmt, gibt es keine weitere Notwendigkeit im Philosophieunterricht darüber zu reden. Was kann ich nun als Lehrkraft tun? Die meisten eben genannten Impulse sind auch hier geeignet, vor allem solche, die *situieren* helfen, um Entscheidungsnotwendigkeiten in solchen Situationen deutlich werden zu lassen. Solche »kritischen Fälle« führen dann zu einer Kontroverse.
- Kann es Situationen geben, in denen ich mich entscheiden muss?
- Macht es einen Unterschied, ob ich eher das eine oder das andere in den Mittelpunkt meiner Antwort stelle?

Günstig ist in diesem Fall, dass die Lehrkraft Konfliktsituationen aus der Literatur heraussucht und diese zur Erörterung vorlegt.

Es liegen noch keine Thesen vor

Natürlich liegen *implizit* Thesen vor, aber die Herausforderung kann darin bestehen, sie zu *formulieren,* sich zu trauen, einen Wahrheitsanspruch zu vertreten und aus der Komplexität eines Gebiets, das mir als Schülerin bzw. Schüler vage vor Augen steht, einen Punkt herauszugreifen.
- Es schreibt bitte jeder seine Antwort auf: Was denkst du jetzt zu Beginn? (Am Ende unserer Lerneinheit werden wir diese Antworten mit den späteren vergleichen.)
- Schreibt bitte jeder die vermutete Antwort von der Mitschülerin bzw. dem Mitschüler auf, der ihm/ihr gegenüber sitzt: Was denkt die Person jetzt zu Beginn?
 Jeder fragt jetzt sein Gegenüber, welches *in Wirklichkeit* seine Antwort ist. Dann werden die Unterschiede betrachtet.
- Hausaufgabe: Jeder bringt ein Material zur nächsten Stunde mit, das mit unserer Frage zusammenhängt. – (Die anderen prüfen dann: Gibt es eine Antwort, die sich aus dem Material ergibt?)
- Leider habe ich jetzt bereits eine Anfrage des ZEIT-Magazins bekommen, in der die Redakteure uns darum bitten, alle mög-

lichen Antworten und Antworttypen auf unsere Frage vorzulegen. Sie wollen diese Liste nächste Woche veröffentlichen und die beste Antwort mit Begründung dann in einem halben Jahr nachreichen, wenn wir zu Ende nachgedacht haben.
- Stell dir mal bitte die beiden radikalsten Antworten auf unsere Frage vor. Formuliere sie und finde Argumente für ihre Richtigkeit. Anschließend finde zur Unterstützung der radikalen Antworten deiner Mitschülerinnen und Mitschüler weitere Argumente.
- Ich stelle euch hier vier Lebensformen vor. Eure Aufgabe ist es herauszufinden, ob diese vier Menschen eine bestimmte Antwort auf unsere Frage geben würden.
- Hier gebe ich euch einen Text, in dem deutlich wird, wie jemand lebt, dem eine Antwort völlig gleichgültig ist. Wie lässt sich dieses Leben kennzeichnen?
- Hier zeige ich euch ein Bild. Könnt ihr der Betrachtung eine Antwort entnehmen?
- Hier lege ich euch eine These vor (z. B. Aphorismus) – Ist das so? Welche Gründe kann der Verfasser geltend machen? Was kannst du ihm antworten? Schreibe einen Antwort-Brief.
- Assoziiert bitte zu dem Wort …, das in der Frage auftaucht. Was fällt euch alles ein?
- Erstellt eine concept map zu unserer Frage. Geht dann umher, betrachtet die maps anderer und ergänzt ggf. eure. Ich lege zur Anregung in einer Viertelstunde eine eigene concept map aus, sie enthält aber noch Leerstellen, die ich euch auszufüllen bitte. – Nach einer halben Stunde schreibt ihr bitte auf, wie wir vorgehen sollen, um unsere Frage zu bearbeiten.
- Stell dir mal die folgende Situation vor … – Wie würde die Person, um die es hier geht, auf unsere Frage antworten?
- Stell dir vor, über Nacht geschieht ein Wunder. Du wachst morgen früh auf und wir haben die Frage beantwortet. Woran bemerkst du, dass die Frage beantwortet ist? Woran würden andere das bemerken? Was würdest du jetzt tun?
- Welche Schritte fehlen dir noch, um zu diesem Ziel zu kommen? Kannst du schon einen ersten Schritt angeben?

Im Anschluss sind die Schülerinnen und Schüler am weiteren Gang und an Antworten interessiert, sie wissen, was auf dem Spiel steht, eine ergiebige Kontroverse ist vorhanden; Felder der Auseinandersetzung sind eröffnet.

Jede Schülerin und jeder Schüler kann nun sagen, was untersucht werden soll und warum, jeder kann sagen, warum die Frage wichtig ist und welche Dimensionen und Aspekte enthalten sind. Dies zu tun kann eine sinnvolle schriftliche Hausaufgabe sein.

Kapitel 6

Exkurs 1 – Eine Forschungsgemeinschaft aufbauen

Situationen. Typische Anfangssituationen. Eine Fülle von Gedanken gilt es, in Form zu bringen, sich dabei für Orientierungsangebote zu öffnen und eine bloße Meinungskonstatierung zu überwinden. Schülerinnen und Schüler brauchen dabei eine vorläufige Orientierung darüber, was es heißt, sich im Philosophieunterricht zu befinden. Es gilt am Anfang, einen Denkraum zu eröffnen und sich im Wissen um die Abenteuerlichkeit des Denkens auf den Weg zu machen. Ein Problem wird begründet, das trägt und bewegt. Eine gewählte und als problematisch befundene Fragestellung gilt es sodann zu untersuchen und erste Schritte zu unternehmen. Sie bestehen darin, Thesen als Orientierungsmarken auf dem Weg zum Ziel aufzustellen: hypothetische Situationen durchzuspielen, um die eigenen Denk- und Handlungsoptionen zu erweitern.

Die Schülerinnen und Schüler befinden sich dabei selbst immer in Situationen, und diese Situationen prägen ihre jeweilige Denk- und Handlungsperspektive. In ihrer biographischen Situation nehmen sie erinnertes Vergangenes auf und verschränken es mit Gegenwärtigem sowie mit Erhofftem und Befürchtetem oder allgemein Zukünftigem.

Vordringlich ist es daher geboten, zwischenmenschliche Beziehungen aufzubauen, die es gestatten, auch Biographisches zu äußern. Die Menschen müssen die Chance haben, hineinzufinden in das, was geschieht – daran Anteil zu haben –, sie müssen als Subjekte vorkommen. Im Philosophieunterricht ist dies besonders wichtig. Denn der Freimut des Selbst-Denkens erfordert Vertrauen, und er erfordert die Behutsamkeit aller Beteiligten, einander beim Selbst-Denken zu unterstützen und zu ermutigen. *Wage zu denken* – habe Mut, dich deines eigenen Verstandes zu bedienen –, wir glauben, Menschen folgen hier eher Ermutigungen als Appellen. Daher ist das erste Leitprinzip in der Gestaltung von Anfangssituationen das der Stärkung von *Subjektivität* und von *Perspektivität*.[1]

Zunächst fördert die Lehrkraft die Subjektivität, indem die Schülerinnen und Schüler anhand von Situationen von ihren gemachten Erfahrung berichten dürfen. Wir stärken sie als Lehrerinnen und Lehrer in der Art, wie sie sind – in ihrer Subjektivität. Sie sollen ermutigt werden, ihr je eigenes Vorstellungs- und Gedankenleben zu *entwickeln*.

Wenn Subjekte von ihren Gedanken, Erfahrungen und Perspektiven berichten und Stellung nehmen sollen, dann gehen sie von Meinungen aus, die in der Lerngruppe auf andere Meinungen treffen. Daraus ergibt sich: Einleitend muss ein Gesprächsraum eröffnet werden, dieser darf aber nicht bei einer bloßen Sammlung von Meinungen verharren. Meinungen werden konkretisiert und zugespitzt in argumentativ abgesicherten Thesen, die mit einem Wahrheitsanspruch auftreten. Gedanken bedürfen nicht nur der Ergänzung durch andere Perspektiven innerhalb der Lerngruppe, sondern auch der Fokussierung durch präzise formulierte Gedanken.

Will die Lehrkraft die Subjektivität der Schülerinnen und Schüler stärken, kann sie ein paar Maximen beherzigen:
- Sorge für reichhaltige Erfahrungen, für deren Entfaltung und Strukturierung. (Eine Methode der Verstärkung, der »Amplifikation« ist hierfür im allgemeinen hilfreicher als eine, in der Geltungsansprüche von Thesen frühzeitig verneint werden.)
- Sorge dafür, dass Erfahrungen ggf. indirekt in den Unterricht einfließen können, z. B. indem Schülerinnen und Schüler sich mit Protagonisten einer Geschichte identifizieren und von ihnen aus Situationen beleuchten.
- Lass die Schülerinnen und Schüler ihr Leben erzählen, es aber nicht ausufern. (»Finde den Absprung.«)

---

[1] Vgl. Immanuel Kant, Anthropologie in pragmatischer Hinsicht, (1798/1800). In: Schriften zur Anthropologie, Geschichtsphilosophie, Politik und Pädagogik 2. Werke in 12 Bänden, Band XII (Hrsg.: Wilhelm Weischedel, Frankfurt/Main, 9. Aufl. 1995), BA 167; ders., Kritik der Urteilskraft (1790/1793). Werke in 12 Bänden, Band X. (Hrsg.: Wilhelm Weischedel. Frankfurt/Main, 11. Aufl. 1990), B 158, A 156; ders., Beantwortung der Frage: Was ist Aufklärung? In: Berlinische Monatsschrift, 1784, H. 12, S. 481–494.

In der Entwicklung und Formung von Gedanken wird *Reflexion* etabliert: Die Schülerinnen und Schüler fangen an, sich selbst zu betrachten. In dieser Selbst*perspektivierung* entsteht Nähe zu sich selbst durch *Bedenken des Eigenen*. Subjektivität und Perspektivität sind nicht identisch. Eine Perspektive ist eine Blickrichtung, während Subjektivität eher die Kennzeichnung einer Verfasstheit eines Menschen ist. Wenn wir sagen, wir wollen zu Beginn des Philosophieunterrichts die Perspektivität stärken, dann heißt dies: Menschen sollen lernen, sich und ihre Gedanken auf verschiedene Arten betrachten und artikulieren zu können. Das ist der besondere Grund für die Notwendigkeit des Aufbaus behutsamen Vertrauens im Philosophieunterricht. Die Distanzierung von sich selbst, die bei der Betrachtung von Perspektiven notwendig ist, erfordert außerdem neben der Ernsthaftigkeit der Wahrheitsforderung die *spielerische* Erprobung bisher unbekannter Orientierungsangebote.

Daher bleibt es nicht bei wohlwollend-würdigender Betrachtung von Erfahrungen und Gedanken: Schülerinnen und Schüler werden auch konfrontiert mit Widersprüchlichkeiten in ihren Gedanken, zum Beispiel anhand von Verfremdungen. Der Lehrer bzw. die Lehrerin irritiert die Schülerinnen und Schüler in der Sicherheit ihres Wissens, er bzw. sie sorgt dafür, dass die Sicherheit der gemachten Erfahrungen einem Zweifel ausgesetzt wird. Dies schließlich in wechselseitigem Vertrauen zu praktizieren, ist der tiefste Grund für den Aufbau von Vertrauen, und zwar einem Vertrauen, in dem eine beinahe spielerische Art, sich zu sich selbst zu verhalten, aufgebaut und gepflegt wird. Nähe, aber auch Distanz, die Reflexion überhaupt erst ermöglicht, werden aufgebaut. Das Musterbeispiel hierfür bilden Gedankenspiele, in denen eine verfremdende Situation erzeugt wird, innerhalb derer Gedanken, Erfahrungen und Gewohnheiten, kurz: Subjektives zur Geltung gebracht und dann reflektiert wird.

So entsteht eine Fülle von Perspektiven, und so lassen sich Perspektiven bündeln, in Form bringen. In Situationen eingelassen entsteht eine erste Orientierungsübersicht über Perspektiven und Gedanken.

Zur Stärkung von Perspektivität gilt es, diese Maximen zu befolgen.
- Sorge für Konturierung.
- Sorge dafür, auf Unterschiede zwischen Erfahrungen zu achten.

- Sorge dafür, dass über Denkweisen gestaunt wird.
- Sorge für Verfremdungen.
- Sorge dafür, dass Blickwinkel verschoben werden.
- Sorge für Reflexion.
- Sorge für Kritik.
- Sorge für Beurteilung.
- Sorge insgesamt dafür, dass Menschen sich besser verstehen durch Erfahrungen und deren Durchdringung.
- Sorge dafür, dass sie ein reichhaltigeres Selbstverständnis erwerben.

Im Zusammenspiel der Stärkung von Subjektivität und Perspektivität kann die Lehrkraft etwa so denken: *Ich ermuntere euch zum Äußern von Handlungen, die wir würdigen, indem wir sie beleuchten und auswerten. Damit ermuntere ich euch, Vertrauen darin zu haben, zugrunde liegende Gedanken zu entwickeln und freizulegen. Und wo es um das Prüfen solcher Gedanken geht, ermuntere ich euch zu einer hypothetischen Lebensführung, das heißt zu einer, in der Vertrauen, aber auch spielerische Flexibilität im Umgang mit den eigenen Lebens- und Denkgrundsätzen entstehen dürfen. Insofern befördere ich euren Humor, euer Verstehen, eure Urteilskraft und eure Menschenkenntnis.*

Irritationserfahrungen führen dazu, dass Schülerinnen und Schüler im Philosophieunterricht die Erfahrung machen: *Ich weiß nicht weiter.* Dies führt dazu, dass sie *Fragen* stellen. Diese können so formuliert werden, dass sowohl das Frageinteresse als auch ein allgemeines *Problem* sichtbar wird. Und es wird deutlich: Um dieses Problem lösen zu können, brauchen alle Beteiligten möglichst gute Antworten.

Es geht also bei der Gestaltung von Anfangssituationen um ein Doppeltes: darum, Gedanken entwickeln zu lassen und darum, eine tragfähige Fragestellung zu etablieren. Anfangssituationen bilden Stationen eines Lernwegs, in dem Schülerinnen und Schüler lernen, sich gemeinsam auf die Suche nach Antworten auf ihre eigenen grundsätzlichen Fragen zu machen.

Wir können sagen, in diesen Anfangssituationen bauen die Beteiligten eine *Forschungsgemeinschaft* auf – dies ist die erste Etappe des Philosophierens. Und die Lehrerin bzw. der Lehrer trägt Sorge dafür, dass dies geschieht. Lehrkraft und Schülerinnen und Schüler beginnen eine gemeinsame Lerngeschichte. Die Perspektiven der Lehrkraft und der Schülerinnen und Schüler sind zunächst deutlich voneinander getrennt; alle bisherigen Kapitel zeigen dies: Schülerinnen und Schüler wollen *dies,* die Lehrkraft verfolgt *ein anderes* Ziel. In der Gestaltung des Beginns soll die Lehrkraft versuchen, diese Perspektiven aufeinander zu beziehen und sie miteinander harmonisch werden zu lassen. Ist eine Forschungsgemeinschaft erst einmal aufgebaut, verfügt die Lehrkraft zwar über einen Vorsprung an Erkenntnissen, Fähigkeiten und an Steuerungswissen. Aber das Interesse an Antworten und die sichere Selbsterkenntnis, noch Lernende zu sein, eint beide. Die Lehrkraft ist, obgleich sie sich in Diskussionen in der Regel nicht inhaltlich einbringt, Mitlernende – Suchende, die Schülerinnen und Schüler zum Selbstsuchen ermuntert, dabei begleitet und anleitet und aufmerksam für produktive Gedanken ist.

Wir können anstelle von *Forschungsgemeinschaft* auch von einem *Arbeitsbündnis* oder von einer *Untersuchungsgemeinschaft* sprechen, je nachdem, ob wir eher das Moment der Neugier, der Art der Zusammenarbeit oder der Analyse betonen wollen. In jedem Fall liegt das Ziel dieser ersten Etappe einer Lerneinheit darin, dass alle Beteiligten etwas wissen und herausfinden wollen. Es wird ein *Anspruch auf ein Wissen* erhoben. Damit alle Subjekte sich gemeinsam mit Inhalten auseinandersetzen wollen, sind Entwicklung von Gedanken und Problemkonstituierung notwendig.

KAPITEL 7

»Aha, so ist das also! Und ist das jetzt richtig?« – Wie können die Schülerinnen und Schüler Gedanken und Vorstellungen prüfen lernen?

Wir starten bei *Meinungen*. Meinungen können zwar geäußert werden, *vertreten werden* können sie im Philosophieunterrricht aber nur als *begründete Thesen*, deren Voraussetzungen geklärt sind. Meinungen alleine fehlt noch eine Struktur.

Außerdem ist Philosophieunterricht gelungen, wenn die beteiligten Menschen nicht auf ihren Positionen beharren, sondern wenn sie in Distanz zu ihnen treten können. Sonst versperrt der Meinungsdruck den Blick auf Voraussetzungen und Zusammenhänge. Ziel der nun folgenden Phase ist daher die Klärung, Schärfung und Prüfung von *Denkmodellen*. Es gilt, die Struktur und den argumentativen Kern zusammenhängender Gedanken herauszuschälen. Es gilt, Meinungen, Positionen, (habitualisierte) Denkungsarten und Denkweisen so zu vergegenständlichen und sich in Distanz gegenüberzustellen – sie gleichsam zu präparieren –, dass es Denkmodelle werden. Diese Denkmodelle können dann in einem zweiten Schritt wieder in Bezug zu den Schülermeinungen gesetzt werden.

Ein Denkmodell ist durch einen *Strukturzusammenhang* gekennzeichnet (Argumentation, Bezüge, These etc.). Im Unterschied dazu ist eine *Position* die Übernahme eines Denkmodells in einem *Lebenszusammenhang*. Das Arbeiten mit Denkmodellen hat Vorteile:
- Es dient als Vorbild der Strukturiertheit von Gedanken.
- Es fungiert als inhaltliches Orientierungsangebot.
- Es vereinfacht Gedanken zum Zwecke der Sichtbarkeit einer Struktur.
- Es schafft (problembezogenen, systematischen und ggf. historischen) Überblick
- Es distanziert.

Sollte ich als Lehrerin (oder Lehrer) *die Gedanken der Schülerinnen und Schüler* herausarbeiten (lassen) oder *eine fremde Position* behandeln, beispielsweise durch Einsatz eines Textes? Dafür sind die beiden genannten Kriterien entscheidend, die Strukturiertheit und die Fähigkeit der Schülerinnen und Schüler, sich von ihren Gedanken zu distanzieren. Entscheidend ist, dass Voraussetzungen, Argumente, klare Begriffe, Thesen und Konsequenzen in den Blick geraten können. Die Prüffrage lautet, gleich ob Schülergedanken aufbereitet werden oder ob ich einen Text auswähle: *Ergibt das Denkmodell einen eindeutigen Begründungszusammenhang?*

Es wäre für dieses Anfangsstadium zu früh, *Begriffsverhältnisse* in den Mittelpunkt zu stellen. Dies wäre zu kompliziert, man weiß bei einer *These* eher, was auf dem Spiel steht. Zentral ist, dass das Denken in *Begründungs*zusammenhängen aufgebaut wird. Dafür braucht es zwei notwendige Elemente: eine Voraussetzung und eine Schlussfolgerung.

Die Struktur, in der ein gedanklicher Zusammenhang als Denkmodell gefasst wird, soll möglichst in einem Tafelbild festgehalten werden. Wie sieht so ein Tafelbild aus? Der rechte Teil der Graphik zeigt ein mögliches Tafelbild, das im Wesentlichen daraus besteht, dass die Beziehungen zwischen Voraussetzungen und Schlussfolgerungen dargestellt werden. Ob es Bindeglieder enthält, wie viele Voraussetzungen zentral sind, ob eine Voraussetzung die Verwendung eines bestimmten Begriffs ist, das alles hängt natürlich in erster Linie vom Denkmodell und in zweiter Linie von den Strukturierungsfähigkeiten der anwesenden Personen ab. Als grobe Leitlinie lässt sich aber empfehlen, dass es zwei bis sechs Elemente enthalten sollte. Links rekonstruiert die Graphik die Art und Weise, wie der Philosophiekurs mit dem Denkmodell arbeitet: Es wird zunächst ausgehend von Meinungen erstellt, d. h. Denkmodelle werden *geformt*. Beim Betrachten des Denkmodells gilt es zunächst, sich mit ihm bekannt zu machen, sich in ihm »einzuhausen« und es stark zu machen. Sodann sollte es situiert werden, d. h. es sollten Situationen gesucht werden, die es konkretisieren helfen. Anschließend prüfen die Schülerinnen und Schüler die Implikationen des Denkmodells sowie seine Gültigkeit (und damit auch – indirekt – ihre Meinung). Der (vorläufige, aber sich aus der Untersuchung ergebende) Bezug zur eigenen Positionierung bildet schließlich den Abschluss der Untersuchung.

Denkmodell

- Voraussetzung 1
- Voraussetzung 2
- Voraussetzung 3 = Annahme über Begriff 1
- Bindeglied
- **These**
- Konsequenzen

Meinungen — in Form bringen →

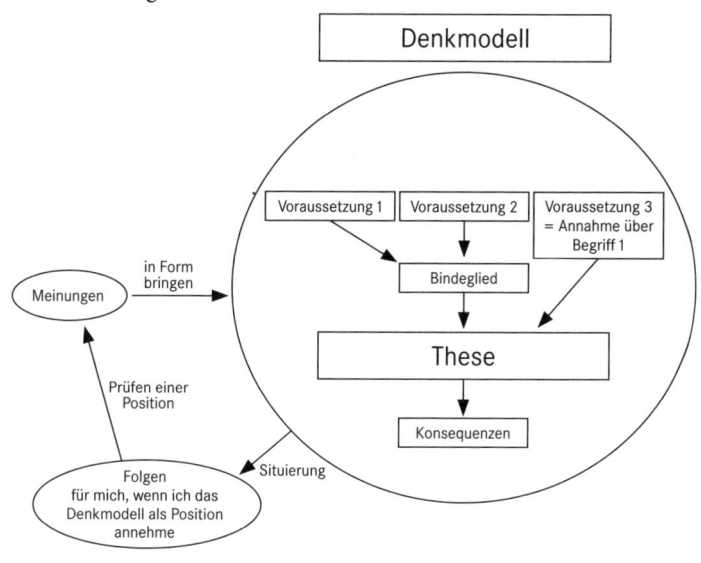

Prüfen einer Position

Folgen für mich, wenn ich das Denkmodell als Position annehme

Situierung

Abb. 3: Denkmodell zu philosophischen Fragestellungen

Wie kann die Lehrerin die (Re-)Konstruktion des Begründungszusammenhangs steuern außer durch Verweis auf einen Text? Zunächst durch eigenes philosophisches Nachdenken und eigenes Prüfen des Denkmodells. Dafür ist es generell hilfreich, dass die Lehrerin sich philosophische Standarduntersuchungsrichtungen klarmacht. Diese auf grundlegende Aspekte konzentrierten *Forschungsmethoden des Philosophierens* können anhand der vier kantischen Fragen gefunden werden (Was kann ich wissen? Was soll ich tun? Was darf ich hoffen? Was ist der Mensch?)

Das heißt: Ein ergiebiger Inhalt des Philosophieunterrichts ergibt sich dann, wenn es gelingt, dass die Untersuchungsrichtung das Fragen nach
- dem Bezug auf Grundsätzliches,
- der Stellung in größeren Zusammenhängen, der Richtung auf ein übergeordnetes Ganzes,
- den Gründen unseres Wissens,

- den Folgen für die Bestimmung der Ziele meines Handelns,
- der Berechtigung von Hoffnungsansprüchen und
- der Bedeutung für unser (menschliches und individuelles) Selbstverständnis

entzündet.

Impulse zum Durchdringen der Struktur eines Denkmodells

Diese Untersuchungsrichtungen lassen sich alle auch konkret als Fragen stellen:
- Gibt es etwas, das ich *immer* annehmen muss, wenn ich so denke?
- Gibt es eine Voraussetzung, unter der das gilt? (Wird im Text eine genannt?)
- Ist eine der Voraussetzungen *grundlegender*?
- Gilt das, was wir gesagt haben, vielleicht nur für diese Gemeinschaft, für diesen Zeitraum, innerhalb dieser Verabredungen, nur für einen Menschen – gilt es *generell*?
- Stellt euch vor, jemand blickt aus großer Entfernung auf die Menschen, die alle so denken – was lässt sich aus dieser Entfernung feststellen? Handelt es sich, aus der Entfernung betrachtet, um eine *merkwürdige* Spezies? Lässt sich eine Empfehlung für diese Wesen aussprechen?
- Wie denkt der, der so denkt, unsere Stellung in der Welt?
- Wie denkt der, der so denkt, die Art, wie wir etwas von der Wirklichkeit und von anderen Menschen erkennen können?
- Was folgt daraus für unsere Lebensziele?
- Lassen sich Empfehlungen für unsere Handlungen entnehmen?
- Der, der so denkt – welche Hoffnung hat der für sein Leben insgesamt?
- Wie versteht der, der so denkt, sich selbst?
- Wie denkt der Autor des Denkmodells den Menschen?

Ist das Modell einmal geformt, sollen sich die Schülerinnen und Schüler mit ihm *auseinandersetzen*. Diese Auseinandersetzung soll *argumentativ* geschehen; jedoch liegt das Trainieren der Fähigkeit zu argumentieren, nicht *eigens* im Mittelpunkt der Aufmerksamkeit (vgl. dazu Kapitel 18). Hier geht es darum, dass die Schülerinnen und

Schüler möglichst konkret und vorstellbar in ein Verhältnis zu den Denkmodellen eintreten, dass sie Stellungnahmen erproben und geltend machen. Daher kann sich die Lehrkraft die Maxime verordnen: *Bette das Denkmodell in Situationen ein!* Es ist geschickter, *eine* Situation gründlich zu behandeln als zu viele, die das Feld eher extensiv und überblicksartig als intensiv fokussieren.

Bei der Wahl der Situationen und Beispiele kommt es zunächst noch darauf an, das Denkmodell zu *stärken:* Ziel ist immer noch die gründlichere Bekanntschaft. Durch Situierungsimpulse wird das Denkmodell zur Denk*weise,* ggf. sogar zur »Denkungsart«.

Impulse zur Situierung eines Denkmodells

- Gibt es Beispiele, die für die These sprechen?
- Gibt es Beispiele, die für die Geltung der Voraussetzung sprechen?
- Wann hast du eine Meinung gehabt, die dieser Auffassung ähnlich sieht, und in welcher Situation war das?
- An welche Situationen denkst du, wenn du dir vorstellst, die Behauptung könne richtig sein?
- In welcher Situation hilft das Denkmodell uns, zu handeln?
- Welche Situationen hilft das Denkmodell gut zu erklären?
- Könntest du dir jemanden vorstellen, für den das eine Denkungsart ist?
- Könntest du dir einen Ort und eine Zeit vorstellen, in der das Denkmodell »gilt«? Wo und wann – wie geht es da zu?
- Stell dir einen Tag im Leben des Herrn Philosophen Hobbes vor – was tust du da, was empfindest du?
- Was zeichnet dein Leben aus?
- Ist das ein starkes Denkmodell?
- Unter welchen Bedingungen kann ich mit jemandem zusammenleben, der so denkt? Auf welche Situationen sollte ich mich vorbereiten?

Die Funktion der Thematisierung von Gedanken als Denkmodellen ist: strukturiert über diese Gedanken sprechen zu können. So kann genügend Distanz erreicht werden.

Nun sollen die Schülerinnen und Schüler mit ihren Meinungen und Urteilen wieder (expliziter) ins Spiel kommen. Die Struktur eines Denkmodells wird wieder in Beziehung zu den vorliegenden Schülermeinungen gesetzt. Anknüpfend an die Bekanntschaft mit dem Denkmodell durch Formung und Situierung kommt es wieder auf das Herstellen von Nähe an. Das Denkmodell wird durch Prüfung zur Position, die jemand vertreten oder ablehnen kann.

Entscheidet sich die Lehrerin im vorhinein, statt mit einer fremden Auffassung mit den Meinungen der Schülerinnen und Schüler zu arbeiten, so ist es gewiss klug, ein Moment der Verfremdung zu wählen, etwa mit diesem Impuls: »Stellen wir uns vor, Chong in Korea habe diese Auffassung. ...« Eine vermittelnde Möglichkeit besteht darin, ein Tafelbild anhand mehrerer vorliegender Schülergedanken zu stellen, das dann distanziert betrachtet werden kann. (Überhaupt spielt die didaktische Maxime der *Vergegenständlichung* an dieser Stelle eine wichtige Rolle: Vergegenständlichung durch Visualisierung, Fixierung, Pointierung, Situierung und durch Beispiele.)

Impulse zur Prüfung eines Denkmodells als Position

- So. Fertig. Frage beantwortet – können wir aufhören?
- Stimmt das nun?
- Schreibe auf: Passt das für mich?
- Muss ich nun mein Leben ändern?
- Tausche dich mit einem Partner aus: Möchte ich so leben?
- Ist das deine Denk- und Lebensweise?
- Ist das Denkmodell richtig?
- Ist es nur in bestimmten Situationen angemessen?
- Wenn das Denkmodell zur Orientierung in der Situation X beiträgt: »Gilt« es dann?
- Inwiefern ergibt sich daraus ein Argument zu sagen: Situation X wird durch Denkmodell A gut beleuchtet?
- Kann eine Situation ein Denkmodell rechtfertigen?
- Können wir sagen, wovon es abhängt, ob ein Denkmodell richtig ist?
- Ist dies eine Voraussetzung, die der Autor vielleicht nicht angeben würde, die wir aber genau genommen ergänzen müssen?

Mit Hilfe der letzten Impulse kann es gelingen, von der Betrachtung von Situationen über die Prüfung des absoluten Wahrheitsanspruchs zum Herausfinden von Bedingungen der Gültigkeit zu gelangen.

Zwar sind auf die bisher in diesem Kapitel beschriebene Art philosophische Forschungsmethoden zur Geltung gekommen. Sie sind auch auf eine solche Art und Weise vorgekommen, in der die Schülerinnen und Schüler – bei ihrem Erlernen und bei ihrer Verwendung – ihre eigenen Meinungen mitbetrachten. Die Schülerinnen und Schüler und ihre Denkwege kommen also beim Erlernen und Prüfen von Denkmodellen genügend vor. Aber dennoch kann es unterrichtsmethodisch hilfreich sein, flankierend den *Prozess der Problemorientierung des Unterrichts* nicht aus den Augen zu verlieren. Die strukturierende Formung und die grundlegende Reflexion sowie die argumentative Prüfung dürfen keine solche Eigendynamik entfalten, dass die Gesamtsituation verloren zu gehen droht. Die Schülerinnen und Schüler sollen sowohl *Orientierung über diesen Prozess* behalten als auch *als Personen ermutigt werden,* diesen Weg der philosophischen Reflexion und Prüfung gern zu gehen (und dabei Mühen in Kauf zu nehmen). Zu beidem ein paar Impulse:

Impulse zur Orientierung im Prozess

- In welchem Zusammenhang zu unserer Leitfrage stehen eigentlich die Beiträge der letzten zehn Minuten?
- Warum tun wir das gerade, was wir tun?
- Ist das, was wir gerade tun, ein Schritt zur Beantwortung der Frage?
- Welchen Schritt sind wir gerade gegangen?
- Bahnt sich gerade – vielleicht gerade, weil unsere Diskussion stockt – ein neuer Weg an?

Impulse, die Personen betreffend und einbeziehend

- Was hat eigentlich jemand, der so denkt, wie wir es gerade besprechen, davon, sich die Voraussetzungen seines Denkens anzuschauen?

- Nenne Gründe dafür, weshalb es einem Menschen zu größerer Standfestigkeit verhilft, über (s)ein Denkmodell zu verfügen.
- Nenne Situationen, in denen es einem Menschen zu größerer Standfestigkeit verhilft, über (s)ein Denkmodell zu verfügen.
- Erkläre ohne Notizen (du darfst aber auf die Tafel sehen), weshalb alle Menschen sich an diese These halten sollen.
- Erkläre ohne Notizen (du darfst aber auf die Tafel sehen), weshalb kein Mensch sich an diese These halten sollte.
- Erkläre ohne Notizen (du darfst aber auf die Tafel sehen), weshalb es nicht so einfach zu begründen ist, dass alle Menschen sich an diese These halten sollen.
- Stell dir zwei Personen vor – die eine kennt ihre Denkweise, die andere nicht. Welche Unterschiede gibt es zwischen beiden? Könnte man sagen, dass die eine Person ein reineres Gewissen als die andere hat, oder gilt gerade das Gegenteil?
- Stell dir eine Situation vor, in der jemand Vorteile davon hat, so wie im Denkmodell zu denken. Verteidige nun das Denkmodell in dieser Situation gegenüber anderen.
- Schreibe auf: Warum kann es hilfreich sein, sich nicht zu schnell für die Gültigkeit eines Denkmodells zu entscheiden? Denke dabei an die Situationen, die wir besprochen haben.

KAPITEL 8

»Hä? Die Texte, die Sie mitbringen, kann man gar nicht verstehen.« – Wie sorge ich dafür, dass die Schülerinnen und Schüler sich einen Text erarbeiten?

»Bitte *keine* Texte mehr!«
»Kann der das nicht einfacher sagen?«
»Das ist doch Unfug!«
»Philosophische Texte sind *immer* schwer!«
»Ich lese nicht mehr weiter!«
»Ich geb' auf!«

Es kann sich im Philosophieunterricht ein garstig breiter Graben auftun, wenn das Interesse der Schülerinnen und Schüler an der Untersuchung einer Frage auf eine sprachliche Gestaltung dieses Problemzusammenhangs – eben den *Text* – trifft, in der dieses Interesse (scheinbar) nicht sichtbar wird. (Und wir werden in diesem Kapitel unter »Text« *sprachliche, propositionale* Gebilde verstehen.)

Auf die Wahrnehmung eines solchen Grabens kann ich als Lehrer vielfältig reagieren. Ich kann zunächst klären, *wann* ich Texte benutze; ich kann darüber nachdenken, *was* für Texte ich auswähle; und ich kann prüfen, *wie* sich die Schülerinnen und Schüler einem Text nähern und ihn verstehen können. Schließlich kann ich ggf. auch *Alternativen* zu einem textgestütztem Philosophieunterricht entwickeln.

Wann können Texte im Philosophieunterricht fruchtbar sein?

Lehrer können durch ihr Studium gewohnt sein zu denken, dass Texte immer die Form sind, in der Gedanken gefasst und erörtert werden. Aber die Fragen, um die es im Philosophieunterricht geht, sind nicht per se sprachliche Probleme; sie werden lediglich in sprachlicher Form gestellt. Werden sie von Verfassern in begriffliche Form gebracht, so liegt dieser Form in der Regel ein längerer Denkprozess zugrunde. Und die sprachlichen Formen, in die Gedanken gebracht sind, stellen bereits bestimmte Entscheidungen darüber dar, wie das Problem bestimmt, gelöst oder entfaltet wird. Diesen Weg *nachzugehen* ist ein wichtiges Gebot der Gestaltung des Philosophieunterrichts. Sonst besteht die Gefahr, dass nur Denk-*ergebnisse* nachvollzogen werden. Dies ist zwar wohl wichtig (und notenrelevant), aber es *umfasst* nicht das Philosophieren (das bloß »katalogisch« wäre), und der Nachvollzug wird umso genauer sein, wenn jeder Schüler und jede Schülerin in Strukturierungen gedanklicher Bewegungen hineinfinden kann.

Das bedeutet didaktisch, dass einen Text auszuwählen dann sinnvoll ist, wenn durch ihn der Problemzusammenhang geschärft werden kann. Der Text induziert die Konturierung eines Problems. Wir wollen uns hier nicht weiter damit beschäftigen, dass Texte selbstverständlich auch in anderer Funktion eingesetzt werden können, beispielsweise als Bildungsgut. Denn auch hier gilt: Sie werden umso besser verstanden, je klarer der Problemzusammenhang wird, in den ein Text eingebettet ist, und je besser Schülerinnen und Schüler eigene Zugänge zu Texten finden dürfen. Der Vorteil des Ansatzes, den wir hier (wie derzeit die meisten Philosophiedidaktiker) vertreten, ist außerdem der, dass die sprachliche Form, in der ein Text verfasst ist, neben den Inhalten, die bedacht werden, produktiv gemacht werden kann. Dies geschieht in der Absicht, die Geltung eines Textes besser überprüfen zu können, aber auch in der Absicht, einen Text konsequent auf die jeweilige Problemlage der Klasse oder des Philosophiekurses zu beziehen.

Wie finde ich herausfordernde Texte?

Zunächst einmal beinhaltet diese Umformulierung bereits das entscheidende Kriterium: Herausfordernd ist ein Text, wenn ein neuer Gedanke oder eine strukturiertere Form den Problemzusammenhang vertieft und wenn es für die Schülerinnen und Schüler möglich ist, einen Zugang zum Text aufzubauen. Durch was für einen Text der Problemzusammenhang geschärft werden kann, das hängt zum einen von der Länge und zum anderen von der Art eines Textes ab.

Ungeübte Lerngruppen sollen mit Hilfe von Texten lernen, Antworten auf philosophische Fragen in Form von Denkmodellen geben zu können. Denkmodelle wiederum enthalten Voraussetzungen, zentrale Begriffe, Thesen, Argumente und Konsequenzen – dargeboten in Form eines Textes, der einen gedanklichen Zusammenhang darstellt. Solche Texte sollten argumentativ klar, sprachlich nicht zu esoterisch und nicht zu lang sein. Wahrscheinlich ist es sinnvoll, sich an der Länge von einer halben bis knappen Seite zu orientieren.

Nun ist dieses vorrangige Ziel nicht automatisch das, was als erstes angesteuert werden kann. Vorformen zu einem Text, der ein Denkmodell darstellt, können kurze Auszüge aus solchen Texten sein, das heißt, Fragmente von Denkmodellen, in denen zunächst nur Thesen, nur Bestimmung von Begriffen oder nur das Argumentieren mit Beispielen im Mittelpunkt liegt. Sie sollen zum Lernstand der Lerngruppe passend ausgewählt sein. Solche »Sentenzen« können provozierenden Charakter haben, sie können polarisieren und so das Interesse wecken, sie können überraschend formuliert sein, sie können das behandelte Problem verankern helfen. Und sie können ästhetisch formuliert, d. h. geeignet sein, Wahrnehmungen und Gedanken der Schülerinnen und Schüler zur Sprache zu bringen. Texte übersetzen ja philosophische Problemgehalte in eine sprachliche Gestalt, und dieser Übersetzungsweg kann im Unterricht inszeniert und produktiv aufgegriffen werden – außerdem kann das Spannungsfeld zwischen begrifflichem und symbolisch-bildlichem Denken so zum Gegenstand des Nachdenkens gemacht werden. Ästhetisch ansprechende Texte stellen oftmals – und dies können Suchrichtungen für Lehrer sein – lebensweltliche Anbindungen dar, sie können in Geschichten gefunden werden, in denen Situationen, Ereignisse und Entwicklungen vorkommen, die ein Problem oder eine These verdeutlichen (nicht nur in Fabeln).

Umgekehrt endet der Philosophieunterricht natürlich nicht beim Kennenlernen von Denkmodellen, und in fortgeschritteneren Lerngruppen bieten sich daher erweiternde Texte an, in denen beispielsweise ein neues Problem oder ein neuer Aspekt aufgeworfen wird – oder in denen Antworten auf eine Frage problematisiert werden.

Bei der Textauswahl gilt es für Anfänger, sich ihrer Rolle bei der Texterarbeitung und ihres Verhältnisses zum Text bewusst zu werden. Bin ich als Lehrkraft zu stark mit einem Text identifiziert, besteht die Gefahr, dass ich die Schülerzugänge und -abständigkeiten nicht produktiv wenden kann. Ebenso kann es sein, dass ich mir immer schon eine spezielle Lesart erarbeitet habe, die es den Schülern und Schülerinnen nicht mehr erlaubt, andere zu entwickeln. Und schließlich kann ich geneigt sein, bei einem Text von vornherein auf Schwachstellen hinzuweisen, wenn ich die zugrunde liegende Position *ablehne*.

Wie können sich Schülerinnen und Schüler Texten nähern?

Wir wollen hier drei Näherungsmöglichkeiten hervorheben und jeweils wenige Impulse für sie formulieren. Konkrete Verfahren sind in der philosophiedidaktischen Literatur häufig beschrieben worden, unter anderem von Klaus Langebeck und von Christa Runtenberg.[1]

Die Schülerinnen und Schüler können a) ermuntert werden, ihre subjektiven Zugänge zum jeweiligen Text stark zu machen, sie können b) instruiert werden, Standardverfahren der Analyse von Denkmodellen zu erwerben, und sie können c) Impulse erhalten, mit denen sie konkrete Instrumente der Texterarbeitung benutzen lernen.

a) Nutzung subjektiver Zugänge
- Was befremdet euch?
- Was ist merkwürdig?
- Was verstehen wir gar nicht?
- Welche Worte sind ungewöhnlich?
- Wenn der Satz so formuliert wäre, wie du ihn erwarten würdest – wie lautete er?
- Was am Text erscheint dir falsch oder verwirrend?
- Nimm den Satz heraus, der dir am unverständlichsten erscheint – was *kann man gar nicht* verstehen?

---

1 Klaus Langebeck, Verfahren der Texterschließung im Philosophieunterricht. In: Zeitschrift für Didaktik der Philosophie 1985, Heft 1, S. 3–11. Christa Runtenberg, u. a. in: Dies., Didaktische Ansätze einer Ethik der Gentechnik. Produktionsorientierte Verfahren im Unterricht über die ethischen Probleme der Gentechnik. Münster 1999.

- In welcher Situation, stellst du dir vor, kann das Sinn machen, was der Autor hier schreibt?
- Welche Gedanken tauchen in dir auf, wenn du den Text liest? Welche Bilder, welche Vorstellungen?
- Stell dir vor, der Text ist ein »Brocken« – welche scharfen Kanten hat er, was bräuchtest du, um den Brocken zu besteigen?
- Welche Sätze könnt ihr verstehen und nachvollziehen, ohne dass ein merkwürdiges Gefühl entsteht?

b) Impulse zur Analyse von Denkmodellen
- Welches Problem wird untersucht?
- Mit welchen Begriffen wird der Problemzusammenhang bestimmt?
- In welchem Zusammenhang stehen die Begriffe?
- Welche zentrale These vertritt der Autor?
- Wenn du keine zentrale These findest: Kann es sein, dass der Autor die These vertritt »... – *ist falsch.*«?
- Mit welchen Argumenten wird die These begründet?
- Schreibe das leitende Problem, die zentralen Begriffe, Thesen, Voraussetzungen und Argumente auf.
- Wenn du bei der Lektüre *gleich* denkst, dass ein Gedanke des Autors nicht so stehen bleiben kann – was daran erscheint dir bereits beim Lesen falsch? Trage es in eine andere Spalte ein als in die, in der du die zentralen Thesen in deiner Sprache formulierst.

c) Impulse zum Benutzen von Instrumenten der Texterarbeitung
- Finde eine Situation, die deutlich macht, dass die These gut begründet werden kann.
- Schreibe einen Brief an die Autorin: Liebe Frau ..., gerade habe ich gelesen ... Dabei sind die folgenden Fragen aufgetaucht – so habe ich den Text im Ganzen verstanden – das sehe ich anders.
- Lies den Text Satz für Satz durch und schreibe am Ende jeden Absatzes auf: »Hier geht es um ...«
- Bilde für jeden Absatz eine Überschrift und vergleiche dein Ergebnis mit deinem Nachbarn.
- Unterstreiche unbekannte Begriffe und wichtige Sätze mit zwei Farben.

- Erstelle eine Strukturskizze bzw. ein Schaubild, das zum Verständnis geeignet ist.
- Erstelle ein Analyseschema zur Bestimmung des Argumentationsganges.
- Setze für den Begriff … ein anderes Wort deiner Wahl ein – was macht das für einen Unterschied?
- Lies den Text durch, lege das Blatt dann weg und schreibe ihn mit deinen Worten auf. Nun lass einen Partner deiner Wahl deinen Text lesen und lass ihn die Unterschiede zwischen deinem und dem Originaltext in Worte fassen. Welche zentralen Begriffe sind offenbar zum Verständnis der Position (un)entbehrlich?

Alternativen zur Behandlung eines Textes

Alternativ kann natürlich auf Texte verzichtet werden. Die Bausteine eines Denkmodells können als einzelne Sätze hineingegeben und dann in eine sinnvolle Reihenfolge gebracht werden, es können Texte in einem erweiterten Begriff in Anspruch genommen werden wie beispielsweise Bilder, Musikstücke und Filme. In geübten Gruppen kann aber auch versucht werden, einen Reader mit Texten zur Verfügung zu stellen, aus dem die Schülerinnen und Schüler nach kursorischer Lektüre einen jeweils passenden Text auswählen. Hierdurch wählen sie von vornherein solche Texte, zu denen sie einen Zugang entwickeln können, und sie werden in die Mitverantwortung gebracht.

KAPITEL 9

»Das ist uns zu unübersichtlich!« – Wie visualisiere ich im Philosophieunterricht?

> »Wir kriegen die Gedanken, die wir besprechen, nicht mehr zusammen!«
> »Ich denke, das war die *Voraussetzung!*
> Und jetzt wird sie wieder *angezweifelt?*«
> »Das wird mir zu viel!«
> »Ich steig' aus!«
> »Ich steig' nicht mehr durch!«
> »Was hat *das* denn jetzt noch damit zu tun?«

Sind die Schülerinnen und Schüler im philosophischen Problembezug, so kann es dennoch passieren, dass sie zwar verstehen, worum es im Unterricht gerade geht – aber sie haben keinen *Überblick* über gedankliche Verläufe und Gedankenkonfigurationen. Unternehme ich als Lehrerin jetzt nichts, damit ein solcher Überblick entsteht, droht der Unterricht seine Zentrierung zu verlieren. Oder aber es wird über zu vieles nachgedacht, und Verwirrung entsteht. Schließlich können Gedanken nur dann erörtert werden, wenn sie klar, übersichtlich und elementar vor Augen liegen.

Mit Visualisierungen sind daher in diesem Kapitel nicht solche gemeint, die als Anfangsimpuls zur Öffnung von Gedanken dienen oder solche, die organisatorischen Überblick über eine Unterrichtsstunde verschaffen helfen. Es geht hier vielmehr um gedankliche Spannungen, Strukturierungen und Reflexionsperspektiven, die sichtbar gemacht werden sollen.

Für den Anfänger stellt dies erfahrungsgemäß eine hohe Anforderung dar. Denn er darf nicht einfach (wie bisweilen in anderen Fächern sinnvoll) alle Gedanken bloß reproduzieren, sondern er muss *entscheiden,* welche Struktur er wählt, wie stark er sie an das aktuelle Geschehen oder an seine Planung anlehnt, wie sehr er sich von der Interaktionsstruktur oder von den Lernzielen leiten lässt. Sind dies die Pole, die er miteinander vermitteln muss – die Sachstruktur und die Ziele auf der einen Seite, auf der anderen Seite die Lerngruppe und das aktuelle Lerngeschehen –, so steht der Anfänger aber zunächst noch vor einem grundsätzlicheren Problem: ›Soll ich eingreifen und mich aufschwingen, dem Lerngeschehen eine Gestalt zu geben? Und soll dies *meine* Gestalt sein? Ist dies nicht willkürlich und ein bloßer Herrschaftsakt? Bin ich dann nicht ignorant dem vielen gegenüber, was gerade geschieht, werde ich allen meinen Schülerinnen und Schülern gerecht?‹

Wir sagen: Ja! Unbedingt muss visualisiert werden, es muss aufgegriffen werden, was gesagt wurde, dies muss konturiert werden, das Fortkommen des Unterrichts braucht eine *Gestalt,* auf die sich alle beziehen können. *Keine Stunde ohne Tafelbild!* Der Gefahr der *Steuerung* kann die Lehrkraft nicht entgehen. Immer dort, wo Perspektiven gebündelt werden, geschieht dies auch mit Hilfe einer Perspektive, und immer ist eine solche Bündelung selektiv. Dies ist aber keine Gefahr, sondern notwendige Bedingung für einen konstruktiven Dialog.

Daher empfehlen wir: Die Lehrerin tritt in Vorlage – sie schwingt sich auf, eine Struktur anzubieten –, *und* sie berücksichtigt Schülergedanken dabei. Ein Tafelbild soll den Schülerinnen und Schülern nicht als Endergebnis präsentiert werden, sondern zunächst als Zwischenschritt und damit als Grundlage für eine nächste, höhere Denkebene. Im Anschluss an eine Visualisierung soll die Lehrerin durch Rückfragen und Anschlussimpulse klären, ob die Visualisierung »passt«. Auch wenn die Lehrkraft ein Tafelbild nach und nach entwickelt, während Schülerinnen und Schüler sprechen, soll die Erstellung kein Versteck- oder Ratespiel werden und die Lehrerin soll ihr Tafelbild auch nicht verteidigen. Die folgenden Standardimpulse der Lehrkraft im Unterricht können das verdeutlichen:

- Ich denke, dieses Tafelbild passt zu unserer Diskussion – stimmt das?
- Ich denke, eure Gedanken drehen sich um diese beiden Pole – ist das so? Welcher ist entscheidender?
- Wo passt dieses Tafelbild zu unserem aktuellen Lernstand, wo nicht? Was müsste ergänzt werden?
- Lasst uns mal bitte hier einen Schnitt machen, damit wir Überblick gewinnen: Zu Hause habe ich das folgende Tafelbild ent-

worfen. Ich hatte gedacht, es würde das Problem gut verdeutlichen. Passt es jetzt oder sind wir gerade an einem ganz anderen Punkt angekommen?
- Das Schaubild, das ich vor der Stunde im Kopf hatte, müssten wir, denke ich, jetzt auf diese Art ergänzen – richtig?
- Was erklärt das Tafelbild gut, was nicht?
- Auf welche Fragen liefert diese Visualisierung eine Antwort?

Wahrscheinlich wird die Anfängerin zunächst entweder zu zögerlich im Erstellen von Tafelbildern sein oder zu sehr seine eigene Strukturierung unabhängig vom Lerngeschehen durchsetzen wollen. Und es stellt auch eine hohe Kunst dar, die oben genannten Pole aufeinander zu beziehen. Zunächst wird die Lehrerin vielleicht erst nach einer Stunde ein Tafelbild entwerfen und es der Lerngruppe zu Beginn der nächsten Stunde zeigen. Vielleicht sind die entworfenen Tafelbilder auch anfangs zu wenig zielorientiert und doppeln das Gesagte statt auf einen fruchtbaren Moment zu fokussieren. In jedem Fall aber macht die reflektierte Übung die (Visualisierungs-)Meisterin, und daher soll die Lehrerin solche Übungssituationen suchen, getreu dem Motto: *besser ein schlechtes als gar kein Tafelbild*. Denn auch dies hilft, Gedanken zu versammeln, und die Lehrkraft ist eben verantwortlich für die Progression des Lerngeschehens und sollte deshalb trainieren, Tafelbilder in jede Stundenplanung und später für ganze Lerneinheiten im voraus einzubeziehen.

Auch unabhängig davon, ob die Unterrichtende Anfängerin ist oder nicht, lässt sich nicht ein für allemal festlegen, welche Art Tafelbild »immer« hilfreich ist. Denn das hängt unter anderem davon ab, wie weit die Schülerinnen und Schüler sich *in Allgemeinem* wiederfinden können und wollen und also von ihrer Lernprogression und ihrem Vertrauen. Nicht zuletzt hängt es vom Strukturierungsstil der Lehrkraft ab.

Versuchen wir noch einmal, die *Ziele* von Tafelbildern bündig zusammenzufassen. Das verdeutlicht, *was* und *wie* im Philosophieunterricht visualisiert werden kann. Mit Hilfe von Tafelbildern soll ein Denkraum dargestellt werden, der soviel Übersicht verschafft, dass eine Lernprogression möglich wird. Dies geschieht durch Präsenz, Elementarisierung und durch Darstellung von Perspektiven –

solchen der Lehrkraft, des Autors eines Denkmodells, der Protagonisten in Denkmodellen, solcher der Schülerinnen und Schüler. Indem ein Denkraum gezeigt wird – wir wiederholen: der aktuelle Denkraum des Philosophiekurses bezogen auf den sachlich relevanten – wird eine *Spannung* aufgebaut: Thesen erscheinen durch Visualisierung beispielsweise als problematisch oder sie erscheinen im Kontrast zu anderen. Mit anderen Worten, Tafelbilder entfalten Perspektiven der Problemerörterung und fordern so gesehen zum Urteilen auf. Tafelbilder sind außerdem schließlich – für die Lernenden – strukturierende Ankerpunkte für eigenes und gemeinsames Denken, für Denkbewegungen und Denkzusammenhänge.

Zunächst sind Visualisierungen, so wie wir sie hier entfalten, Strukturierungen von Denkmomenten, und nach und nach – beispielsweise zum Zwecke gründlichen Lernens für eine Klassenarbeit – sind sie Strukturierungen von Denkmodellen und für Vergleiche von Denkmodellen.

Damit ist auch schon beantwortet, was visualisiert wird, nämlich nicht alles, was gesagt wird – ein Schaubild ist keine Mitschrift –, sondern vielmehr elementare Strukturierungen, zentrale Begriffe und Thesen. Gedankliche Zusammenhänge werden zunächst eher symbolisch aufgenommen als dass sie explizit dargestellt werden. Das kann durch die Wahl von Entfernungen, durch Gegenüberstellungen, durch das Schaffen leerer Räume und durch Pfeile geschehen. Und: Es darf ruhig pointiert und übertrieben werden, insbesondere dort, wo Denkmomente fixiert werden und wo das Tafelbild die Anknüpfung an Schülergedanken leistet. Tafelbilder und an ihre Erstellung anschließende Impulse sind immer *situiert,* d. h. sie sind am besten so formuliert, dass sie von der Denkstruktur der Schülerinnen und Schüler aus einen Erörterungshorizont eröffnen – auch wenn sie sachlich gesehen dadurch manchmal Scheingegensätze etablieren, die erst durch Diskussion überwunden werden können.

Damit die Schülerinnen und Schüler mit einem Tafelbild arbeiten können – denn dies ist die einzige Funktion von Schaubildern –, ist es zu empfehlen, die Visualisierung mit einem Anschlussimpuls zu verbinden und dann wieder die Gelassenheit aufzubringen, die Schülerinnen und Schüler sich im Tafelbild orientieren zu lassen und sich in ihm zurechtzufinden. Leerstellen sollen also beispielsweise nicht gleich geschlossen werden; nach der Erstellung eines Tafelbildes erhalten die Schülerinnen und Schüler einen Lernjob, nun haben sie wieder die Verantwortung für das weitere Geschehen, die Lehrkraft nimmt sich erneut zurück (vgl. das Kapitel 11 zur Gesprächsführung). Solche Lernjobs können darin bestehen, die Schülerinnen und Schüler zu beauftragen, das Schaubild zu überarbeiten oder zu überprüfen, ob es gut zum Gesprächsverlauf passt oder ob es einen Lernfortschritt darstellt, es so aufzubauen. Ebenso ist es möglich, dass die Lehrkraft selbst kein Tafelbild erstellt, sondern die Schülerinnen und Schüler bittet, diese Aufgabe zu übernehmen.

Bevor wir in diesem Kapitel ein paar exemplarische Tafelbilder mit zugehörigen Impulsen zeigen, wollen wir noch etwas zu den Visualisierungsmedien im Philosophieunterricht anführen, ein paar Standardarten von Tafelbildern und Maximen der Erstellung auflisten.

Wo wird visualisiert?

Wenn wir von Tafelbildern gesprochen haben, so heißt das nicht, dass Schaubilder immer an der Tafel entstehen sollen. Aber die Tafel zu wählen hat viele Vorteile. Es kann gewischt werden, das Schaubild kann nach und nach entwickelt werden, Farben können benutzt werden, die Tafel ist sehr breit, bietet also Platz für Leerstellen und Räume, und Tafeln sind in der Regel magnetisch, d. h. man kann Karten mit Magneten auf ihnen befestigen und bewegen. Dadurch, dass die Tafel eine Vorder- und eine Rückseite hat, kann schließlich auf etwas verwiesen werden, was gerade in Vergessenheit geraten ist – es kann zurückgegriffen werden auf Voriges. Diese letzte Funktion bietet vor allem auch das Smartboard. Mit seiner Hilfe können Schaubilder, die wie an einer Tafel erstellt wurden, elektronisch gespeichert werden. Dann ist es möglich, beispielsweise einen Lernstand, der vor mehreren Wochen erreicht wurde, erneut zu betrachten und zu diskutieren. Die Folie wiederum, die auf den Tageslichtprojektor geworfen wird, bietet den Vorteil, dass eine vorbereitete Struktur schnell zur Verfügung gestellt werden kann. Ist dieses Medium zu flüchtig, so kann es damit verbunden werden, Kopien bereitzustellen. Natürlich sind Stellwände ebenso wie der Fußboden, um den alle

Beteiligten herum stehen, auch geeignet für Visualisierungen aller Art, und insbesondere Denkmomente können auch mit Hilfe von Personen dargestellt werden, die gegenübergestellt werden.

Standardarten von Visualisierungen

- Begriffe können zunächst lose gruppiert werden, mit einem Zentralbegriff entsteht dann eine Mindmap.
- Begriffe können nach Nähe und Distanz geordnet werden.
- Wenige Worte können mit Pfeilen verbunden werden (die Pfeile sollten bei Missverständnissen erklärt werden).
- Conceptmaps können erstellt werden.
- Entwicklungen können räumlich dargestellt werden.
- Thesen können gegenübergestellt werden.
- Voraussetzungen, Schlussfolgerungen und zentrale Thesen können geordnet werden.

Maximen

- Wähle am Anfang weniger als fünf Worte.
- Entwickle dein Tafelbild.
- Sprich erst mit allen zusammen über ein Tafelbild – lasse erst in Gruppen arbeiten, wenn bereits eine visualisierte Grundlage zur Verfügung steht.
- Benutze Farben für logische Unterschiede.

Beispiele

Im Folgenden zeigen wir ein paar mögliche Visualisierungen für den Philosophieunterricht, die mit einem Anschlussimpuls verbunden werden können, für den wir ebenfalls Anregungen geben.

```
                    Leben
                      =

Wunschkonzert?                    tun, was andere
                                  mir vorschreiben?
```

Was ist das Leben eher?
Kann und muss ich mich für das eine oder andere entscheiden?

```
              Selbsterhaltung
```

Was alles gehört dazu?

»Das ist uns zu unübersichtlich!«

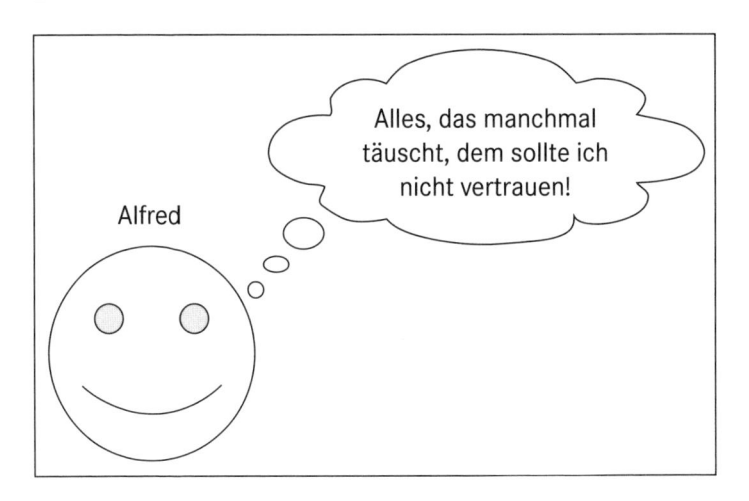

> Alfred: Alles, das manchmal täuscht, dem sollte ich nicht vertrauen!

Denkt Alfred so wie Descartes?[1]
Hat er recht?

»Schlechtes« bekämpfen

akzeptieren

Wahrheitsansprüche vertreten

dulden

respektieren

Was kann Toleranz alles sein? Was noch?
Wo gehört in diesem Schaubild Fanatismus hin? Wo Toleranz?

---

1 René Descartes: Meditationen über die Grundlagen der Philosophie. Erste Meditation, 2. Absatz. In: Ders.: Meditationes de prima philosophia. Meditationen über die Erste Philosophie. Lateinisch/Deutsch. Übersetzt und herausgegeben von Gerhart Schmidt. Stuttgart (Reclam UB 2888) 1986, S. 63.

Theresa sagt: Sascha sagt:
»alles gut finden« »für das Richtige eintreten«

Ich habe euer Gespräch so verstanden, dass es hauptsächlich diese beiden Positionen gab. Nennen wir sie die theresische und die saschianische. Schließen sie einander aus?

Was ist wichtiger:

Freiheit oder Sicherheit?

Ich glaube, dies war euch am wichtigsten, als ihr Hobbes und Rousseau verglichen habt – richtig? Was spricht für das eine oder andere Ziel?

»Das ist uns zu unübersichtlich!«

```
         vom                        zur
      Kannibalen              Mutter Theresa
```

Kann dieser Übergang durch einen STAAT geschehen?

```
  Mensch                                    Kultur
```

Was ist eigentlich zuerst da: der einzelne Mensch oder die Kultur, in der er aufwächst? Macht das einen Unterschied für die Art von Staat, die erstrebenswert ist?

Nicht immer sind Impulse nur im Anschluss an die Erstellung eines Tafelbildes sinnvoll. Manchmal eignen sie sich auch dazu, ein Tafelbild vorzubereiten wie in diesem Fall:

Wie können die Menschen lt. Hobbes vermeiden, dass sich alle totschlagen?[2]

Hobbes, Leviathan

Mensch im Naturzustand	Selbsterhaltung + Gleichheit (der Fähigkeiten)
	↓ daraus resultiert
Naturzustand	Krieg jeder gegen jeden
	↓ daher nötig
Staatsgründung	Unterwerfungsvertrag
	↓ garantiert
Staat	Sicherheit und Schutz

Anschlussimpulse an dieses Schaubild (das ein Denkmodell und nicht einen Denkmoment strukturiert) können z. B. die folgenden sein.

Erkläre deinem Nachbarn anhand des Tafelbildes das Denkmodell von Hobbes.

Lieben sich jetzt alle Menschen, weil es einen Staat gibt?
Prüft: Für wen ist dieser Staat gut?
Vergleiche dieses Modell mit dem von Rousseau.

---

2 Thomas Hobbes: Leviathan oder Wesen, Form und Gewalt des kirchlichen und bürgerlichen Staates. I. Der Mensch. II. Der Staat. In der Übersetzung von Dorothea Tidow. 1. Teil, Der Mensch, Kap. 13. O.O. (Rowohlts Klassiker 187–9) 1965, S. 96–99.

»Das ist uns zu unübersichtlich!«

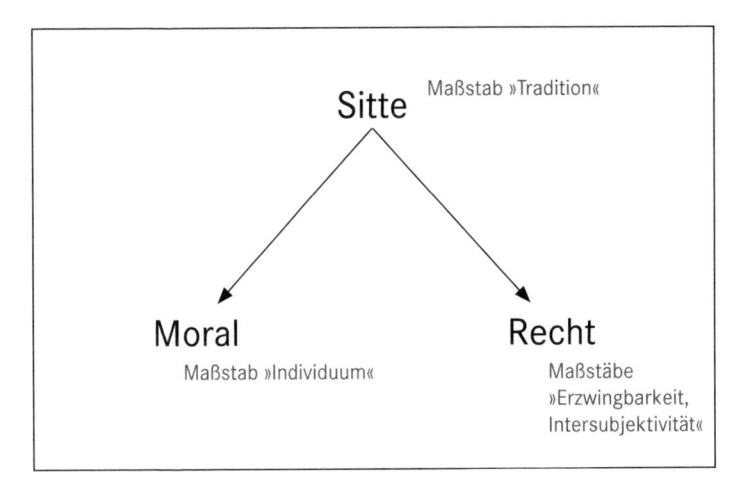

```
                    Sitte   Maßstab »Tradition«
                    
                   ↙      ↘
            Moral              Recht
     Maßstab »Individuum«     Maßstäbe
                              »Erzwingbarkeit,
                              Intersubjektivität«
```

So können wir Walter Schulz' und Hegels Denken veranschaulichen – können die Pfeile auch umgedreht werden?[3]

Nietzsche, Moral des reifen Individuums
–
Was ist besser?

den eigenen Vorteil suchen

Selbstlosigkeit – unpersönliche Rücksicht

Diese Visualisierung ist für den Einstieg in Nietzsches Moralphilosophie geeignet. Sie baut einen Scheingegensatz auf, der bei Schülerinnen und Schülern verbreitet sein kann. Im Verlauf der

---

3   Walter Schulz: Moralität und Sittlichkeit. In: Ders., Philosophie in der veränderten Welt. Pfullingen (Neske) 1972, S. 781–785.

Diskussion über diesen Gegensatz kann dann das folgende Tafelbild entwickelt werden:

Erkläre mit Hilfe des Schaubildes, inwiefern Egoismus vorteilhaft sein kann.[4]

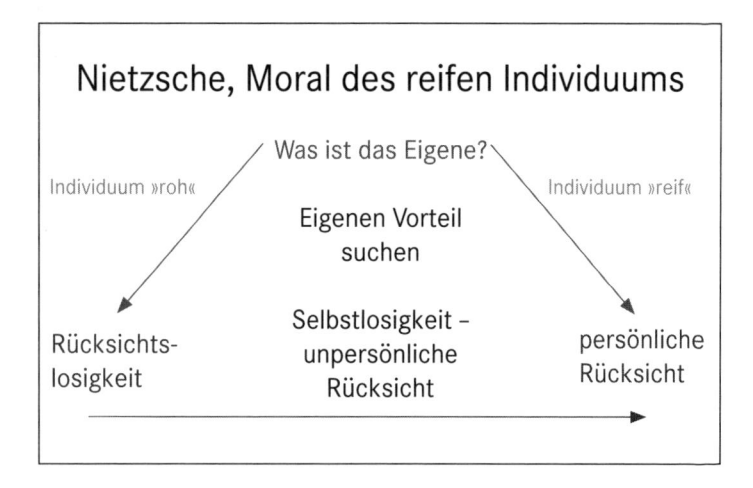

Nietzsche, Moral des reifen Individuums

Individuum »roh« ← Was ist das Eigene? → Individuum »reif«

Eigenen Vorteil suchen

Rücksichtslosigkeit — Selbstlosigkeit – unpersönliche Rücksicht — persönliche Rücksicht

---

[4] Friedrich Nietzsche: Moral des reifen Individuums. In: Menschliches, Allzumenschliches. Friedrich Nietzsche: Werke in drei Bänden. München 1954, Band 1, S. 503–504.

Kapitel 10
»Immer nur Worte und abstrakte Gedanken!« – Wie sorge ich für Konkretisierung und Lebensweltbezug?

> »Wo sind wir beim letzten Mal angekommen?«
> »Warum haben wir das gemacht?«
> »Was hat die bisherige Strukturierung mit dem Leben und unserer Gesamtfrage zu tun?«
> »Wie sind wir eigentlich darauf gekommen?«

Diese etwas unbeholfenen, aber vielleicht gerade dadurch Verständnis für Schülerinnen und Schüler bezeugenden Fragen kann der (zufälligerweise hier der Konkretisierung halber männliche) Lehrer stellen, *nachdem eine Struktur* erarbeitet wurde. Vor allem sind sie geeignet, wenn nach einiger Zeit wieder an diese Struktur angeknüpft werden soll. *Worte* und *Thesen,* die strukturieren helfen, können nämlich aus dem *Zusammenhang,* in dem sie entwickelt wurden, wieder herausfallen, und die Schülerinnen und Schüler wissen dann nicht mehr, »was das alles noch mal sollte«. Wenn ich als Lehrer nicht aufmerksam darauf reagiere, kann der Eindruck auf Schülerseite entstehen, im Philosophieunterricht würden nur *Worte geknetet;* das gilt auch dann, wenn die Entwicklung von Begriffen und Thesen zuvor bedächtig und erfahrungsnah geschah, und es gilt vor allem, weil philosophische Begriffe infolge ihrer Grundsätzlichkeit in größerer Entfernung zur Wirklichkeit stehen können bzw. so wahrgenommen werden können. Dies mag in Schüleraugen als kühle Abstraktheit oder glasperlenspielerische und abgehobene Jongliererei mit Worten erscheinen.

Wir wollen in diesem Kapitel voraussetzen, dass der Lehrer bis hierhin genügend dafür getan hat, dass die Lebenswelt der Schülerinnen und Schüler vorkam. Die anfänglichen Situationen fußten ja auf einer solchen Erdung und einem behutsamen schülerorientierten Weg in allgemeinere und grundsätzlichere Denkebenen. Die

Situation, in der Schülerinnen und Schüler *nach Erarbeitung von Denkmodellen* nach Konkretisierung rufen, wollen wir dafür noch genauer verstehen. Was haben sie bisher getan?
1. Sie haben sich im Problemzusammenhang eingehaust, indem sie erzählt, nachgedacht und etwas behauptet haben.
2. Sie haben Gedanken aufgegriffen und diese individuell-lebensbiographisch geerdet.
3. Sie haben sie strukturiert, in Begriffe gefasst und geprüft.

Wie kann der Lehrer dazu beitragen, dass der Faden zur Lebenswelt der Schülerinnen und Schüler und der rote Faden der Lerngeschichte, in der sich Lehrer und Schülerinnen und Schüler gemeinsam befinden, nicht abreißt, sondern gerade durch die Strukturierungen dicker und belastbarer wird? Offenbar spielt hierbei die *Zeit* eine zentrale Rolle, denn die Schülerinnen und Schüler *erinnern* offenbar nicht mehr, auf welchen individuell-lebensweltlich-biographischen Grundlagen die Strukturierungen und Begriffe entstanden und wie diese auf jene bezogen wurden.

Damit die Schülerinnen und Schüler möglichst gar nicht erst erleben, dass Philosophieunterricht nichts mit ihnen zu tun hat, können präventiv ein paar Maximen beachtet werden:
- Vergegenständliche – beziehe dich auf Ankerpunkte der Reflexion der Schülerinnen und Schüler, mit denen diese gut arbeiten können –.
- Stelle den Bezug zur Biographie »direkt« her – frage nach den Erfahrungen der Schülerinnen und Schüler, die zur Struktur passen –.
- Dekonstruiere – fragmentiere Zusammenhänge, lass' die Schülerinnen und Schüler sie neu zusammensetzen.
- Variiere Symbolformen – suche Gedichte, Bilder, Erzählungen und andere narrative Formen –.
- Verwende produktive Verfahren – bringe die Schülerinnen und Schüler in eine fiktive Situation, in der sie sich mit der Struktur auseinandersetzen und dies können, weil sie sich die Situation vorstellen können (oder bringe sie dazu, ihre Fragen zu formulieren) –.
- Kontextualisiere – denke dir Situationen aus oder lasse die Schü-

lerinnen und Schüler das tun – solche, die im Zusammenhang mit der Struktur stehen –.
- Sorge für erneuten Problembezug und Problembewusstsein – frage, was die Struktur mit dem Problemzusammenhang zu tun hat.

Ein paar Impulse dieser Art wollen wir nennen.

Impulse zum Bezug einer erarbeiteten Struktur auf die Lebenswelt und die gedanklichen Strukturen der Schülerinnen und Schüler

- Wenn die Struktur stimmt, wie leben wir dann?
- Spiele jemanden, der so denkt, wie es unser Tafelbild nahe legt.
- Welche Gefühle hat der, der so denkt?
- Mache den Unterschied der Begriffe … und … an einem Beispiel deutlich.
- Lasst uns noch einmal das Beispiel von vor 14 Tagen betrachten … Was hatte das mit unserer Struktur zu tun?
- Mit welchem Begriff oder mit welcher These kannst du noch viel verbinden, mit welchen weniger?
- Bring einen Gegenstand mit, der dir zu unserem Tafelbild einfällt.
- Frage deine Oma, was sie mit dem Begriff … anfängt.
- Hätte der Verfasser dieses Gedichts auch der Autor unseres Tafelbilds sein können?
- Wie sind wir noch mal auf das Tafelbild gekommen?
- Formuliere unser Tafelbild mit anderen Worten.
- Erkläre deinem Partner, was du vom Tafelbild verstanden hast und wofür das wichtig war, es so zu strukturieren. Formuliere auch Fragen, die sich dir stellen.
- Ich habe den Text hier in seine einzelnen Sätze aufgeteilt und manche umformuliert. Finde möglichst zu allen Sätzen Verständnishilfen und Beispiele und setze den Text dann neu zusammen.

Die Gefahr einer reinen »Wiederaufnahme der Lebenswelt« besteht darin, dass ein unstrukturiertes und vielfältiges Hin und Her verschiedenartiger Gedanken etabliert wird, die nicht aufeinander bezogen werden. Dann herrscht Masse statt Struktur. Und die Schülerinnen und Schüler erleben Unterricht als Hin und Her zwischen Lebenswelt und Allgemeinheiten, statt dass sie lernen, strukturierter zu denken und in Allgemeinheiten immer Bezüge zu Konkretem mitdenken zu können. Es ist daher besonders wichtig, dass unser Lehrer auf die *Beziehungen* achtet (und sie etabliert), die zwischen der gerade erstellten Struktur und dem lebensweltlichen Rückbezug aufgebaut werden. *Nur* bei Konflikten und Widerständen, die sich in Schülerinnen und Schülern regen, wenn sie mit grundsätzlich strukturierten Gedanken konfrontiert werden, ist eine Art »Neuanfang« angezeigt, ein wiederholtes Sich-Einhausen in der Reflexion anlässlich vorstellbarer Situationen und Probleme. Dieser neue Wiedereinstieg soll Freude am Denken auslösen und kann dann, wenn das Arbeitsbündnis wieder trägt, benutzt werden, um von ihm aus auf die erarbeitete Struktur zurückzukommen.

Eine gewisse Art Neuanfang kann auch durch Betrachten eines neuen philosophischen Texts gefördert werden. So darf kein »Gedanken-Hopping« entstehen, aber der neue Zugriff kann einen neuen Impuls für die Schülerinnen und Schüler geben, sich auf andere, zugänglichere Art mit der zuvor erarbeiteten Denkstruktur auseinanderzusetzen. Dazu ein paar Impulse:
- Welche Situationen findet ihr in dem Text, die eine gute Erläuterung unseres Tafelbildes darstellen?
- Hilft dir dieser Text, die Gedanken zu verstehen, die wir in der letzten Stunde hatten?
- Welche der Begriffe unseres Tafelbilds findet ihr hier wieder?
- Ich habe hier drei Texte mitgebracht, die im Verlauf der Auseinandersetzung von Menschen mit unserem Thema eine wichtige Rolle spielten – welcher passt am ehesten zum Diskussionsstand der letzten Stunde? Begründe.

Bezüge zur Erfahrungswelt und zum Vorstellungsleben der Schülerinnen und Schüler dienen dem besseren *Verständnis*. Sie dienen aber auch der Verbesserung der Fähigkeit der *Erörterung* von Positionen. Die Impulse, die wir bisher vorgeschlagen haben, können wir daher in ihrer Funktion noch präzisieren. Der Bezug zur Lebenswelt soll dazu dienen, dass eine erarbeitete Struktur für eine Erörterung in Anspruch genommen werden kann. Es handelt sich also um die Funktionen der Sicherung und des Transfers. Der Impuls, den der Lehrer geben soll, dient zum Prüfen des Orientierungsangebots der erarbeiteten Struktur, zur Ermöglichung des Umgangs mit dem Denkmodell und den Begriffen, um sie zu verstehen und mit ihnen arbeiten zu können.

Greifen wir zurück auf die drei vorhin formulierten Schritte, die die Schülerinnen und Schüler bisher gegangen sind, so sollen jetzt zwei weitere Schritte ermöglicht werden.
4. Die Schülerinnen und Schüler verbinden Begriffe und Strukturierungen mit ihrer Lebenswelt.
5. Die Schülerinnen und Schüler befördern ihre Urteilskraft, indem sie in Anwendung von Denkmodellen die Tragfähigkeit von Strukturierungen prüfen.

Impulse zur Förderung der Inanspruchnahme der erarbeiteten Struktur

- Auf welche lebensweltlichen Situationen hat dies Auswirkungen?
- Welche Situationen können wir besser verstehen durch unser Tafelbild?
- Welche Situationen können wir besser verstehen durch unsere Begriffe und deren Zusammenhang?
- Welche Situationen können wir besser bewerten durch unsere Thesen, Argumente und Voraussetzungen?
- Stell dir einen Menschen vor, der mit diesem Denkmodell arbeitet/nicht arbeitet. Was macht das für einen Unterschied?
- In was für Situationen gerät er, und wie verhält er sich oder wie interpretiert er sie?
- Was können wir jetzt besser erklären?
- Was können wir nicht erklären? Was erklärt uns unser Tafelbild nicht?
- Was überzeugt dich, wo hilft dir das Tafelbild gar nicht?
- Ist diese Situation ein Argument für das Denkmodell? Finde Situationen, die als Argumente dienen können. – *Können* Situationen überhaupt als Argumente dienen?
- Welche neuen Zusammenhänge haben sich durch das Betrachten der Situation eröffnet?
- Wird das Tafelbild durch die Situation klarer?

- Prüft bitte in Form einer Diskussion, was in dieser Situation getan werden soll. Eine Beobachtergruppe achtet nur darauf, ob in der Diskussion unsere Begriffe, Thesen oder Argumente benutzt werden.

Häufig verwenden Lehrer zur Konkretisierung drastische Situationen, die auch im philosophischen Diskurs eine Rolle spielen. »Fünf Leute sitzen in einem Floß, es kann aber nur vier tragen. Die fünf, das seid jetzt *ihr!* – Wer soll herunter?« »Ein Zug, der *unweigerlich* auf eine Grundschule zu rast, in der dann *automatisch* 200 Kinder sterben, kann *nur* zum Stoppen gebracht werden, indem eine sehr dicke *Person* vor die Gleise geworfen wird. *Wirst* und *sollst* du das tun?«

Die Drastik hilft, ein Streitgespräch zu entfachen, das wahrscheinlich eine Kontroverse enthält. Aber es kann ebenso zu Unbehagen und persönlichen Dissonanzen führen. Daher raten wir davon ab, solche Beispiele *identifikatorisch* zu benutzen; wir denken, es soll vermieden werden, die Schülerinnen und Schüler *persönlich zu konfrontieren*. Das kann ihre Reflexionsfreiheit geradezu zerstören. Schülerinnen und Schüler können sich, selbst wenn sie dies nicht bemerken, gezwungen fühlen, eine abstoßende Handlung oder eine noch abstoßendere zu vollziehen.

Solche drastischen Beispiele, oft in Gedankenexperimenten verwendet, sind in der Regel als Begründung einer These ausgedacht worden, die untermauert werden soll. Die extreme Situation soll quasi paradigmatischen Charakter haben; die Situation wird durchweg als exemplarische verwendet. Die Verwendung einer solchen Situation im Unterricht in entwickelnder, erörternder oder gar anwendender Absicht kann verschrecken, auch wenn die Intention die (gut gemeinte) ist, zu erden und Gedanken vorstellbar zu machen.

Wenn solche Beispiele verwendet werden, empfehlen wir, sie eher indirekt aufgreifen (oder als Rollenspiel zu gestalten, nach dem die Rolle explizit und körperlich wieder abgelegt wird, in der geurteilt wird). Das kann beispielsweise so geschehen:
- Stell dir vor, jemand an einem anderen Ort der Erde wäre in dieser Situation: Was sollte er tun?
  - Was würde er empfinden?
  - Was würde er denken?

- Gibt es Gründe, sich in dieser Situation nicht entscheiden zu wollen? Sie sich gerade nicht vorstellen zu wollen?
- Was kann jemanden bewegen, sich eine so furchtbare Situation auszudenken?
- Wie strukturiert derjenige unser Problem, wenn er mir nur diese Alternativen lässt?
- Vertritt derjenige eine These, der sich so etwas ausdenkt?
- Setzt es bereits eine bestimmte These voraus, sich die Situation so auszudenken?

Bei all den Situationen, die wir in diesem Kapitel betrachtet haben, ist es wichtig, die gerade herrschenden Stimmungen aufzugreifen. Diese sind das stärkste Indiz für die Stellung der Lerngruppe zur begrifflichen Struktur. Hierfür ist zuallererst die Aufmerksamkeit des Lehrers entscheidend. Er kann beispielsweise darauf achten, und er kann ansprechen,
- ob eine bestimmte Struktur Unbehagen auslöst,
- dass es gerade so ruhig geworden ist,
- dass er zweifelnde Gesichter sieht,
- dass Schülerinnen und Schüler erschrocken wirken oder unruhig werden.

Dadurch baut er einen Untersuchungsgang auf, in dem die Schülerinnen und Schüler nach und nach selbstständiger alle Strukturierungen auf ihre Lebenswelt und auf den Forschungszusammenhang beziehen, in dem sich die Beteiligten gerade befinden. (Und es dient dem Lehrer natürlich als Diagnose.)

Kapitel 11

»Einige sagen was, und weiter kommen wir auch nicht!« – Wie gestalte ich ein Gespräch?

In der Formulierung dieser Situation tauchen bereits zwei zentrale Probleme von Unterrichtsgesprächen auf, mangelnde Beteiligung und Ergebnislosigkeit. Es ist wichtig, zeitlich gesehen zuerst die Aktivierung der Schülerinnen und Schüler in den Mittelpunkt zu rücken (und dies zu trainieren) und erst dann die Gestaltung und Steuerung, so dass Ergebnisse erreichbar werden. Dabei heißt zeitlich, dass es *in einer Unterrichtsstunde* erst um Aktivierung und dann um Gestaltung geht, und es heißt, dass es in der *Kompetenzentwicklung* der Lehrerin (bzw. des Lehrers) wichtig ist, zuerst die sich selbst zurücknehmende Aktivierung zu trainieren und dann darauf aufbauend die Steuerung.

Wir wollen uns jetzt vorstellen, dass es im Verlauf von ungefähr 90 Minuten drei Phasen und Anforderungen gibt (wir wiederholen, dies gilt ebenso auch für Lerneinheiten): Erstens geht es – maieutisch – darum, ein Gespräch so zu gestalten und wachsen zu lassen, dass Gedanken *entwickelt* werden. Zweitens spielt – erst danach und im Anschluss – die *Strukturgebung* eine Rolle. Das Gespräch wird jetzt stärker eristisch oder begrifflich konturierter, die Bezugnahme der Beiträge erfolgt konzentrierter. Und drittens bedarf es danach einer Phase der *Urteilsbildung,* der Zusammenschau und Wägung aller geäußerter gedanklicher Zusammenhänge und Arten der Erörterung. Dies wird in allen Fächern üblicherweise auch Sicherungsphase genannt.

Hinzu kommt viertens eine *reflexive oder metakognitive Phase* – die nicht notwendigerweise erfolgen *muss,* aber helfen kann, die methodischen Fähigkeiten der Schülerinnen und Schüler zu schulen. In ihr werden die Lernenden explizit zu verantwortlichen Subjekten des Forschungsprozesses. Wir schicken voraus, dass natürlich nicht der unbedingte Anspruch besteht, durch alle diese drei oder vier Phasen *durchzukommen,* sie zu *schaffen.*

Was hat die Lehrerin in der **ersten Phase** zu tun? Wir wollen die Situation so verstehen, dass es darum geht, etwas Neues zu erarbeiten und nicht darum, etwas zu wiederholen. Gespräche sind vor allem dann sinnvoll, wenn sich in ihnen etwas nicht zuvor Bekanntes ereignen kann.

Drei Dinge sind wichtig:
- zunächst einen guten Impuls zu setzen,
- dann Zurückhaltung zu üben und
- während das Gespräch läuft, möglichst gut zuzuhören und den Übergang zur zweiten Phase vorzubereiten, ohne das Gespräch zu stören.

Wie setze ich einen guten Impuls?

In der *Planung* vor der Unterrichtsstunde macht sich die Lehrerin das klar:
- In welcher Weise sind die bisherigen Denkweisen der Schülerinnen und Schüler *begrenzt,* und in welcher Weise ist das gerade behandelte Denkmodell begrenzt? Worin liegt diese Begrenzung genau – was fehlt? (Am besten schreibt die Lehrerin dies auf.)
- Welches Denkmodell kann zu dieser Begrenzung eine Alternative oder Erweiterung darstellen?
- An welchem einfach zugänglichen *Beispiel* kann sich die Begrenztheit oder das Neue besonders gut zeigen?
- Mit welcher *Frage* kann ich meinen Schülerinnen und Schülern dieses Beispiel zeigen?

Diese Vorgehensweise stellt eine Konkretisierung der fünf Fragen Klafkis dar. Sie ist heuristisch zu empfehlen. Denn auf diese Weise können die Schülerinnen und Schüler gut an das Vorige anknüpfen. Sie können außerdem ihre Urteilskraft schulen. Sie können aktiviert werden. Die Lehrerin kann im Anschluss zurückhaltend agieren. Und zugleich wird in der geplanten Stunde wahrscheinlich eine neue Lernerfahrung entstehen und beginnen, die im Anschluss explizit strukturiert wird.

Welches Material verwende ich?

Ebenso wie es möglich ist, eine beispielhafte Struktur und ein Material (Karikatur, Bild, Sinnspruch, Aphorismus, Witz etc.) in den Mittelpunkt des Beginns zu stellen, kann ein Text verwendet werden, dieser darf jedoch auf keinen Fall erschlagend wirken. Tendenziell ist der Text also kurz, zugänglich und elementar. Wenn er komplexer ist, soll er dafür sehr deutlich das zuvor etablierte Denkmodell aufgreifen oder es auf klare Weise variieren, durch Verfremdung oder Weglassung der Worte (nicht aber der Begriffe). Da es darum geht, die Schülerinnen und Schüler ins Denken gelangen zu lassen, ist Zugänglichkeit und Ermöglichung vorläufiger Urteile zentral – daher bietet es sich an, Materialien zu verwenden, die geeignet sind, Analogieschlüsse hervorrufen.

Ebenso kann schließlich auch die Frage nach dem Stand des Kurses bezüglich einer Antwort auf die Gesamtfrage als Einstieg dienen, also gewissermaßen ein direktes Anknüpfen an die Vorstunde. Dafür ist beispielsweise eine Hausaufgabenbesprechung ein Mittel der Wahl.

Jedoch sollte die Lehrerin komplexere und diskursivere Formen der Anknüpfung nur dann wählen, wenn sie darauf vertrauen kann, dass die Schülerinnen und Schüler an den Diskussionsstand, der zuvor erreicht wurde, anknüpfen können. *Wichtig ist, dass alle gleich von Beginn an dabei sind!*

Mit dem gewählten Material stellt die Lehrerin einerseits (einigermaßen) sicher: Es kann angeknüpft werden, Vorstellungen können sich bilden, die einen Bezug zu Situationen und zur Lebenswelt oder einer fremden, aber vorstellbaren Welt haben.

Andererseits aber wird durch das Material etwas Neues angebahnt, ein neues Denkmodell kann sich entwickeln, das dadurch etabliert oder vorbereitet werden kann. Das Beispiel erweitert das vorige Denkmodell, problematisiert es oder eröffnet einen neuen Aspekt.

In der Spannung zwischen dem Anknüpfen an das Bisherige und dem Anbahnen von Neuem liegt die Kunst der Auswahl des Materials und des Impulses, mit dem die Lehrerin die Präsentation des Materials verbindet.

Welchen Impuls zum Material gebe ich?

Die Lehrerin kann sich im philosophischen Sinn des Wortes naiv stellen, dadurch wird Elementarität gefördert. Im extremen Fall legt sie den Schülerinnen und Schülern einfach die Gesamtfrage vor. Die folgenden Möglichkeiten sind (je nach Situation) geeignet:
- Wirklich?
- Ihr lacht?
- Stimmt das – so wie es da steht?
- Sieh hin: Was schießt dir durch den Kopf?
- Mit welchen Gefühlen begegnest du …?
- Schreibt eure Gefühle auf!
- Schreibe eine Geschichte zu (Begriff …)!
- Beschreibe (Erfahrung)!
- Schließe die Augen, achte auf Eindrücke zu X – notiere sie anschließend!
- Schreibt eure ersten Eindrücke auf!
- Male ein Bild zur Textaussage!
- Was soll der hier in dieser Situation tun?
- Ich hab noch mal nachgedacht, wie … ist – dabei fiel mir dieses Beispiel ein – wie ist das da eigentlich?
- Hat der Verfasser der Karikatur recht?
- Was seht ihr, welche Gedanken tauchen auf und welche Bezüge zur letzten Stunde?
- Wie erklären wir eigentlich das, was wir erarbeitet haben, der folgenden Person …?
- Stellt euch vor, ihr seid in dieser Situation – was tut ihr?
- Habt ihr so etwas auch schon mal erlebt?
- »Das ist gut/richtig!«
- Wie würdet ihr euch verhalten?
- Was meint ihr dazu?
- Gibt es weitere Beispiele?
- Wo kommt Gleichartiges noch vor?
- Gibt es ähnliche/andere Situationen?
- Was empfindet ihr?
- Was seht ihr?
- Was versteht ihr darunter?

- Welche Frage stellt ihr an ...?
- Mit welchen Gefühlen begegnet ihr ...?
- Was gefällt dir gut?
- Möchtest du lieber ... als ...?
- Was fällt dir alles zu ... ein?
- Stell dir vor ... was wäre dann?
- Schreibe auf, was wäre, wenn ...
- Passt dieses Material zum bisherigen Unterricht?
- Wie war das noch mal, was hatten wir da erarbeitet?
- Ergibt sich aus diesem Beispiel (Material) ein Argument, das wir für unsere Frage gebrauchen können?
- Ist alles, was ihr denkt, bereits gesagt?
- Haben wir etwas vergessen?

Und was tut die Lehrerin dann?

Sie gibt *nur einen* Impuls, dann nimmt sie die Schülerinnen und Schüler dran. *Sie nennt nur die Namen der Schülerin bzw. des Schülers und schweigt.* Kein einziger Kommentar von ihr darf jetzt kommen – jetzt ist die Zeit der Schülerinnen und Schüler. Gefühlt dauert das – die Schülerinnen und Schüler reden, die Lehrerin nennt nach einer Äußerung nur den Namen des Schülers bzw. der Schülerin, der bzw. die als nächstes spricht – unendlich lange. Ein Gespräch ist kein Dialog zwischen *zwei* Menschen – die Schülerinnen und Schüler unterhalten sich jetzt und verstärken ihre Vorstellungen gegenseitig.

Möglicherweise ist es in ungeübten Gruppen nötig, darüber aufklären, dass dies so geschieht, unter Umständen kann auch eine Meldekette organisiert werden. Und es kann hilfreich sein zu erwähnen, dass die Schülerinnen und Schüler Gedanken äußern dürfen, von denen sie nicht genau wissen, ob sie richtig sind. Es soll kein Meinungsdruck aufgebaut werden, nur Gedanken, die nebeneinander gestellt werden und die sich aufeinander beziehen können – Schülerinnen und Schüler dürfen Bezug nehmen auf zuvor Gesagtes, aber nicht im Sinne einer Gegenrede.

Die Lehrerin lässt Vorstellungen und Gedanken *wachsen und reifen*, Reflexionserfahrungen liegen vor und werden jetzt gehoben, bis sie sich sättigen, bis das Gespräch nicht weitergeht oder in unfruchtbarem Streitgespräch endet. Die Schülerinnen und Schüler hausen sich jetzt zu Beginn mit kritischen Anmerkungen wieder im Reflexionsraum ein und erweitern ihn (des Öfteren ohne das zu bemerken).

Der *Haltung* nach und *nonverbal* aber tut die Lehrerin sehr viel, während sie schweigt. Sie zeigt Humor und Anteilnahme, sie ist aufmerksam, sie nickt, ermutigt durch Gestik und Mimik, sie zeigt, dass jetzt Neues entstehen kann, das nicht schon durchgeplant war, sie denkt mit, sie schmunzelt, sie begleitet emotional und reflektierend, was gesagt wird. Sie fördert so den Freimut der Schülerinnen und Schüler, die Sichtweise: *So wie du gerade denkst, könnte es sein, es steckt ein Wahrheitskern in dieser Äußerung.*

Nur in drei Fällen sagt sie doch etwas.

Wenn *erstens* das Gespräch schleppend verläuft und *nicht alle beteiligt* sind oder wenige noch schüchtern bleiben, dann verstärkt sie, sie ermutigt und stimmt zu, im Extremfall fordert sie die Schülerinnen und Schüler auf, erstmal etwas aufzuschreiben, auf das sich alle dann beziehen können. Dies kann auch zwecks Erhöhung der Verbindlichkeit sinnvoll sein.

Diesseits der Grundsatzfrage, ob eine Lehrkraft Schülerinnen und Schüler »drannehmen« soll oder nicht, gibt es Zwischenlösungen. Sie kann auf Gesichter und Körperhaltungen, also auf innere Beteiligung achten und zur Unterstützung etwa die folgenden Impulse geben:
- Mir scheint, du hast einen Gedanken …
- Ihr redet gerade, was könnt ihr beitragen – vielleicht ein Gedanke, von dem ihr noch gar nicht wisst, ob er hierher gehört (auf diese Weise wird die Maxime von Gustav Heckmann, beim Philosophieren solle das Unbehagen genutzt werden, realisiert – ›Jedes Unbehagen soll jederzeit geäußert werden.‹)
- Geht das, dass du was dazu sagen kannst?
- Ich will noch mal andere hören …
- Gibt es Gründe für euer Schweigen, dafür, dass ihr nichts sagt? Vielleicht habt ihr ganz andere Gedanken?

Zweitens kann es sein, dass die Schülerinnen und Schüler das intendierte Neue gar nicht erkennen oder gar *kein Problembewusstsein* an den Tag legen. In diesem und nur in diesem Fall können sie auf aufmunternde Art und Weise provoziert werden, in spielerischer Weise zu Gedanken gebracht werden. Sie dürfen sich aber auf keinen Fall vor den Kopf gestoßen oder lächerlich gemacht fühlen. Die Lehrerin kann das Problem jetzt verdeutlichen, sagen, was auf dem Spiel steht, den Sinn und die Wichtigkeit hervorheben. Und sie kann in eine bestimmte (extreme oder konträre) Rolle schlüpfen, nach dem sie dies angekündigt hat – *Ich schlüpfe mal in die Rolle von ..., der könnte doch so denken* – *was sagt ihr zu dem?*

Drittens sind kurze, echte *Nachfragen* dazu ›erlaubt‹, ob eine Äußerung verstanden wurde.

Während die Lehrerin schweigt und das Geschehen begleitet, bereitet sie aber den nächsten Schritt auch schon vor.

Wie komme ich zu einem fruchtbaren Impuls für die bald nötige Gestaltung des Gesprächs?

Zunächst soll sie bereits bei der Planung der Stunde antizipieren, was wahrscheinlich gesagt wird. Sie soll auch ein Tafelbild planen, das eine gute Struktur des Denkraums darstellt. Diese *Planung* fesselt die Lehrerin nicht, sie ist vielmehr gerade die *Bedingung für Flexibilität!* Denn eine flexibel erfolgende Steuerung des Unterrichtsgeschehens lässt sich am besten vor der Folie einer geplanten finden. Das Neue, das ich höre, höre ich als Lehrerin erstens nur dann, wenn ich weiß, *dass* es etwas Neues ist, und zweitens kann ich es besser in eine Strukturierung einfügen oder diese erweitern, wenn ich überhaupt eine habe.

Auf der einen Seite also agiert die Lehrerin, wie Psychologen sagen, in einer schwebenden Aufmerksamkeit, sie nimmt auf und hört zu. Auf der anderen Seite aber gleicht sie die eigene Struktur mit dem, was sie hört, ab; sie stellt fest, was passt und was anders ist. Gewissermaßen handelt es sich bei der Art des Verstehens und Interpretierens des Gesprächs, das die Lehrerin jetzt betreibt, um ein zielklares Verstehen, die Lehrerin, können wir metaphorisch sagen, *liest* das Gespräch.

Worauf achtet die Lehrerin, während die Schülerinnen und Schüler sprechen?

Formal achtet sie auf Bekanntes und Unbekanntes, d. h. auf das, was unbeleuchtet bleibt und das, was betrachtet wird. Dies können Begriffe, Metaphern und Kontroversen ebenso sein wie ein fehlender Begriff, fehlende Zusammenhänge, fehlende Implikationen oder Voraussetzungen, die nicht sichtbar werden, und es kann etwas Wichtiges sein, das (zum Beispiel wiederholt) nicht aufgegriffen wird. Da Schülerinnen und Schüler im allgemeinen klug sind, aber ihre eigene Klugheit nicht bemerken und nicht zielgerichtet benutzen können, lohnt es, sich zufällige, aber wichtige Worte und Sätze zu merken, Unterschiede, die nur die Lehrerin als solche bemerkt.

Und wie notiert die Lehrerin zentrale Gedanken?

Am besten schreibt sie etwas auf, auf einem Zettel oder gleich an der Tafel (womit hier ebenso digitale Medien gemeint sein können). Aber nicht alles und nicht additiv! Vielmehr soll die Lehrerin nach und nach vorstrukturieren, zum Beispiel Zusammenhänge von Begriffen oder Kontroversen, Argumente oder Wortfelder. Dies ist die Folie für das spätere Thematisieren von Unterschieden, nach denen gefragt werden kann.

Wenn unsere Lehrerin eine Tafelkladde führt, das heißt, wenn sie etwas Vorläufiges an der Tafel festhält, gilt dies ebenso: Nur Fruchtbares wird notiert. Der Vorteil einer Tafelkladde ist, dass die Schülerinnen und Schüler nebenbei darauf achten und etwas Notiertes aufgreifen können, das heißt, die Lehrerin steuert, während das Gespräch zugleich organisch wächst und sich entwickelt. Auch möglich ist, erst nach einigen Minuten etwas an der Tafel zu notieren.

Ob ich als Lehrerin nur auf einem Zettel schreibe und ein Gespräch im Anschluss gestalte oder früher an die Tafel gehe, hängt davon ab, wie sehr ich möchte, dass die Schülerinnen und Schüler selbstständig ein Gespräch führen lernen und davon, ob eine gewissermaßen überraschend erfolgende Steuerung für dieses Gespräch hilfreich ist.

Mit Hilfe einer Tafelkladde kann die Lehrerin würdigen und steuern. Außerdem kann sie Unterschiede und Zusammenhänge durch räumliche Nähe und Entfernung markieren und auf eine noch symbolische Art in das Gespräch eingreifen. Zum Beispiel kann sie fragen, ob die Entfernungen an der Tafel dem Gesprächsverlauf zufolge richtig wiedergegeben sind oder ob die Notizen es möglich machen, nun einen Argumentationszusammenhang aufzubauen.

Wir fassen zusammen: Situativ soll die Lehrkraft jeweils *verstehen* und aufmerksam zuhören, wie die Schülerinnen und Schüler sich ins Gespräch einhaken. Wenn sie gut verstanden hat, prüft sie, welche Ziele jetzt erreichbar sind. Sie entscheidet sich für einen zentralen Aspekt des Gesprächs, der zu diesem Ziel führen kann. Sie strukturiert diesen Aspekt. Fruchtbare Lernchancen und -situationen soll sie energisch ergreifen.

Deshalb wohl sagt man, Gesprächsführung sei die hohe Kunst der Lehrkraft.

In **Phase 2** steht im Mittelpunkt, dass die geäußerten Gedanken ausgewertet und in Form gebracht werden. *Wann* greift die Lehrerin ein? Negativ betrachtet ist dies nötig, wenn das Gespräch nicht weitergeht, sei es, weil »alles gesagt ist«, vieles sich wiederholt oder das Gespräch immer hitziger und feindlicher gestimmt wird. Positiv beleuchtet ist es sinnvoll einzugreifen, wenn eine fruchtbare Lernchance aufgegriffen, akzentuiert oder begrifflich präziser hervorgehoben werden kann. Im Allgemeinen empfiehlt es sich, nicht nur einen *methodischen* Lernfortschritt zu ermöglichen, sondern (meist mit Hilfe einer Methode) einen *inhaltlichen*. Werden Begriffsdefinitionen oder Denkzusammenhänge nur um ihrer selbst willen bestimmt, ohne dass dies auch eine bessere Antwort auf die gewählte Frage begünstigt, so können die Schülerinnen und Schüler zur Erfahrung gelangen: ›Wir drehen uns elaboriert im Kreis.‹

Und *wie* greift sie ein? Sie greift Defizite oder Wertvolles auf. Ebenso kann sie entweder selbst steuern oder sie unterstützt dabei, dass die Schülerinnen und Schüler steuern können. Hier gibt es verschiedene Unterrichts*stile* – die genial auf zentrale Punkte fokussierende Lehrerin kann einen inhaltlich ergiebigen Unterricht durchführen, und die jeweils auf die methodische Kompetenz der Lernenden reflektierende und diese thematisierende Lehrerin kann Schülerinnen und Schülern besonders gut zu methodischen Fähigkeiten verhelfen. Beides zusammen jedoch, je nach Situation sinnvoll verwendet, dient der Kompetenzentwicklung wohl am stärksten.

Passend zu bestimmten Diagnosen dafür, was sich im Gespräch bisher ereignete, regen wir im Folgenden verschiedene Interventionen an, um dann eher lehrergesteuerte und eher zur Selbststeuerung

animierende Impulse zu formulieren. In jedem Fall geht es an dieser Stelle des Unterrichts darum, *dem Sprechen ein diskursives Profil* zu geben.
- Ist ... eher ... oder ...?
- Mir scheint, in euren Beiträgen habt ihr unter ... immer ... verstanden. Kann es auch ... sein?
- Wie unterscheidet sich dieser Begriff von ...?
- Was ist ... (für X)?
- Ist es richtig, dass ihr denkt, alle Menschen sollten ... tun? Warum eigentlich?
- Wenn ihr sagt, ... sei ... – heißt das für euch automatisch, es sei *gut, ...* zu tun? Warum?
- Nun steht an der Tafel ... immer links und ... immer rechts. Was unterscheidet die voneinander?
- Ich steige nicht mehr durch – sagt mir bitte, was die Diskussion bisher ergeben hat.
- Die einen denken so, die anderen so, wer hat denn nun recht?
- Können wir alle unsere Gedanken zu einem, zu »unserem« Tafelbild machen?
- Was müssen wir am bisherigen Denkmodell korrigieren oder erweitern?
- Hört sich die Frage jetzt anders an?
- Links steht *die* These, rechts *die* – nennt Beispiele, in denen diese, und solche, in denen diese richtig ist.
- Prüft bitte nach Lektüre, ob dieser Text eher der linken Position zustimmt oder der rechten.
- Ich möchte euch mitteilen, dass diese Gedanken ... fruchtbar sind, aber nicht in unseren Diskussionszusammenhang gehören. Wir werden sie am ... behandeln. Hier stehen diese beiden Positionen im Mittelpunkt. Welche ist richtig?
- Auf welcher Voraussetzung beruht das Argument ..., das ihr in den letzten Minuten hauptsächlich angeführt habt?
- Wenn ..., was folgt daraus?
- Wie verhält sich Gedanke x zu Gedanken y?
- Welche Gründe lassen sich angeben für ...?
- Welche Unterschiede tauchen auf?
- Was würde X auf unsere Frage antworten?

- Welche Vorteile hat es, so wie X zu denken? Welche Nachteile ...?
- Was spricht für X, was für Y?
- Welche Argumente kann X gegen Y, Y gegen X aufbieten?
- Wie lässt sich das Argument formal (inhaltlich) kritisieren?
- Fasst die Argumente zusammen!
- Überprüft das Argument... auf seine Stichhaltigkeit!
- Spitzt die unterschiedlichen Standpunkte zu!
- Beschreibe die These ... in einem Satz!
- Schreibe die beiden eben immer wieder aufgetauchten Argumente formal korrekt auf!
- Ich schreibe jetzt ein eben genanntes Argument an die Tafel: Dies ist ein Beweis! – Kritisiere ihn oder notiere, was seine Richtigkeit für die Menschen bedeutet!

Im Folgenden einige Diagnosen, mögliche Lehrersteuerungen und mögliche Steuerungen zur Selbststeuerung.

Diagnose	Impuls zur Lehrersteuerung	Impuls zur Selbststeuerung
Begriffe sind unklar	Tafelanschrieb: X = Y oder Z? (Beispiel: Recht = Machtwillkür oder Grundlage jeder Gemeinschaft?) Tafelanschrieb: X – was sollen wir darunter verstehen? (mindmap anzeichnen) Bei welchem Begriff erhalten wir welche Antwort auf unsere Frage?	Ihr habt jetzt häufig dieses Wort verwendet, es scheint mir wichtig zu sein – ist es ... oder ...? Ich verstehe noch nicht recht, was ... bedeutet und welchen Einfluss es auf unsere Antwort hat. Was versteht ihr unter ...? Eben habt ihr häufig dieses Wort und diese Bilder verwendet. Was bedeutet das eigentlich? Versucht es zu verdeutlichen. Gibt es einen Begriff, um den alles bisher gekreist ist?
Kontroverse ist nicht deutlich	Ist es so ... oder so ...? Was denn nun – ist ... richtig oder ...?	Mir scheint, es gab eine Kontroverse – welche? Hauptsächlich gab es zwei Auffassungen – welche?

Diagnose	Impuls zur Lehrersteuerung	Impuls zur Selbststeuerung
Frage ist nicht genau genug	Ist ... die Frage, die wir nun besser untersuchen sollen? (neue Frage einfach nennen und an die Tafel schreiben)	Sprechen wir noch über unsere Frage? Zu welcher Frage habt ihr in den letzten fünf Minuten gesprochen?
Thesen sind nicht deutlich genug	Ich denke, es gibt zwei Auffassungen im Raum: A und B. (Tafelanschrieb) Trifft das eure Antworten?	Ich glaube, es gibt hauptsächlich zwei Meinungen – welche?
Argumente fehlen	Ich habe nun eure Meinungen gehört. Welche Argumente sprechen für sie? Wenn welche genannt werden, schreibt sie bitte auf.	Wie können wir eigentlich entscheiden, wer Recht hat?
Bedingungen und Voraussetzungen sind nicht sichtbar	Ich denke, die Antworten hängen davon ab: ... Sagt mal bitte, inwiefern es davon abhängt, und lass uns dann prüfen, welche Bedingung richtig ist.	Gilt das, was ihr sagt, eigentlich immer? Müssen wir zu jeder These noch Voraussetzungen hinzu schreiben? Was kann über die Gedanken an der Tafel notiert werden? Muss links etwas anderes hingeschrieben werden als rechts?
Informationen fehlen	Für eine genauere Antwort habe ich euch ... mitgebracht. Bitte beantwortet nun in der Sozialform X: Was trägt das Material zu einer genaueren Antwort bei, was ist die Antwort und welche Gründe werden angeführt?	Was fehlt uns, um dies entscheiden zu können?
Zusammenhänge werden nicht erkannt	Ich habe die folgenden Thesen (Begriffe) gehört (auf Karten). So hängen sie zusammen: ... (Flussdiagramm mit Pfeilen an Tafel) – Entspricht dieses Schaubild euren Gedanken?	Wie hängt eigentlich ... mit ... zusammen? Was denkt ihr?

Die Haltung der Lehrerin ist jetzt zwar immer noch geprägt davon, verstehen zu wollen und alle Beteiligten zu integrieren. Aber sie sorgt nach dem Gestaltungsimpuls für das Einhalten oder Erstellen einer Struktur. Damit geht eine etwas *energischere Haltung* einher. Die Lehrerin agiert gründlicher, provokativer, einfordernder. Möglicherweise steht die Lehrerin auf, sie verweist wiederholt auf Strukturierungen an der Tafel, sie äußert Zweifel, fokussiert, fragt nach Begriffen und Argumenten, und unter Umständen spielt sie sogar die Rolle des advocatus diaboli. Dies ist im eigentlichen Sinne Wertschätzung (nicht die blassen und viel zu oft in pädagogischen Zusammenhängen konsequenzlos als Floskel verwendeten Kommentare *Das ist ganz wichtig, was du da gesagt hast! – Wie vielfältig ihr an dieses Thema herangegangen seid!*). Denn so wird geklärt, so werden Konsequenzen bedacht und so werden die Gedanken der Schülerinnen und Schüler, insofern mit ihnen und auf ihnen aufbauend weitergearbeitet wird, *durch Formung und genauere Untersuchung* in ihrem Wert geschätzt. Zu dieser In-Wert-Setzung gehören ebenso Fleiß und Durchhaltevermögen. Die Schülerinnen und Schüler sollen sich jetzt nur noch auf die etablierte Struktur beziehen.

Wir denken, dass in der hier genannten Phasierung – Organisation eines geeigneten Anfangsimpulses, u. U. mit Material, verstehende, sich entwickeln lassende Gesprächsführung und anschließende Gestaltung – ein falscher Gegensatz zwischen Schülerorientierung und Lehrerzentrierung vermieden wird. Schülerorientierung bedeutet ja auch, den Schülerinnen und Schülern Orientierung zu geben und mit ihren Gedanken zu arbeiten. Sinnvolle Lehrerzentrierung meinte immer schon eine solche Steuerung, die Ziele aufbauend auf dem, was Schülerinnen und Schüler denken und sagen, erreichen hilft. Beide, Schüler- und Lehrerorientierung, sind nur dann fehl am Platz, wenn die Lehrkraft entweder gar nicht lenkt oder in blinder Durchsetzung einer vorgefertigten Struktur, die zum Lerngeschehen nicht passt.

Wir greifen zur Rundung einen Gedanken aus Kapitel 3 wieder auf: Wenn Gesprächsphasen mit *Aggregatzuständen* betitelt werden könnten, dann wäre die erste Phase *gasförmig* (und so zu gestalten) – der Geist weht hier, wo er will –, die zweite Phase wäre *flüs-*

sig – Strukturen werden sichtbar, aber fixierte Gedanken werden hier auch immer wieder verflüssigt. In der folgenden Phase geht es darum, Gedanken zu *festigen* und zu fixieren, ihnen eine bleibende Form zu geben, auf die später wieder zurückgegriffen werden kann. In der **dritten Phase** soll das *Urteilen* ermöglicht werden, und es soll eine *Bilanz* gezogen werden. Wichtig ist, hierfür genügend Zeit freizuhalten, d. h. rechtzeitig vor Stundenende die Strukturierungsarbeit zu beenden.

Zur Gestaltung sind beispielsweise Schreibaufgaben und produktorientierte Verfahren hilfreich. Möglich ist es, zwecks Sicherung des Diskutierten eine Einzelarbeit zu etablieren, und ebenso ist es möglich, dass Gedanken bloß nebeneinander gestellt werden.

Zwischenergebnisse können festgehalten werden. Und außerdem können die Schülerinnen und Schüler gemeinsam überlegen, wie ein jeweils nächster Schritt angebahnt werden kann.

In der zweiten Phase geht es, weil Auswertung im Fokus liegt, um Konsequenz: *Wer A sagt, muss auch B sagen* – so könnte diese Phase betitelt werden. Aber ebenso muss eine Schülerin bzw. ein Schüler in dieser dritten Phase dann auch die Gelegenheit haben zu sagen, dass sie bzw. er findet, dass A falsch war.

Ein paar Impulse zu dieser Phase:
- Schreibt auf: Was ist unserer Diskussion zufolge …?
- Würde sich die These … auch in Situation … bewähren?
- Nehmt Argumente und Gegenargumente zusammen. – Wer hat nun insgesamt recht?
- Unter welchen Bedingungen gilt …, unter welchen …?
- Insgesamt – was ist richtig?
- Inwiefern stellt es eine Herausforderung dar, eine Antwort zu finden?
- Welche Ebenen lassen sich bei unserem Problem unterscheiden?
- Wie würdest du dich vorbereiten, wenn du in fünf Minuten eine Gesamtantwort auf unser Problem vorlegen solltest?
- Wie sind wir vorgegangen, um zu diesem Ergebnis zu gelangen?
- Wenn wir eine Art Zwischenergebnis formulieren, wie lautet es?
- Welches waren Hindernisse, die es heute erschwert haben, eine Antwort zu formulieren?
- Wer hat denn recht, x oder y?

- Wie könnte man These x unter Berücksichtigung von These y stichhaltiger machen?
- Was ergibt sich aus ... insgesamt?
- Welche typischen Erfahrungen und Konflikte bleiben bei deiner Gesamtantwort unberücksichtigt?
- Was haben wir gelernt?
- Welche Anschlussfrage ergibt sich aus der philosophischen Behandlung von x?
- Formuliere einen Ratschlag an X zu Frage Y!

In **Phase 4** geht es darum, die Schülerinnen und Schüler als *Diagnostiker* zu etablieren.

Wenn es hilfreich ist, dass Schülerinnen und Schüler selbst Gestaltungsvorschläge machen, dann ist auch die *Dokumentation* der bisher benutzten Materialien hilfreich. Ein paar Impulse:
- Was haben wir erreicht?
- Welche Wege waren nötig und sinnvoll?
- Warum waren sie nötig?
- Mit welchen Argumenten, Unterscheidungen oder Begriffsbestimmungen sind wir zum Ziel gelangt?
- Was ist unklar geblieben?
- Wovon hängt ab, ob ...?
- Welchen Schritt sind wir vorangekommen?
- Schreibe in einem Satz auf, was gilt – ... oder ...
- Notiert die zwei wichtigsten Thesen, die eine Rolle spielten.

Aber die Gestaltung dieser beiden Phasen 3 und 4 gehört genau genommen bereits zu anderen Situationen.

Kapitel 12
»Immer reden wir.« – Geht es auch anders?

Wenn Schülerinnen und Schüler äußern, dass bisher im Philosophieunterricht hauptsächlich geredet werde, so kann das den Grund haben, dass im bisherigen Unterricht das *Prüfen* gefehlt hat. Rundgespräche erscheinen ziellos, ergebnisoffen oder gar als »Gelaber« – »immer reden wir: *nur!*« Umgekehrt kann es geschehen sein, dass vor lauter Prüfen argumentative Sachzwänge vorherrschen oder gar ausschließlich lineare Gedankenketten, in denen die Differenz zwischen verschiedenen Schülerinnen und Schülern zu verschwinden droht. Manche reden nicht mehr, andere dominieren Dialoge. Das *Subjekt* selbst findet sich nicht (oder zu sehr) beteiligt, es kann die Empfindung haben, der Philosophieunterricht sei zu weit weg von ihm oder zu dicht an ihm dran.

Der Handlungszusammenhang kann schließlich verloren gegangen sein, der Prüfung und Reflexion erst motiviert, und der Zusammenhang zwischen Handlung und Reflexion.

Dementsprechend kommt es darauf an, dass in solchen Situationen – »immer reden wir« – der Zusammenhang zwischen Handlung und Reflexion, zwischen subjektiver und gegenständlicher Reflexion und zwischen verschiedenen Subjekten hergestellt wird.

Der springende Punkt ist dann aber nicht ein notwendiger *Methoden- oder Sozialformwechsel.* Ein solcher ist in jedem Fall durchgängig möglich und bisweilen angezeigt, ja, alle bisherigen Impulse sind in verschiedenen »Lernformen«, in »Methoden« und Sozialformen und keineswegs nur im Plenumsgespräch als Aufgabenstellungen einsetzbar.

Umgekehrt braucht der Lehrer kein schlechtes Gewissen zu haben, wenn das Unterrichtsgespräch im Philosophieunterricht dominiert (die Lehrerin natürlich auch nicht.) Dies kann die Besonderheit des Fachs darstellen, und im gelingenden Fall kommen die Schülerinnen und Schüler in solchen Gesprächen individuell zur Geltung, insofern facettenreich Unterschiede und Anknüpfungsmöglichkeiten an grundlegende Strukturierungen immer wieder neu zur Geltung kommen können. Philosophieunterricht in dieser Weise bleibt auch in Klassengesprächen durchgängig *elementar und individualisiert.*

Das heißt: Es muss nicht anders gehen! Ursache der Äußerung von Schülerinnen und Schülern muss nicht eine Kritik an der Form »Plenumsgespräch« sein. Unklar und daher diagnosebedürftig ist, was das ist, was die Schülerinnen und Schüler wünschen oder worin sie ein Unbehagen verspüren. Was das ist, was sie artikulieren, wenn sie solches sagen – »immer reden wir, na und!« –, beispielsweise kann auch lediglich eine Fremdheitserfahrung im Vergleich zu anderem Unterricht ausgedrückt sein oder die Schülerinnen und Schüler finden es gut zu reden, wissen aber noch nicht, was dabei denn im Unterschied zu anderen Fächern herauskommt. Sie finden sich, im Bilde gesprochen, zurechtgerückt, aber mit ihrem Anblick noch nicht vertraut, und sie trauen der spezifisch philosophischen Reflexionserfahrung womöglich noch nicht. Wir wollen in vier Schritten Gestaltungsoptionen für eine solche Situation formulieren. Zunächst ist es durchweg geboten, Impulse zu geben, durch die die *Beteiligung* aufrechterhalten oder erhöht wird. Auf dieser Grundlage denken wir, dass die Impulse des Lehrers dazu führen sollen, eine genauere *Diagnose* anlässlich der Äußerungen zu erhalten. Drittens bieten sich Impulse an, durch die die Schülerinnen und Schüler ins *Handeln* kommen können, und viertens solche, durch die die *Reflexion* im Unterricht fruchtbarer wird.

Impulse zur Erhöhung der Beteiligung

- Bitte schreibe jeder auf: Woran kann ich jetzt anknüpfen, wenn wir gleich inhaltlich weitermachen?
- Denke nach und melde dich dann hierzu: Für mich macht es Sinn, an dieser Stelle weiterzumachen …
- Antworte bitte in einem Satz: Wo kannst du jetzt gut (wieder) in unseren Unterricht einsteigen?
- Erstelle eine Notiz: Wo bist du jetzt gerade mit deinen Gedanken?
- Ich schlage euch vor, ihr führt die Diskussion jetzt einmal andersherum – als Fishbowl mit den bisher Unbeteiligten: Diejenigen,

die bisher nichts gesagt haben, setzen sich in die Mitte und diskutieren weiter, indem sie zunächst einen gemeinsamen Anknüpfungspunkt suchen. Der Außenkreis prüft, wie dieses Gespräch zum vorigen passt.
- Setzt euch bitte zu zweit zusammen – eine Person soll eben eher aktiv, eine eher passiv am Gespräch teilgenommen haben: Schreibt zunächst in Einzelarbeit auf: *Wenn ich jetzt mitreden will, ist es notwendig, dass ...* – Lest euch eure Ergebnisse vor und einigt euch dann auf einen gemeinsamen Satz: *Wenn wir jetzt zusammen weiterreden sollen, ist es notwendig, dass ...*
- Schreibe auf: Wer hat sich im Gespräch argumentativ auf wen bezogen, und wie hätten diese Äußerungen weiter verfolgt werden können?
- Gibt es im Gespräch Gedanken, die wichtig waren, die wir aber fallen gelassen haben?
- Gab es Weichenstellungen, in denen wir, ohne es zu merken, auf ein bestimmtes Gleis aufgesprungen sind?
- Stellt *ihr* euch mal bitte in der nächsten Viertelstunde *diese* Situation vor, *ihr diese*. Präsentiert anschließend eure Ergebnisse, die Zuhörer prüfen, ob in der Präsentation eine Antwort auf unsere Gesamtfrage enthalten ist.
- Wenn du *nur* an den Anfang unseres Gesprächs und an das Ende denkst – welchen Weg gibt es vom einen zum anderen? Denke dir einen aus, der für dein Denken gut passt. In der Präsentation prüfen die anderen, inwiefern es ein argumentativer Weg ist und ob Argumente ergänzt werden können – vielleicht auch solche, die im Gespräch schon einmal auftauchten.
- Schreibe auf: Haben sich im Verlauf des Gesprächs *Stimmungen* in der Gruppe verändert? Lass dir von einem Mitschüler bzw. einer Mitschülerin deiner Wahl berichten, an welcher Stelle. Prüfe, ob diese Stimmung etwas damit zu tun hat, dass wir einen anderen Weg hätten gehen können oder dass ein bestimmter Aspekt unseres Themas im Dunkeln blieb.
- Schreibe auf: Wann waren beinahe alle am Gespräch beteiligt und wann sank die Beteiligung deiner Wahrnehmung nach? Was fällt dir zu diesem Übergang alles ein?

Speziell die letzten Impulse können in einer heterogenen Gruppe hilfreich sein, in der gewisse gedankliche Zusammenhänge nicht von allen geteilt werden können. Einige Schülerinnen und Schüler können dann Teilaspekte zum Gesamtgelingen beitragen, ohne dass sie jeder einzelnen Verästelung einer Diskussion folgen können müssen.

Diagnostische Impulse

- Wo juckt's? Seid ihr unzufrieden?
- Ist das noch Forschen, was wir machen?
- Schreibe bitte auf: Mein Philosophieunterricht geht jetzt so weiter ...
- Inwiefern können wir sagen, dass Gespräche jetzt gerade nicht weiterführen?
- Gut. Stimmt. Machen wir es anders, find' ich auch besser. Stell dir jetzt die folgende Situation und die folgende Person vor ... – bearbeitet in Gruppenarbeit: Was macht die Person hier, und was können wir ihr empfehlen?
  Hinterher vergleichen Lehrer und Schülerinnen und Schüler: Was war der Vorteil dieses Arbeitens in Gruppen, was der Vorteil einer Gesprächsrunde? In welchen Momenten des Philosophieunterrichts ist es gut, eine Gesprächsrunde zu führen, in welchen empfiehlt sich ein anderes Vorgehen? Was sollen wir verabreden: Wie gehen wir *nun* weiter vor?
- Welche Möglichkeit bietet jetzt eine andere Vorgehensweise und welche bietet das Gespräch?
- Auf welche Art haben wir bisher geredet? Schreibt das bitte auf, vielleicht entdeckt ihr verschiedene Arten von Gesprächen und von Vorgehensweisen, die wir praktiziert haben.
- Gibt es eigentlich einen bestimmten *Grund* dafür, dass wir im Philosophieunterricht mehr reden als in anderen Fächern (auch als in meinem anderen Fach)? Nennt solche Gründe in Einzelarbeit und schreibt dann in Partnerarbeit auf, ob es *gute* Gründe sind.
- Helft mir mal: Das Reden – wie haben wir das getan, als wir zu unserer Frage gekommen sind, als wir Texte gelesen haben, als wir frei nachgedacht haben, als wir ein Denkmodell geprüft haben

und als wir versucht haben zu konkretisieren, was sich in den Begriffen verbirgt? Schreibt Unterschiede in Partnerarbeit auf.
- Erstellt in Partnerarbeit ein Wertequadrat: *Reden* und *Handeln* – findet jeweils *Vorteile* und *Abarten*.

Impulse zum Handeln

Wenngleich Erfahrungen im Philosophieunterricht mit verschiedenen Vorgehensweisen gemacht und dann thematisiert werden können, so kann als ein Problem bleiben: Auch dann wird geredet. Auch dann wird reflektiert. Darum empfiehlt sich besonders dann ein handlungsorientierteres, »praktischeres« Vorgehen, wenn die Äußerung »wir *reden* ja nur!« begleitet von sichtbarer Unzufriedenheit geäußert wird. Dann gilt es, zu Handlungen aufzufordern, Situationen beispielsweise in Rollenspielen zu konkretisieren und zu inszenieren, zu verfremden, zu spielen, zu simulieren und zu veranschaulichen. Hierzu ein paar Aufgabenstellungen:
- Spielt in einem Rollenspiel: Welche Handlungen stehen eigentlich in unserer Diskussion auf dem Spiel? Die Zuhörer erklären, welche Thesen und Denkmodelle hier zur Geltung kommen oder fehlen.
- Ihr habt recht. Bitte prüft: Kommt der *Alltag* nach wie vor in unserem Unterricht genügend vor? An welchen Stellen taucht er auf? Erinnert euch bitte schweigend und mit geschlossenen Augen an Alltagssituationen, um die es gehen soll. Entscheidet euch in Gruppenarbeit für die wichtigsten und stellt sie in einem Standbild dar. ...
- So ist es. Auf zum Handeln! Denkt kurz nach: Welches ist die richtige Position, die sich aus unseren lange genug geführten Gesprächen ergibt? Diskutiert dann in Partnerarbeit: Welche Handlungen oder andere Arten zu denken oder zu leben sollen wir nun vollziehen, wie sollen wir handeln, wenn das unser Denkergebnis ist? Leider müssen wir nach der Aufführung noch (kurz) weiterreden, nämlich darüber, ob *alle* Zuschauer auch dieser Meinung sind, die gerade dargestellt wurde.
- Zeichne bitte ein Bild der Lebenssituation, die wir gerade diskutiert haben. Stifte liegen hier. Achtet im anschließenden Galeriegang auf Unterschiede.

- Führt ein Interview mit euren Eltern (mit Experten, mit Vertrauten usw.) durch. Bereitet jetzt die Fragen vor und berücksichtigt, dass es in den Fragen auch um unsere Denkmodelle gehen soll.
- Einverstanden, planen wir eine Exkursion. Wohin sollen wir gehen, wenn unsere Diskussionen wichtig waren? (Bestattungsunternehmer, Totengräber, Gefängnis, Vertreter anderer Religion, Arzt, Politiker usw.)

An der Stelle, an der wir uns jetzt gerade im Philosophieunterricht befinden, sind produktive und literarische Verfahren geeignet, außerdem der Einsatz von Gedankenexperimenten und von variierenden Impulsen. Da wir in diesem Buch anlässlich von Situationen eher eine induktive und methodische Philosophiedidaktik schreiben als eine, in der wir (unabhängig von Situationen) Instrumente des Philosophierens beschreiben, fassen wir uns in der Aufzählung solcher Verfahren kurz. Sie sind in der philosophiedidaktischen Literatur hinlänglich beschrieben.

- Lies den folgenden Auszug aus dem Roman ... – Schreibe ihn im Sinne unseres Denkmodells um.
- Verfasse einen Brief an den Protagonisten ... – Welchen Ratschlag gibst du ihm in seiner Situation?
- Schreibe einen Brief, den du in 30 Jahren erst wieder öffnest. Welche Empfehlung gibst du dir selbst für die Zeit, die dann gekommen sein wird.
- Stell dir vor, du könntest ein Gespräch mit den Autoren A, B und C führen. Wie beziehen sie sich aufeinander? Stelle heraus, dass es *lebenswichtig* ist, für welche Position sie sich entscheiden.
- Ich gebe euch eine arbeitsteilige Gruppenarbeit: Die eine Gruppe erhält *die* Annahme, die andere *die*. Schreibt, wie sich ein Mensch unter dieser Annahme in der Situation ... verhält.
- Hier habt ihr einen Zeitungsartikel, der im Zusammenhang zu unserem Problem steht. Sammelt bitte, welche Begriffe wiederkehrend auftauchen. Inwiefern spielt das für den Artikel eine Rolle?
- Findet aktuelle Situationen, in denen unser Thema eine zentrale Rolle spielt. Wenn euch keines einfällt – hier liegen ein paar Möglichkeiten verdeckt auf dem Tisch. (Z. B. europäische Wirtschafts-

krise, Zerfall des Gewaltmonopols in Afghanistan, bioethischer Streitfall, Rechtsstreit um …, usw.)
- Stell dir vor, du hast nur noch zwei Jahre (anstatt durchschnittlich 60) zu leben. Ändert sich deine Position zu unserer Frage dadurch? Erläutere, inwiefern.

Impulse zur Veränderung der Art der Reflexion

Unter Umständen lautet das Signal an die Lehrkraft auch: »Ich möchte einem Gedanken *nachgehen* dürfen.« Mit anderen Worten, Schülerinnen und Schüler vermissen eine gewisse Art der Gründlichkeit und bleibenden Gestaltung gedanklicher Zusammenhänge. Manchmal genügt für solche Fälle das ritualisierte Festhalten in Protokollen, manchmal können die folgenden Impulse dienlich sein:
- Lass uns langsamer vorgehen. Wovon sind wir ausgegangen, welche Zwischenschritte waren nötig, und wo sind wir jetzt angekommen? Schreibe das bitte in mindestens zehn Minuten auf. Wer fertig ist, vergleicht bitte mit einem, der ebenfalls nicht mehr nachdenkt.
- Erstellt bitte ein Tafelbild zu unserem Gespräch. Einigt euch dafür zuvor auf die entscheidenden Begriffe oder Thesen. Hier habt ihr Folien, damit wir die Tafelbilder gemeinsam betrachten können. Das Smartboard steht ebenfalls zur Verfügung wie auch die Tafelhälften.
- Schreibe alle gedanklichen Zusammenhänge auf, von denen die Rede war.
- Wir haben eben die Person … betrachtet. Prüft und diskutiert in Dreiergruppen: Könnte ich auch der und der sein? Einigt euch in drei Diskussionsrunden à vier Minuten auf einen Protokollführer, der jeweils entscheidende Argumente mitschreibt.
- Ich möchte, dass ihr gleich fünf Minuten lang schweigt, nachdem ich euch gebeten habe, euch die folgende Situation vorzustellen. Erst danach dürft ihr alle Bilder, Gedanken, Einfälle und Gefühle eurem Nachbarn mitteilen.
- Rekonstruiere bitte die Gedankengänge der letzten 15 Minuten unseres Gesprächs und vergleiche sie dann mit den Gedankengängen unseres Denkmodells. Wo findest du Unterschiede, wo

Gemeinsamkeiten? Gibt es Stellen, an denen du sagen kannst, dass wir über den Autor des Denkmodells hinausgegangen sind?
- Schreibe alle Wenn-dann-Sätze auf, die du unserem Gespräch in der Rückschau entnehmen kannst.
- Verfasst eine Zwischenbilanz: Soweit kamen wir, da ging es nicht weiter.
- Schreibe alle Argumente auf, die genannt wurden.
- Denkt bitte bei dem folgenden Arbeitsauftrag alle an diese Situation ... – Schreibe auf: Ich möchte in dieser Situation vor allem ..., weil ...
- usw.

KAPITEL 13
»Warum tun wir das jetzt nochmal?« – Wie sorge ich dafür, dass die Problemstellung präsent und leitend bleibt?

Nehmen wir an, im Prinzip herrsche Klarheit darüber, was im Philosophieunterricht behandelt werde. Dies sei beispielsweise durch angemessene Visualisierung, Planung, Transparenz und Strukturierung der Lehrerin gefördert. Aber selbst wenn aus Sicht unserer hier weiblich betrachteten Lehrkraft alles wohlbemessen didaktisch reduziert wurde, kann die Aufschlusskraft der Problemstellung aus dem Blick der Lernenden geraten sein. Das mag besonders dann der Fall sein, wenn nach einer gewissen Zeit viele Denkmodelle besprochen und durchdacht wurden. Vorgenommene Strukturierungen, Thesen und Gedanken können inzwischen kahl erscheinen oder umgekehrt können die Schülerinnen und Schüler in und vor lauteren Gedankengängen die Orientierung verloren haben und daher den Wald vor lauter Bäumen nicht mehr sehen. Liegt der Akzent im Unterricht lange Zeit (und im Lehrerinnenlichte besehen mit guten Gründen) auf den Antworten, die gesucht und geprüft werden, so kann darüber der Problembezug verblasst sein, das Frageinteresse kann sich verschoben haben oder gar unbefriedigt geblieben sein.

Kurz: In regelmäßigen Abständen ist es angeraten, inne zu halten und die Forschungsgemeinschaft zu erneuern, zu situieren und neu einzufädeln. Die Schülerinnen und Schüler sollen nicht nur Gedanken *haben* (und nennen können), sie sollen sie auch immer wieder *denken* und sich ihrer *vergewissern,* d.h. die Lehrerin soll anlässlich der bisherigen Gedanken Reflexionserfahrungen ermöglichen, bündeln und auswerten.

»Wo stehen wir?« können wir daher als Motto aller Impulse der Lehrerin bestimmen, mit denen sie inne hält und das Innehalten der Schüler bzw. Schülerinnen fördert. Es ist nicht so wichtig, *wie* dies geschieht, und daher könnte die Überschrift dieses Kapitels auch schlicht als Appell formuliert sein: *Sorge dafür, dass das Problem regelmäßig neu gestellt wird.* Zwar lassen sich alle Impulse, die wir in diesem Buch anbieten, als eine auffächernde Vielzahl ansehen und *nicht* als eine erschöpfende oder gar abzuarbeitende Liste –, und sie sollen einen gewissen *Geist* der Lernprozesssteuerung konkretisieren. Aber in diesem Kapitel sind die konkreten Formulierungen der Lehrerin besonders irrelevant. Denn es kommt auf ihre *Haltungen* und ihren *Kontakt* zu den Lernenden an. Wir empfehlen, dass die Lehrerin mit ehrlichem Interesse vor die Lerngruppe tritt und nach dem aktuellen Problembezug fragt, in dem die beteiligten Menschen sich gerade befinden. Impulse können als Anregung der Formung und Verarbeitung dieses Interesses dienen, aber die Lehrerin möge prüfen, welche konkreteren Aufgabenstellungen zu ihrer Biografie am besten passt. Und sie möge die Fragen und Aufgabenstellungen gedanklich mit einem »usw.« versehen, d. h.: Impulse *dieser Art* empfehlen wir.

Zunächst ist es die Funktion solcher Stunden, in denen der aktuelle Stand bzw. das aktuelle Problemverständnis thematisch wird, *Nähe* zu den Lerngegenständen herzustellen und sie *auf den Punkt zu bringen.* Motivation und Übersicht stützen einander, die Vergewisserung des eigenen Interesses bedarf des erinnernden Überblicks, der Rekonstruktion und der bündelnden Zusammenschau – erst so können größere Zusammenhänge verstanden werden, die Interesse wecken –, und ebenso bedarf es einer Motivationsgrundlage, eine Übersicht über verschiedene Positionen und Strukturierungen zu erstellen, die andernfalls bloß katalogisch wäre.

Die Nähe, um die es hierbei geht, ist die der Personen zu sich selbst, zu den Denkmodellen und zum Problem.

Ein paar Impulse zur Rekonstruktion des Lern- und Interessenstandes nennen wir, sie sollen dazu dienen, dass die Lernenden in einer offenen, entlasteten Situation klären: *Welche Struktur hat das Problem für mich?*

Impulse zur Rekonstruktion des Lern- und Interessenstandes

- Wo stehen wir gerade?
- Wo sind wir nun angekommen?
- Fasst bitte die letzten Denkmodelle schriftlich in jeweils einem Satz zusammen.

»Warum tun wir das jetzt nochmal?«

- Ich glaube, dieses Zitat hat mit unserer Frage und unseren Denkmodellen zu tun ... – ist das so?
- Ich glaube, dieses Bild drückt recht gut den Stand aus, an dem wir gerade sind ... – inwiefern könnte das der Fall sein?
- Heute machen wir nichts Neues – ihr erklärt mir bitte, was wir bisher erreicht haben, ob unser Denkweg ertragreich war und wie wir gut weitermachen können.
- Welche Lernfortschritte habt ihr in den letzten sechs Wochen erzielt?
- Tu so, als würdest du dich jetzt auf die nächste Klassenarbeit vorbereiten – wie machst du das? Notiere, welche Vorbereitungen dir schwer fallen und zu welchen Gedanken du nur schwer einen Zugang findest.
- Schaut euch die Notizen der letzten Wochen an: Was war besonders wichtig? Wo haben wir *große* Fortschritte in unserem Problemzusammenhang gemacht?
- Hier lest ihr an der Tafel unsere Frage – und nun? Sind wir fertig?
- Was war noch mal unsere Frage?
- In der letzten Woche habe ich beim Spazierengehen über unseren Unterricht nachgedacht. Für mich stellt sich unser bisheriger Zusammenhang *so* dar ... – und für euch?
- Sind wir eigentlich noch dabei, das zu klären, was ihr herausfinden wolltet?
- Schließ einmal jetzt die Augen und stelle dir eine Situation vor. Sie soll so sein, dass *ganz klar* ist: Wer in dieser Situation ist, für den ist es *sehr wichtig*, dass er versteht, worüber wir in unserem Philosophieunterricht nachgedacht haben. Wie sieht diese Situation aus? Denke alleine nach und tausche dich dann mit deinem Nachbarn aus (usw.) – Gibt es auch Situationen, in denen es irrelevant ist?
- Geht zu dritt spazieren. Berichtet einander von unserem Philosophieunterricht. Wie sind wir vorgegangen, wie lässt sich das *einfach* zusammenfassen, und welcher logische Schritt für die Weiterarbeit lässt sich vielleicht schlussfolgern?
- Interviewt euch gegenseitig zu unserem bisherigen Unterricht. Stellt euch dabei in der Rolle des Interviewers vor, ihr wäret nicht dabei gewesen. Benutzt ggf. diese Fragen: *Warum habt ihr das*

gemacht? Hat dich das interessiert? Half dir das, die Frage zu beantworten oder dich besser in ihr zurechtzufinden? Tauscht anschließend die Rollen und versucht, stärker zusammenzufassen und einen roten Faden herzustellen.
- Ist ... oder ... die richtige Antwort auf unsere Frage?
- Hat sich die Frage, die wir behandeln, heimlich geändert?
- Sollten wir unsere Frage umformulieren?
- Ich habe mich heute nach hinten zu euch gesetzt, weil ich diese Stunde nicht gut alleine planen konnte. *Mir fiel nichts ein.* Ich habe zu Hause gemerkt, dass ich erst wissen muss, welche Gedanken euch gerade zu unserem Thema beschäftigen. Ich brauche euch also. Bitte sagt mir: Wie sollen wir jetzt weitermachen?

Was *folgt* jetzt aus dieser gewissermaßen interesseauffrischenden Erinnerung?

Durch das Erinnern können die Schüler und Schülerinnen wieder neu vorankommen. Damit ihr Interesse die Grundlage für den weiteren Lerngang wird, sollte die Lehrerin zentrale Gedanken, Strukturierungen, Äußerungen, Fragen und Wünsche *abtippen* und allen Beteiligten zur Verfügung stellen. Wir empfehlen für den Umgang mit den Gedanken einen Dreischritt: von der Würdigung und *Anerkennung,* in der die Gedanken erst einmal stehen bleiben und so gegenständlich werden können, über das produktive Aufgreifen möglicher *Geltungen,* d. h. Schlussfolgerungen, zu *Strukturierungen,* in denen das Interesse Raum gewinnt. Schließlich sollten dann natürlich viertens noch *Verabredungen* folgen. Zu den drei Schritten ein paar Impulse:
- Lies dir die verschiedenen Äußerungen deiner Mitschülerinnen und Mitschüler durch: Woran bleibt deine Aufmerksamkeit hängen? Wozu möchtest du eine Nachfrage stellen?
- Was hättest du auch so formulieren können?
- Womit sympathisierst du?
- Was freut dich beim Lesen?
- Welche Äußerungen bereichern unsere Auseinandersetzung?
- Hannos Formulierung ist noch gar nicht von euch erwähnt worden. Was können wir von ihr »mitnehmen«, wenn wir bald in unserem Unterricht voranschreiten?

- In welchen Situationen kann das wichtig sein, was ... formuliert hat?
- Inwiefern können die *beiden* verschiedenen Formulierungen des Denkmodells für uns hilfreich sein?
- Gibt es vielleicht *verschiedene* Fragestellungen, die hier *nebeneinander* vorkommen? Wie würden sie lauten?
- Was können wir alles aufgreifen, wenn wir in den nächsten Stunden weiter forschen?
- Können wir *drei Tipps* für die weiteren Stunden ableiten? Formuliere sie.
- Erstellt in Gruppen eine Landkarte des bisherigen Unterrichts, auf der der rote Faden gut sichtbar wird. Nennt sie *Die Landkarte der Frage* ... Markiert Wege, die in eine Richtung weisen, die wir ab sofort einschlagen sollten.

Schauen wir noch einmal auf die zentralen Begriffe, die in der Frage dieses Kapitels vorkommen, so ist deutlich, dass es nicht die Problemstellung »an sich« gibt, sondern nur Menschen, denen sich ein Problem (so oder so) stellt. Ein ritualisiertes Innehalten im Philosophieunterricht kann so geschehen, dass die Beteiligten sich neu zu dem alten, einem neuen oder dem vertieft begriffenen Problem stellen. In dieser Weise wird es ihnen *präsent*, indem die Gedanken der Schülerinnen und Schüler (reflexiv) in *Form* gebracht werden. Und es wird *leitend* für die weitere Auseinandersetzung, indem das Denken der Schülerinnen und Schüler und ihr je eigenes und gemeinsames Reflektieren und Interesse (im Sinne des Schülersachbezugs bzw. ihrer subjektiven Konzepte) zur *Geltung* gebracht wird.

KAPITEL 14

»Ich will jetzt mal das machen, das ›bringt‹ mir mehr!« – Wie viel Binnendifferenzierung brauche ich?

Solche Äußerungen sind im Philosophieunterricht nicht zu Beginn des gemeinsamen Nachdenkens zu erwarten. Noch herrscht dort vermutlich eher Interesse an Gemeinsamem, noch besteht Neugier darauf, die Mitschülerinnen und Mitschüler einmal anders kennenzulernen. Daher ist ein *Referatsunterricht,* also ein Unterricht, in dem Einzelne Einzelnes präsentieren, besonders in der Konsolidierung gemeinsamen Denkens nicht dazu geeignet, einen gemeinsamen Diskurs zu ermöglichen.

Schülerinnen und Schüler in unterschiedlichen Konstellationen ohne Lehrkraft arbeiten zu lassen *kann* die Lehrkraft hingegen beispielsweise dann planen, wenn Grundlagen erarbeitet werden müssen oder wenn nach gemeinsamer Grundlegung verschiedene Aspekte interessengeleitet oder vertiefend bearbeitet werden können.

Angezeigt ist eine Veränderung des gemeinsamen gesprächsorientierten Lernarrangements hingegen erstens, wenn Schülerinnen und Schüler beginnen, sich unfruchtbar oder allzu hitzig zu streiten, wenn Nebengespräche oder bloß gefälliges Reden beginnen, und wenn die Bezugnahme fehlt oder schief wird, ohne dass die Schülerinnen und Schüler dies bemerken.

Im Gespräch werden gedankliche Fäden außerdem zweitens schnell miteinander verknüpft, und diese Verknüpfungen werden nicht immer von allen geteilt oder vollzogen; die Schülerinnen und Schüler laufen Gefahr, sich zu entäußern und hin und her gerissen zu sein von der Fülle der Argumente und Perspektiven. Dann kommt es darauf an, nun Muße, Ruhe und Gelassenheit herzustellen, in der die Einzelnen Gelegenheiten zum Denken bekommen. Die Frage, »wie viel« Binnendifferenzierung benötigt wird, ist also zunächst einmal nicht *quantitativ* zu verstehen; vielmehr ist entscheidend, *wann* differenziert wird, *wie* dies geschieht und – was darunter verstanden wird.

Binnendifferenzierung – dieses Wort scheint seine Bewertung schon in sich zu tragen. Wie *sozial* in den 1980er–Jahren und *marktwirtschaftlich* in den 1990er Jahren, so scheint *binnendifferenziert* automatisch *gut* zu sein, als müsse derjenige, der seinen Unterricht länger als zehn Minuten im Gespräch durchführt, ein schlechtes Gewissen haben.

Differenzierung bedeutet aber nun einmal nur: *Unterschiede machen*. Unterschiede zwischen Schülerinnen und Schülern können keineswegs nur in den Sozialformen *Kleingruppenarbeit* und *Einzelarbeit* gemacht werden. Im Gegenteil wird in einer bloßen *Arbeitsblattdidaktik* – in der jeder Schüler und jede Schülerin vor seinem oder ihrem eigenen Arbeitsblatt sitzt –, oftmals gar kein Unterschied gemacht: Schülerinnen und Schüler arbeiten dabei oft nur vorgefertigte Baukastensysteme ab, in denen Denkhorizonte gerade nicht eröffnet werden. Versteht man also *Binnendifferenzierung* nur der Sozialform nach, so ist dies ein allzu enger Begriff.

Aber in dieser Enge verhindert er, das ist das eigentlich Tragische an der Anfang dieses Jahrtausends vorherrschenden Form der *Binnendifferenzierung*, geradezu das, was intendiert ist, die *Individualität*: Personen können sich nur entfalten, wenn sie vor die Anforderung gestellt werden, *gemeinsam* zu denken, wenn sie vor sachlich anspruchsvolle Forderungen gestellt werden *und* Auseinandersetzung mit erfahreneren Menschen erleben *und* wenn sie sich zu gewissen Zeiten gedanklich anspannen, um sich zu konzentrieren. *Bildung* im Sinne der Entfaltung der eigenen Person erfordert Diskurse; sie wird verhindert, wenn Menschen nur vor ihrem Arbeitsblatt sitzen.

Jedem das Seine ist also nicht das Motto wohlverstandener Differenzierung, sondern eher, *jedem das eigene Denken zu ermöglichen*. *Unterschiede machen*, dies heißt entsprechend nicht, dass jeder einen anderen Arbeitsauftrag erhält, sondern dass jeder Gelegenheit erhält, auf unterschiedliche Art denken zu können und sich zu Sachgegenständen zu verhalten.

Wir können und sollten also eher als an *Einzelarbeit* daran denken, durch Differenzierung eine *Forschungsgemeinschaft* ausgehend von individuellen Denkern zu intensivieren. Wenn wir an die gängigen allgemeindidaktischen Diskurse anknüpfen wollen, so wären folglich eher Prinzipien der *Projektdidaktik* in Anspruch zu nehmen.

Und jedenfalls gilt: Binnendifferenzierung kann auch im Gespräch erfolgen, dann, wenn verschiedene Individuen (Subjekte, Personen) im gemeinsamen Gespräch unterschiedliche Perspektiven zur Geltung bringen dürfen. Aufgabenstellungen, die jede Schülerin und jeder Schüler auf seine und ihre Art auch im gemeinsamen Gespräch gemeinsam mit anderen bearbeiten kann, können wir selbstdifferenzierend nennen. Das Untersuchen komplexer Fragestellungen im Philosophieunterricht ist von dieser Art.

Was *Binnen*differenzierung heißt, können wir gemäß der Seite der *Binnen*struktur des Lerngeschehens strukturieren. Dann heißt es nicht primär, dass eine Lerngruppe rein organisatorisch als solche fortbesteht, sondern zunächst, dass die Lernenden aufeinander Bezug nehmen, dass *zwischen* ihnen etwas Produktives geschieht. Der didaktische Kern desjenigen, in dem die Lernenden zusammenkommen, ist nicht der der *Kompetenzen*. Ein solches Verständnis wäre aus unterrichts*administrativer* Sicht (Behörden, Fachschaften) vielleicht möglich – die Lernenden aber interessiert, was die anderen *konkret zur Sache* denken. Sie wollen mit anderen zusammen in einen Austausch über Inhalte, Meinungen und Gedanken treten. Daher ist der gemeinsame didaktische Kern die *gemeinsame Auseinandersetzung mit der inhaltlichen Problemfrage,* auf die sich alle beziehen und auf die alle Binnendifferenzierung immer wieder als auf ein Ganzes zurückbezogen werden soll.

Binnendifferenzierung ist, wohlverstanden, ein Lernarrangement, in dem ein Lernender in sein eigenes Binnenverhältnis tritt. Binnendifferenzierung ist Verinnerlichung, und der Unterricht soll Gelegenheit zu individuell unterschiedlicher Konzipierung, Einhakung und Bearbeitung geben. Erst in diesem Sinne ist binnendifferenzierter Unterricht individualisiert, werden in ihm Interessen berücksichtigt, ist er authentisch und personenorientiert.

Das *Primat* der Binnendifferenzierung ist nicht eine Methode, sondern die Entfaltung der Person, die mit anderen und nach innen hin Unterschiede setzen darf. So kann eine äußere, im Unterricht erarbeitete Struktur zu innerer Strukturierung werden. Erst eine solche wiederum ermöglicht Haltungen, Urteilskraft und einen Diskurs.

Wir wollen diesem heute üblichen Wunsch, Binnendifferenzierung auch der Sozialform nach zu verstehen, dennoch entgegenkommen und vereinfacht so tun, als sei es wie folgt: Im Plenum wird gemeinsam auf eine Sache geguckt, der Fokus liegt auf der Sache, die Personen beleuchten Sachen, bleiben aber selbst unbeleuchtet. In Kleingruppenarbeit wird die Chance erhöht, dass die Sachstrukturierungen als Boden genommen werden, von dem aus die Personen sich auf sich selbst zurückbeziehen. Nun werden die Personen perspektiviert, der Fokus liegt auf dem Subjekt.

Ein fruchtbares Lernarrangement stellt auf dieser Grundlage einen wechselseitigen und sich gegenseitig bereichernden Bezug zwischen allen und den Kleingruppen bzw. den Einzelnen her. Zu welchen Zwecken kann das Plenum sinnvoll aufgelöst werden? Die folgenden Funktionen sind nahe liegend.

- vorbereitende Grundlagen
- Materialsichtung
- Recherche
- Argumentintensivierung
- Verständnis
- Vertiefung
- intensivere Auseinandersetzung mit Inhalten und mit anderen
- Selbstständigkeitserhöhung
- Subjektivierung
- Positionenschärfung
- Ordnung des Eigenen
- Symbolisierung
- Stärkung individueller Urteilskraft
- Training
- Systematisierung
- Memorierung

Sachlich beleuchtet sind also die Vorbereitung, die Verästelung und die Vertiefung besonders für das Arbeiten in kleineren Gruppen geeignet.

Persönlich beleuchtet ist es für Schülerinnen und Schüler unterstützend, in kleineren Gruppen zu arbeiten, wenn es um die Erdung von Gedanken zur Eröffnung eines Problemfeldes, um das Verständnis von Denkmodellen zwecks Fußfassens in der Sache und wenn es um die individuelle Beurteilung geht, bei der Personen besser bei sich selbst bleiben wollen. Zu diesen drei Situationsarten wollen wir Impulse formulieren. Anschließend bieten wir Aufgabenstellungen, die zur Rückbindung an den Diskurs hilfreich sein sollen.

Auch wenn wir hier der Einfachheit halber von *Gruppenarbeiten* reden, so ist es in einer konkreten Unterrichtssituation oftmals klüger, sich eine *kooperative Lernform* zu überlegen, in der alle Beteiligten eine definiertere Form der Verantwortung und Zusammenarbeit pflegen können. Eine solche zu gestalten setzt aber konkretere Kenntnis des Denkgebiets voraus und ist sinnvoll nur konkret zu planen.

Impulse zur Eröffnung eines Problemfeldes

- Betrachte das Bild/Gedicht/… – Wie versteht sich der Mensch hier?
- Recherchiere zu verschiedenen Hintergrundinformationen (z. B. medizinischen Todesdefinitionen).
- Wähle ein Bild aus, das deine Auffassung vom Tod am ehesten trifft.
- Welche Charakterisierung von Mutter Teresa kann am ehesten als Zielperspektive für den Menschen gelten, der durch Staatslenkung geformt werden soll?
- Tragt zusammen: Wo gibt es aktuell Kriege, welche Rechtfertigungen werden für sie angeführt?

Impulse zum Fußfassen in der Sache

- Diskutiert in Gruppenarbeit die beiden Positionen und haltet Unterschiede zwischen euren Auffassungen fest.
- Erarbeitet in Gruppen: Welche Zeilen des Textes sind schwer zu verstehen, welche leicht?
- Alle Anhänger von Hobbes sammeln Argumente für dieses Denkmodell, alle Anhänger von Rousseaus Denkmodell Argumente, die für sie sprechen.
- Strukturiere die Denkmodelle und Argumente in einem Schaubild.
- Suche dir mehrere Äußerungen heraus, die zur gleichen Frage passen/zum gleichen Aspekt/zum gleichen Verständnis von …

- Zu welchem Gedanken möchtest du am ehesten sagen: *Das verstehe ich nicht.*

Dieser letzte Impuls ist besonders wichtig, weil er Freimut erfordert, den wir im Philosophieunterricht benötigen. In dieser Freizügigkeit des Denkens wird ein *Selbstverhältnis* etabliert, das allererst Zweifeln und Prüfen von Gedanken erlaubt. Die Bescheidenheit und Hartnäckigkeit des Selbstdenkens sollte die Lehrkraft oftmals selbst beweisen und dadurch als Vorbild wirken.

Denn ein solches Selbstverhältnis bahnt ein *Urteil* an – es befähigt erst, sagen zu können, *wie ich zu etwas stehe*.

Impulse zur Ermöglichung, im Sachzusammenhang bei sich selbst zu sein

- Wie stehst du zu den erarbeiteten Überlegungen?
- Welches wäre für dich der Leitsatz der letzten Überlegungen?
- Erstelle *dein* Tafelbild.
- Kannst du formulieren, wie nahe dir das Denkmodell steht?
- Was kannst du tun, damit du näher an die Gedanken des Denkmodells kommst?
- Welchem Denkmodell folgst du am ehesten?
- Welches passt dir am besten?
- Ich verstehe noch nicht gut, was *ihr* jetzt dazu denkt … – Bitte schreibt auf.
- Welches Argument ist eigentlich am erschütterndsten – oder sollte es sein?
- Erinnere dich an dein Interesse am Anfang unserer Lerneinheit – ist durch die Argumente, Positionen und unsere Art der Beschäftigung mit der Frage dein Interesse befriedigt?
- Schlag noch mal deine Antwort in unserer zweiten Doppelstunde nach: Passt das zusammen mit dem, was wir jetzt herausgefunden haben? Hat sich deine Position verändert?
- Sind wir eigentlich noch auf Kurs? Schreibe auf … – Hat sich die Frage verändert?
- Was müssten wir eigentlich jetzt tun?

Impulse zur Rückbindung an den gemeinsamen Diskurs

- Ich schreibe hier erneut die Problemfrage der Einheit an die Tafel: Und – was ist neu?
- Die einen sagen, was sie in Kleingruppenarbeit oder Einzelarbeit herausgefunden haben – die anderen sagen, was das für die Arbeit an der Frage bedeutet.
- In welcher Weise ist unser Problem durch das, was Maik und Rosie erarbeitet haben, bereichert oder vertieft worden?
- Eröffnen sich durch das, was Franziska und Josie präsentiert haben, neue argumentative Perspektiven?
- Ist das überzeugend?
- Haben sich Begriffe vertieft?
- Sind begriffliche Zusammenhänge klarer geworden?
- Was kommt dir dazu in den Sinn?
- Verstärke den Gedanken, indem du so reagierst: Ja. Genau. Mir fällt dazu noch ein …
- Gibt es nun – nachdem alle präsentiert haben – neue Kontroversen?
- Was von dem, worüber wir gesprochen haben, möchtest du in dein Denken übernehmen?

KAPITEL 15

Exkurs 2 – Den Raum der Auseinandersetzung gestalten

Der Philosophieunterricht hat eine entscheidende Etappe erreicht: Über eine Leitfrage ist eine Forschungsgemeinschaft konstituiert. Die Lerngruppe ist miteinander vertraut und bereit, die Verantwortung für den weiteren Gang des Lernens zu übernehmen, d. h. die Lehrkraft kann die Schülerinnen und Schüler ansprechen und sagen: *tua res agitur* – dies ist deine Sache, dies geht dich an.

Wenn eine Forschungsgemeinschaft produktiv tätig ist, dann braucht sie das Gefühl: *Wir erreichen etwas, wir kommen von der Stelle, wir kommen vorwärts.* Dafür gilt es, in eine *Auseinandersetzung* hineinzugelangen, d. h. überhaupt Antwortangebote zur Verfügung zu haben. Schülerinnen und Schüler benötigen dafür *Denkmodelle*, über die sie sich Klarheit verschaffen. Ein Denkmodell ist ein Strukturzusammenhang von Gedanken, der mehrere Funktionen für die Lernenden erfüllt. Er erlaubt es, eine Auseinandersetzung zu fokussieren und zuzuspitzen, er erlaubt es, sie gedanklich zu schärfen und somit klar vor Augen zu haben, und er ermöglicht einen Überblick über Möglichkeiten des Denkens, die Vorbildcharakter haben und an denen sich die Schülerinnen und Schüler reiben können.

Meinungsorientierung wird überwunden dadurch, dass Denkmodelle ins Spiel kommen und geprüft werden. Die mit einer Leitfrage evozierten Meinungen und Thesen können so einer argumentativen Prüfung unterzogen werden.

Eine erste Maxime für die folgenden Schritte lautet: *Bette begrifflich konturierte Denkmodelle in biographisch fundierte Situationen ein.* Denkmodelle werden in ihrem Sachgehalt erschlossen, zugleich aber auch biographisch geerdet, damit der Einzelne für sich nachvollziehen kann, inwiefern das jeweilige Denkmodell Licht auf eine von ihm gewählte Situation wirft und wo dies nicht gelingt (weil der Schatten überwiegt).

Argumentierend lernen die Schülerinnen und Schüler, sich im Angebot der Meinungsvielfalt durch Rückgriff auf den diskursiven Anspruch der Denkmodelle zu positionieren. Auf diese Weise werden sie als Person ermutigt, Stellung zu beziehen. Sie erfahren, dass Philosophieren heißt, um Wahrheitsansprüche in Situationen zu ringen.

Diese Phase rundet sich, wenn die Beteiligten für sich mit Bezug auf die Leitfrage eine vorläufige Antwort gefunden haben und dies begründen können. Zusammenfassend gesagt: Sie können sich vor dem Hintergrund des Erarbeiteten im Raum der Auseinandersetzung positionieren und Auskunft erteilen.

Eine zweite Maxime sollte ebenfalls befolgt werden: *Gewinne Distanz zu bloßen Meinungen, indem du Situationen betrachten lässt und dabei die Struktur von Gedanken verdeutlichst.* Die Lehrerin oder der Lehrer orientiert sich in diesen Situationen bei der Gestaltung der Auseinandersetzung am Grundsatz der *Gegenständlichkeit*. Dieses Prinzip verschafft den nötigen Abstand, der zur Erlangung von Überblick unentbehrlich ist. Das Ziel dieser zweiten Etappe des Lernprozesses in einer Lerneinheit besteht nämlich darin, sich besser auszukennen. *Ich kann erklären, welche Denkmodelle es gibt, ich blicke durch, ich verstehe, worauf es bei Antwortangeboten ankommt.* Vergleichen wir eine Lerneinheit im Philosophieunterricht mit einer Wanderung, dann gilt es zunächst in der ersten Etappe, gemeinsam loswandern zu wollen. Ist so eine Wandergemeinschaft aufgebaut, braucht sie das Gefühl, Tagesetappen zu erreichen und schließlich mit Hilfe einer Karte einen gewissen Überblick zu erhalten (jedenfalls, wenn sie das Gebiet erforschen will).

Galt es in der ersten Etappe, selbst zu denken, so gilt hier: von anderen Stellen aus denken zu können. Dies erfordert die Schärfung und Klärung anderer Perspektiven als der eigenen. In gewisser Weise ist dies Multiperspektivität, aber man verstehe dies nicht falsch. Denn es ist ein Irrglaube unserer Zeit, Multiperspektivität könne es ohne geschärfte Perspektiven geben. Es geht nicht darum, in einer diffusen Weise alles zu akzeptieren oder gar zu denken, jede Denkrichtung sei gleich gut möglich. Dann muss man sich nämlich gar nicht mehr auseinandersetzen, solche Form der Toleranz vermeidet geradezu das Verstehen und die Perspektivübernahme. Der Anspruch auf Wissen, der mit Gründung einer Forschungsgemeinschaft erhoben wurde, soll in den Situationen dieser Etappe aufrechterhalten und eingelöst werden.

Herrscht so gewissermaßen in der zweiten Etappe das Gebot der *Sachorientierung,* so ist es doch auch immer wieder nötig sich zu vergewissern, ob noch alle Beteiligten Teilnehmer der Forschungsgruppe sind. Denn es gilt weiterhin: Es sind Subjekte, die verstehen und für die etwas wichtig bleibt. Und wieder sind hier auch die Perspektiven der Beteiligten zur Geltung zu bringen, in der Art, wie sie sich Perspektiven als Denkgegenstände vor Augen führen. Die Reflexion der Beteiligten bleibt auch in der zweiten Etappe zentral, und sie wird mit Hilfe von Konkretisierung und Lebensweltbezügen, mit Situierungen, Rückbezügen zu den Frageinteressen und ebenso auch mit vorläufigem Prüfen von Orientierungsleistungen der behandelten Denkmodelle realisiert. Beispielsweise gilt es, in Gesprächen Gedanken je neu zu aktualisieren und damit sich entwickeln zu lassen und sie sodann so zu strukturieren, dass sie in die Perspektive des Urteilens der Schülerinnen und Schüler geraten.

Insgesamt soll die *Vergegenständlichung* zur *Vertiefung der Forschungsgemeinschaft* beitragen. Die Lehrkraft steuert den Unterricht und hat dabei Balance zu halten: zwischen der Subjektperspektive und der Fachlichkeit. Jeweils müssen die Schülerinnen und Schüler in ihren Gedanken im Mittelpunkt stehen, jeweils gilt es, neu anzuknüpfen und zu eröffnen, und doch soll es Lernfortschritte geben und Gedanken sollen sich ausfächern, erweitern, gestalten, schärfer konturieren und strukturieren. Erst hierin erweist sich auch die oft und zu Recht geforderte Wertschätzung und Würdigung von Schüleräußerungen – dass mit ihnen wirklich weitergearbeitet wird, dass sie die Grundlage für Lernerfahrungen werden.

Die Lehrkraft entscheidet hierbei beispielsweise: Wann wird ein Text verwendet, wann werden wieder die Erfahrungen der Lernenden im Mittelpunkt stehen? Sie hält die Balance zwischen einer offenen Anknüpfungsmöglichkeit für viele und einer analytisch klaren Formulierung von Denkmodellen. Hierbei gilt es beispielsweise zu entscheiden: In welcher Sprache wird eine These formuliert, wie viele Beispiele und Situationen sind nötig? Wann ist Rückschau zu empfehlen und wann das Achten auf Lernprogression? Schließlich pendelt die Lehrkraft aus: Welches Maß an Sicherheit in Form klarer Antworten ist nötig und welches Maß an Zweifel? Welche Haltung ist »aushaltbar«: dauerndes Weiterfragen und Problematisieren oder Denkergebnisse, die nur scheinbar Orientierung stiften?

In solchen Balanceakten wird die Lehrkraft noch nicht auf die Selbststeuerungsfähigkeiten der Schülerinnen und Schüler setzen können. Aber indem sie die Schülerinnen und Schüler als *Akteure* des Lernprozesses etabliert – einfacher und verkürzender: indem sie die Schülerinnen und Schüler *aktiviert* –, werden diese Rückmeldungen geben. Denn sie werden aufgefordert, ihr Denken im Erzählen darüber zu spiegeln. So wird in der zweiten Etappe einer Lerneinheit die *Lerngeschichte* der Beteiligten konsolidiert. Schülerinnen und Schüler können erzählen, was geschieht, und sie können die bisherige Geschichte des Unterrichts reflexiv und klar darstellen.

KAPITEL 16
»Etwas Richtiges lernen wir hier gar nicht!« – Wie sorge ich dafür, dass Schülerinnen und Schüler die Erfahrung machen, etwas gelernt zu haben?

Schülerinnen und Schüler artikulieren, dass für sie der Sinn und Zweck des Philosophieunterrichts nicht recht klar ist. Sie haben Wissen erworben, wissen aber damit nichts anzufangen. Sie nehmen sich auf andere Art wahr, können aber nicht sagen, wie. Sie können etwas, erfahren aber nicht, dass sie das zeigen können. Das heißt, vor dem Hintergrund ihrer bisherigen Unterrichtserfahrungen bilden Wissen, (Selbst-)Wahrnehmung und eigene Fähigkeiten in ihrer Person ein irritierendes Widerfahrnis.

Zwar bereitet ihnen der Unterricht womöglich Freude, aber sie bemerken Unterschiede zu anderem Unterricht, und sie sorgen sich darum, »was dabei – für sie – herauskommt«; sie können diese diffuse Irritation nicht begrifflich verdeutlichen. In einer solchen Situation steht für die Schülerinnen und Schüler nicht fest, ob der Unterricht bisher tatsächlich *zielorientiert* war. Unter Umständen können die Schülerinnen und Schüler das Erreichte nur nicht *greifen* – oder sie entwickeln gerade eine Ahnung davon, dass »zuviel« auf dem Spiel steht, dass der Unterricht ihnen also (zu) nahe geht. Schließlich kann das, was gelernt wurde, auch zu wenig mit ihnen zu tun haben, und deshalb fragen sie nach dem Lernbaren. Wir können sagen, die für sie nicht hinreichend klare *Form* des Unterrichts eröffnet eine Spannweite des Nachdenkens, die entweder zu *heiß* oder zu *kalt* gewesen ist: Das Wissen um den absoluten Nullpunkt steht neben der Einsicht »Es irrt der Mensch, so lang er strebt.«

Noch etwas grundsätzlicher betrachtet, ist die Form des Wissens, die im Philosophieunterricht erreicht wird, von anderer Art als in anderen Unterrichtsfächern. Daher kommt es darauf an, dass die Schülerinnen und Schüler nicht nur Merksätze formulieren können, sondern dass das, was sie da aufschreiben, »etwas Richtiges« ist. Es ist also notwendig zu verstehen, was das ist, was ihnen fehlt – denn es hilft ihnen ja nicht, wenn die Lehrerin (die, so zeigt es die Formulierung an, in diesem Kapitel weiblich ist) ihnen sagt, wie gut es gerade sei, nichts Richtiges zu lernen, wie fragwürdig im Gegenteil alles Wissen sei, und das immerhin hätten die Schülerinnen und Schüler nun (endlich) erkannt. Wir wollen in diesem Kapitel deshalb zunächst vor einer Euphorisierung angesichts von Aporien warnen; dann möchten wir beleuchten, was denn *etwas Richtiges* sein kann, drittens nennen wir mögliche *Formen* der Sicherung von Lernergebnissen, und schließlich wollen wir betonen, wie die Lehrkraft Unterricht generell auf den Erwerb von *Fähigkeiten* ausrichten kann.

Aporien entstehen, wenn Wissen in seinen Fundamenten erschüttert wurde. Abgezogen von dieser Erfahrung der Erschütterung ist der Ausdruck *Wir wissen jetzt, dass wir nichts wissen* bloßer wohlmeinender Gestus – und hat rein behauptenden Charakter. Eine Aporie kann *Folge* gründlicher Denkbemühungen sein und dann auch eine gewisse zweifelnd-schwebende Grundeinstellung zum Leben hervorrufen, die mit Toleranz und Verständnis einhergeht. Daraus folgt aber nicht, dass sie das *Ziel* dieser Denkanstrengungen gewesen ist. Wer denkt, will etwas wissen auch dort, wo er Wissen prüfen will. Daher gehört das Bemerken von Irrtümern zwar zum Denken, aber es stiftet *zunächst* keine Orientierung.

Was kann daher *etwas Richtiges* sein, das gelernt wird? Wir denken, zunächst soll das Ziel eine *substantielle* Erkenntnis sein, das heißt, eine bessere Welterkenntnis, besseres Verständnis von Handlungen und von Menschen. Im ersten Zugang ist die Antwort, die im Philosophieunterricht gesucht wird, eine, in der ein Wissensanspruch liegt, der begründet und aufgezeigt werden kann.

Erst in einem zweiten Schritt kommen Lernerfahrungen ins Spiel, die *reflexives* Wissen erzeugen, also ein Wissen darüber, wie Menschen die Welt denken. Und in einem dritten Schritt wird das Wissen um die *Orientierungsleistung* solcher Denkweisen auftauchen. Erst dann macht es Sinn, das Wissen um die Grenzen der Orientierungsleistung zu markieren.

Etwas Richtiges gelernt habe ich also als Schülerin bzw. Schüler, wenn ich – nahe liegend in dieser Reihenfolge –
- denke, die Wirklichkeit besser zu verstehen,
- Denkmodelle der Wirklichkeit verstehe oder deute,

- die Orientierungsleistung dieser Denkmodelle klären kann und
- deren Begrenzung.

Richtig heißt also *wahr* im Sinne von richtig oder falsch, aber vor allem *richtungweisend*. Die Metapher der Richtung zeigt an, dass Schülerinnen und Schüler sich zunächst auf besseres Verständnis der Wirklichkeit ausrichten und erst dann auf die Richtung, in der sie betrachtet wird.[1] Und sie zeigt an, dass *typische Erkenntnisse* im Philosophieunterricht die von *Zusammenhängen* sind. Denkmodelle hängen *in sich* zusammen – Voraussetzungen mit Schlussfolgerungen, Begriffe mit anderen, Thesen mit Argumenten. Und die Orientierungsleistung von Denkmodellen ergibt sich aus ihrer Eignung, *Situationen* besser zu verstehen oder *Handlungsoptionen* für sie bereitzustellen. Hier geht es um den Zusammenhang von Denkmodellen mit Situationen. Ergänzend spielt der Zusammenhang *zwischen* Denkmodellen und von Denkmodellen mit *Personen* eine zentrale Rolle.

Fixiere, so können wir zusammenfassend empfehlen, *die substantiellen Wissensansprüche, fixiere das Wissen um Denkmodelle* und *fixiere die Orientierungsleistungen* und die identitätsstiftenden Reflexionserfahrungen, die die Inanspruchnahme von Denkmodellen erzeugen. Genauer lässt sich natürlich so formulieren: Sorge dafür, dass die *Schülerinnen und Schüler* dies fixieren.

Wie können Lernerfahrungen in Form gebracht werden?

Zuerst warnen wir vor der Gefahr, in eine *Metadiskussion* überzugehen. Haben die Schülerinnen und Schüler Interesse an Wissen und Orientierung, so besteht die Gefahr, dass durch Metadiskussionen nur noch Glasperlenspiele betrieben werden. Um Praxisimpulse

---

1 Dieser Übergang geschieht natürlich zumeist *nicht* so, dass jemand *in Wirklichkeit* erst die Welt besser versteht, dann auch noch, wie sie gedacht wird, und schließlich, wozu diese Deutungen hilfreich sind. Vielmehr sind dies Reflexionsübergänge. Mit anderen Worten, diese Schritte folgen *auf*einander und nur insofern *aus*einander, als sich bei zunehmender Beschäftigung mit einem Schritt ein reflexiver und argumentativ eröffneter *Einstellungswandel* ergibt.

zu finden, können wir die Situationen, in denen Lernerfahrungen erbeten werden, sogar noch erweitern: Die Schülerinnen und Schüler fragen etwa: *Was kann ich ins Heft schreiben? Wie werde ich besser? Wie kann ich mich auf die Klausur vorbereiten?*

Und die Lehrkraft kann regelmäßig Lernfortschritte in den Mittelpunkt rücken, wenn eine Lernsequenz endet, zur Vorbereitung auf einen neuen Gedanken – und vor allem dann, wenn eine fruchtbare Diskussion oder Lernchance entstand. Schülerinnen und Schüler erleben sonst, dass sie zwar mit Freude an einer Diskussion teilgenommen haben, leider aber nicht mehr sagen können, worum es ging. (Satzwissen (propositionales Wissen) mag manchmal *kalt* und daher subjektiv gesehen leer sein, jedoch: Das Gebrauchswissen und das Wissen um Erkenntnisfortschritte ist in sprudelnden Diskussionen zwar vorhanden und zentral, wird es nicht in Satzwissen umgeformt, bleibt es *heiß* und blind.

Wenige exemplarische Impulse mögen hier genügen, weil sich aus den bisherigen Unterscheidungen leicht Impulse herausschälen lassen:

- Beschreibe die Situation, in der ... hilfreich ist.
- Inwiefern sind wir heute einen Schritt weiter gekommen?
- Gab es Schlüsselsituationen, die uns einen Schritt weiter geführt haben?
- Schreibe auf, was wir heute besser verstehen als in der letzten Stunde.
- Gab es eine Frage, einen Zusammenhang, eine Antwort oder einen Gedanken, der einen Erkenntnisfortschritt dargestellt hat?
- Gestalte mit Pfeilen und Begriffen ein Ursache-Wirkungs-Gefüge, in dem die Struktur unserer Gedanken deutlich wird.
- Nenne alle Argumente, die für die Position, und alle, die für das Zweifeln an ihr gesprochen haben.
- Nenne Bedingungen, unter denen das Denkmodell ... gültig ist.
- Schreibe auf: Für wen passt das Denkmodell?
- Erkläre: Inwiefern bietet das Denkmodell ... für X Orientierung, für Y aber nicht?
- Nenne alle Situationen, in denen das Denkmodell eine brauchbare Handlungsanweisung liefert. Begründe die Eignung.

Wie kann ich als Lehrkraft den Unterricht auf Fähigkeiten ausrichten?

Bisher haben wir die Situationen in diesem Kapitel eher als Warnsignale genommen und der Lehrkraft je nach Gefahrenquelle verschiedene Empfehlungen gegeben. Gewissermaßen sind die zugehörigen Impulse dann interventiv. Langfristig empfehlen wir aber ein präventives Vorgehen, das heißt, die Lehrkraft ist unserer Auffassung nach gut beraten, regelmäßig auswerten zu lassen, welche Erfahrungen gemacht wurden, mindestens einmal pro Doppelstunde. Impulse wie die eben genannten können ritualisierter Bestandteil jeder Stunde sein und spätestens zehn Minuten vor dem Ende zur Geltung kommen, etwa mit den Standardimpulsen:

- Was können wir als Lernergebnis festhalten, auf das wir beim nächsten Mal zurückgreifen können?
- Schreibe in vier gut überlegten Sätzen auf, was für dich als Pointe dieser Stunde gilt.
- Blicke zurück: Wovon sind wir heute ausgegangen, was ist unser neuer Stand, und wie sind wir dazu gekommen? (Welche Argumente haben zum neuen Stand geführt?)
- Fertige nach jeder Stunde eine Notiz an: Vorher dachten wir …, dann (mit folgendem Argument) bemerkten wir …

Als Lehrkraft sollte ich mir die Freiheit nehmen, entweder einen Rückblick zu inszenieren oder einen bestimmten Fokus zu setzen, von dem ich denke, dass er einen besonders produktiven Erkenntnisfortschritt beleuchtet. Oftmals tauchen in gelungenen Gesprächen fruchtbare Momente auf, die ich als Lehrkraft (und oftmals *nur* ich) bemerkt habe. Diese führen dazu, dass plötzlich neue oder klarere Gedanken geäußert werden. *Zu* solchen Momenten kann ich als Lehrkraft beitragen, indem ich einen entscheidenden Impuls gebe, der diese Wende herbeiführt. Dann habe ich eine Sprache gefunden, das zuvor unausgesprochen Gärende einer Diskussion in eine Form zu bringen. *In* solchen Momenten aber sollte ich zurückhaltend agieren. Auf keinen Fall sollte ich nun eingreifen und klären, was den Erkenntnisfortschritt herbeigeführt hat. Denn wenn dies, metaphorisch gesprochen, die Lampe ist, die zu leuchten begonnen hat, dann sollten die Gegenstände im Mittelpunkt liegen, die heller werden, und nicht die Lampe. Aber im Nachhinein sollte das Fruchtbare des Fruchtbaren genutzt werden. In solchen fruchtbaren Momenten drängt etwas zur Sprache; was es ist, ist den Sprechenden nicht klar. Wie Geistesblitze wandern Gedanken schnell hin und her, und sie einzufangen ist ein eigener methodischer Schritt. Menschen verfügen nicht über das, was sie (vor allem im Dialog) zu sagen wissen.

Um ein eher präventives Vorgehen in Rituale gießen zu können, ist es nötig, dass ich mir als Lehrkraft klarmache, welches die Fähigkeiten sind, die die Schülerinnen und Schüler im Unterricht und durch ihn erwerben sollen – was sollen sie *können*? Auf solche Fähigkeiten kann ich Unterricht bereits in der Planung fokussieren, und ich sollte ihnen Tätigkeiten zuordnen, die im Unterricht als Arbeitsaufträge auftauchen, durch die sie gezeigt werden. Letztlich ist die Rede von kompetenzorientertem Unterricht nichts als dies: Unterricht auf Ziele in Form geäußerter Fähigkeiten hin fokussieren und so zufriedenstellende Lernerfahrungen ermöglichen. Ein paar solcher Fähigkeiten nennen wir zum Schluss dieses Kapitels.

- Ich kann Voraussetzungen nennen, unter denen ein Denkmodell gültig ist.
- Ich kann erklären, für welche Situationen das Denkmodell ... angemessen ist.
- Ich kann erklären, was für ein Mensch das ist, der so handelt.
- Ich kann erklären, unter welchen Bedingungen jemand so und so handeln soll.
- Ich kann erklären, was Position A von Position B unterscheidet.
- Ich kann erklären, inwiefern das Aufwerfen der Frage ... in unserer heutigen Stunde einen Erkenntnisfortschritt darstellte.
- Ich kann begründen, warum es für Person A und B unterschiedliche Handlungsweisen gibt, die nahe liegen.
- Ich kann problematisieren, ob die These ... gültig ist.
- Ich kann den Zusammenhang zwischen (Freiheit und Strafe, ...) auf zwei verschiedene Arten strukturieren.
- Ich kann begründen, ob die Voraussetzungen und Schlussfolgerungen des Denkmodells ... zusammenpassen.
- Ich kann beurteilen, ob ... oder ... angemessener ist.

Kapitel 17

»Wer sagt denn nun was: haben doch beide irgendwie recht!« – Wie können die Schülerinnen und Schüler Positionen miteinander vergleichen?

In der Fülle von Denkmodellen, die im Philosophieunterricht betrachtet werden, können die Schülerinnen und Schüler der Gefahr erliegen, dass die Unterschiede zwischen ihnen verwischen. In der Steilheit der Formulierungen in philosophischen Texten liegt außerdem die Gefahr, dass die Schülerinnen und Schüler die Denkmodelle alle zugleich »schwer« und »auf ihre Art richtig« finden. Drittens besteht die Schwierigkeit darin, dass Schülerinnen und Schüler einsehen, dass mit der Etablierung eines Denkmodells noch nicht zugleich schon *die Wahrheit* gefunden wurde. Und schließlich haben die Schülerinnen und Schüler in gewisser Weise sogar *recht,* wenn sie äußern, dass philosophische Positionen in irgendeiner Weise gerechtfertigt erscheinen: Denkmodelle ähneln einander, sie sind für sich genommen nachvollziehbar, sie erheben einen begründeten Wahrheitsanspruch, und in der Regel sind sie intern wenigstens teilweise schlüssig.

Dem Ziel des Vergleichens von Denkmodellen – Klarheit zu gewinnen – steht im Wege, dass Schülerinnen und Schüler zunächst zu sehr aus einer *bloßen Innenperspektive* heraus denken oder dass sie umgekehrt die Gültigkeit eines Denkmodells zu sehr nur von einer *Außenperspektive* zu beurteilen versuchen, was sie davon abhält, die Orientierungsleistung eines Denkmodells zu wägen. Entweder scheint ihnen *selbstverständlich* ein Denkmodell »richtig« zu sein oder »jedes hat seine Gründe«. Daher gilt es beim Vergleichen von Denkmodellen zunächst, *Perspektiven* überhaupt zur Geltung zu bringen – die der Schülerinnen und Schüler, die der Denkmodelle und diejenigen, in denen Denkmodelle betrachtet werden. Diese Perspektiven gilt es sodann, in klarer Gegenständlichkeit zu fassen, um *Perspektivunterschiede* und ein Wissen um *Perspektivität* zu etablieren.

Wie finden Schülerinnen und Schüler in einen Vergleich hinein?

Dafür ist zunächst wichtig, *wie* die Erarbeitung eines zweiten Denkmodells auf das erste Denkmodell bezogen wird und wie die Lehrkraft das zweite Denkmodell *auswählt*. Die Erarbeitung eines zweiten Denkmodells ist nämlich immer schon vergleichend. Unser Denken funktioniert verknüpfend – wir beziehen eine neue Struktur immer auf diejenige in unserem Kopf. Zwar können wir unseren Schülerinnen und Schülern anbieten, ein neues Denkmodell zunächst auf die gleiche schematische Art zu erschließen wie das vorige – Voraussetzungen, Thesen, zentrale Begriffe, Schlussfolgerungen zu identifizieren und miteinander zu verknüpfen – aber bei dieser Rekonstruktion werden die Schülerinnen und Schüler automatisch das Alte, zuvor Gelernte auf das Neue beziehen. Das Angebot sollte also die Aufforderung beinhalten, auf Unterschiede und Ähnlichkeiten zu achten, die die Schülerinnen und Schüler bemerken.

Üblicherweise ist die Behandlung eines neuen Denkmodells so eingebettet:

Zunächst wurde Denkmodell A erschlossen. Es wurde anhand von Situationen geprüft, und in dieser Kritik entstand ein *Problemüberhang*: Fragen blieben offen, Thesen wurden vorläufig formuliert, neue Fragen entstanden, und es tauchte vielleicht die Frage auf: *Ja, wenn dieses Denkmodell nicht gilt, welches dann?* Daraus ergibt sich manchmal bereits die Eignung eines bestimmten Denkmodells für eine Folgestunde.

Wir empfehlen zur Auswahl eines Vergleichs-Denkmodells die folgenden Kriterien in dieser Reihenfolge:

- Ein neues Denkmodell kann eine Weiterführung des bisherigen sein.
- Es kann eine Verarbeitung einer Kritik implizieren, die Schülerinnen und Schüler formulierten.
- Es kann – das empfehlen wir besonders bei ungeübten Lernern – einen starken Kontrast zum vorigen Denkmodell aufbauen.
- Es kann eine klare, dem vorigen Denkmodell entsprechende Struktur aufweisen, die aber anders gefüllt wird.
- Es kann eine Entwicklung und Differenzierung der vorigen Position darstellen.
- Es kann eine Entwicklung der Menschen als Voraussetzung etablieren.

- Nachdem große Unterschiede markiert sind, können feinere Unterschiede gemacht werden, die nun wahrnehmbar sind.
- Schließlich können Gemeinsamkeiten – der Intentionen, der erörterten Situationen, der Begriffe, der Argumente – in den Fokus gesetzt werden.

Dazu gehörige Impulse können unter anderem die folgenden sein:
- Ist dies eine gute Antwort auf die Probleme, die sich uns am Ende der letzten Stunde stellte?
- Passt der Text gut als Anschluss an die letzte Stunde?
- Inwiefern lässt sich begründen, dass ich den Text für heute gut ausgewählt habe?
- Können wir sagen, dass die Autorin unsere Kritik am vorigen Denkmodell verstanden und aufgegriffen hat?
- Denkt der Autor auch so wie der andere?

Wie können Schülerinnen und Schüler Positionen vergleichen lernen?

(1) Sie können mit Hilfe der folgenden Impulse auf zuvor erarbeitete *Strukturierungen* zurückgreifen.
- Betrachte alle Teile des Tafelbildes der letzten Stunde, mit dem wir das Denkmodell von X dargestellt haben: Würde Y hier überall das Gleiche sagen? Wird eine andere Reihenfolge nahe gelegt?
- Was würde X, den wir in der letzten Stunde behandelt haben, hierzu sagen?
- Was würde Y, dessen Aussagen ihr hier lest, zu X sagen?
- Stellt euch die folgende Situation vor … – Welches Denkmodell bietet für diese Situation die bessere Auffassung?
- Franziska denkt wie … – woran können wir das festmachen?
- Du denkst so, wie wir letzte Stunde … kritisiert haben – ist das so?
- Schaut euch das Tafelbild der letzten Stunde an – was würde unser neuer Autor an der jeweiligen Stelle eintragen?

(2) Sie können ihre *Affekte* und alle *Zugänge* nutzen.
- Welches Unbehagen stellt sich bei euch gerade ein?
- Mit welchen Gefühlen ist die Lektüre des Textes begleitet?

- Sortiert eure Eindrücke nach Zuneigung und Abneigung: An welchen Stellen taucht welches auf?
- Schildere deinem Nachbarn deine Hauptgedanken und Meinungen beim Lesen.
- Was, denkt ihr, ist eher *richtig*?
- Denkt der auch so wie *du*?

Sachbegegnung ist immer auch personale Begegnung. Es ist jedoch nicht leicht zu beschreiben, wodurch der Lehrer bzw. die Lehrerin eine solche subjektive Lesart von Positionen befördert. Wir haben oft die Erfahrung gemacht, wenn wir Beobachter fragten, was die Lehrkraft zur Unterstützung der subjektiven Zugänge beitrug, dass diese sagten: *Nichts – Sie haben doch so gut wie nichts getan!* Aber bei genauerer Betrachtung ergab sich ein vielschichtigeres Bild: Die Lehrkraft agierte mimisch, gestisch, sie munterte auf, nickte, nahm Anteil, bekundete Freude über Gedanken oder stellte kleine Nachfragen. Die Ermunterung zur Anerkennung der Perspektiven, mit denen ein Denkmodell betrachtet und verglichen wird, geschieht oft *subtil*.

(3) Die Schülerinnen und Schüler können in einen *Dialog* hineingeführt werden.
- Verteidige Position X gegenüber Y.
- Findet euch in Zweiergruppen zusammen, in denen jeder Partner ein anderes Denkmodell unterstützt. Diskutiert darüber, wer recht hat. Welche Unterschiede bemerkt ihr? Notiert sie.
- Stell dir vor, du wolltest die *Position* von X verteidigen und jeweils so beginnen: *Im Unterschied zu Ihnen denke ich ...* – Welche Unterschiede würdest du finden, die wichtig sind?
- Stell dir vor, du bist X – wie erklärst du Y, dass sein Text *gar nicht nötig* ist?
- Diskutiert die beiden Positionen, indem ihr euch entscheidet, wer für welche eintritt. Formuliert immer so: *Du denkst so. Das ist aus den Gründen nachvollziehbar ...- Im Unterschied dazu ...*

(4) Fruchtbar ist es, solche Dialoge und Vergleiche anhand von *Situationen* zu gestalten.

- Findet Situationen und betrachtet sie: In welcher tauchen Unterschiede auf: Wer handelt hier anders als der andere?
- Wie würdest du denken, wenn du dich in folgender Situation befinden würdest?
- Schildert einander Situationen, in denen euer favorisiertes Denkmodell plausibel erscheint. Der Partner sagt daraufhin: *Ja, genau, das verstehe ich, und das leuchtet mir ein. Aber nun betrachte diese Situation. Dort ist es anders, und mein Denkmodell ist viel plausibler ...*
- Betrachtet zu viert die Situationen: Worin unterscheiden sie sich? Formuliert den Unterschied zwischen den beiden Positionen so: In einer Situation wie der folgenden ist Denkmodell A plausibler, weil ... – Prüft, ob ihr auch sagen könnt: *Unter dieser Bedingung ..., Die Denkmodelle unterscheiden sich hinsichtlich der folgenden Annahmen oder/und Situationen, die besser mit ihrer Hilfe gelöst oder verstanden werden können ...*

Das Vergleichen von Denkmodellen kann auch in einer eher »technischen« Weise geschehen. Hierfür sind die folgenden beispielhaften Impulse geeignet.
- Sind die Begriffe, die in Denkmodell A zentral sind, auch in Denkmodell B einsetzbar?
- Gibt es Ziele, die der Verfasserin (Vf.) A eher am Herzen liegen als dem Verfasser (Vf.) B?
- Was ist Vf. A am wichtigsten, was Vf. B?
- Gehen beiden von den gleichen Annahmen aus?

Nachdem Unterschiede und Gemeinsamkeiten gefunden wurden, kommt es darauf an, diese explizit zu machen. In ungeübten Gruppen wird diese Aufgabe dem Lehrer bzw. der Lehrerin zufallen, weil die Schülerinnen und Schüler nicht über die nötigen Worte verfügen, mit denen Unterschiede begrifflich präzise bestimmt werden können. Die Lehrkraft handelt also als Vorbild und weist den Weg, auf dem die Schülerinnen und Schüler künftig seine Rolle übernehmen können. Damit sie dies tun können, fragt er im Anschluss beispielsweise:
- Wie habe ich die Worte gefunden, mit denen wir die Hauptunterschiede bestimmt haben?

- Was ist der Unterschied zwischen A und B? Worin besteht er genau?
- Was habe ich getan, damit wir den Unterschied so klar jetzt vor Augen haben?

Geht es beispielsweise darum, den unterschiedlichen Freiheitsbegriff bei Bakunin und Rousseau zu bestimmen, so ist dieser Unterschied für Schülerinnen und Schüler sicherlich schwer zu benennen.[2] Die Lehrkraft kann aber die folgenden Impulse geben:
- Jeden Tag nur dann aufstehen, wenn ich es will – funktioniert das eigentlich?
- Gibt es ein Unbehagen, das ihr bei dieser Auffassung empfindet, oder entspricht sie haargenau dem, was auch ihr unter Freiheit versteht?
- Entspricht das der Art von Freiheit, die wir bei Rousseau untersucht haben?
- Was verstehe ich dann unter Freiheit?
- Welche Argumente kann Bakunin, welche Rousseau für oder gegen diese Lebensführung beibringen?
- Welcher der beiden Autoren versteht Freiheit so wie in der Situation, über die wir eben sprachen?
- Was ist dann genau: Freiheit?
- Worin unterscheiden sich genau Bakunin und Rousseau, und was ist den Positionen gemeinsam?

Impulse in dieser Art können die vier genannten Wege, Vergleiche produktiv zu machen, miteinander verschränken.

Die folgenden Prüffragen können Schülerinnen und Schüler nach Erarbeitung jederzeit als Handzettel neben sich liegen haben, wenn sie Denkmodelle miteinander vergleichen.

---

2   Michail Alexandrowitsch Bakunin: Gott und der Staat, Leipzig (Hirschfeld) 1919, S. 75-81; Jean Jacques Rousseau: ›Der Gesellschaftsvertrag oder die Grundsätze des Staatsrechtes (Du contrat social ou principes du droit politique) (1762)‹, Deutsch von Hans Brockard in Zusammenarbeit mit Eva Pietzcker. Stuttgart (Reclam UB 1769) 1977, S. 5, 17, 18, 19

Prüffragen, die zu einem produktiven Vergleich führen

- Finde Situationen, in denen das eine oder das andere Denkmodell nachvollziehbar ist.
- Sage, was die Situationen voneinander unterscheidet.
- Dies sind Bedingungen, unter denen die Denkmodelle beleuchtet werden können …. Markiere sie *als Vergleichsgesichtspunkte.*
- Markiere sie später als Bedingungen des Urteilens, d.h. als Voraussetzungen, unter denen Denkmodell A oder B richtig ist.
- Sage, was Vf. wahrscheinlich am wichtigsten ist.
- Antwortet Vf. A auf die gleiche Frage wie Vf. B?
- Stellt er sich die Frage gleich?
- Unterscheide, welches die ersten Annahmen sind, von denen die Vf. ausgehen.
- Unterscheide, welches die zentralen Begriffe sind und wie sie bestimmt werden.
- Bestimme wesentliche Unterschiede:
  - Welche Entwicklungsmöglichkeiten für Menschen sind bedacht?
  - Welche Hoffnungsperspektiven für die Menschen und ihr Leben als Ganzes sind berücksichtigt und begründet?
  - Welche Bestimmung der Ziele unseres Handelns wird vorgenommen?
  - Welches Menschenbild ist leitend?

KAPITEL 18

»Und warum soll das so sein?« – Wie können die Schülerinnen und Schüler trainieren, zu argumentieren?

Einen Anspruch zu erheben – was dies bedeutet, verschiebt sich, je argumentativer der Philosophieunterricht wird. Denn nun heißt es nicht primär, dass Perspektiven anerkannt werden – dies ist nur die Grundlage –, sondern dass Wahrheitsansprüche geprüft werden. Natürlich lässt sich auch dies wiederum subjektivieren, denn die Schülerinnen und Schüler sollen ja erleben, dass es *sinnvoll* ist, Wahrheitsansprüche zu prüfen. Und sie erleben dies, wenn sie sich angesprochen finden und sich ansprechen lassen, sowie auch dann, wenn sie sich unter einen Anspruch stellen. Dies kann getrost als Bildung verstanden werden: Ansprüchen nachzugehen, sich ansprechen lassen und im Dialog Wichtiges anzusprechen.

Wann wird dies wichtig? Wann äußern Schülerinnen und Schüler, dass sie *Argumente* haben wollen? Dies kann zur Vorbereitung eines Urteils gewünscht werden oder zur Legitimation. Letzteres – die Rechtfertigung bereits vorhandener Positionen – kann im Unterricht *inszeniert* werden. Dann besteht das Ziel letztlich jedoch nicht darin, sekundäre Rationalisierungen für unveränderliche Meinungen zu etablieren und auszuschärfen. Vielmehr sollen *bessere* Urteile erfolgen. Der Anreicherung von Argumentationsperspektiven entspricht eine Anreicherung von Situationen, Bedingungen und gedanklichen Zusammenhängen. So richtig es ist, das Verstehen von Positionen von ihrer Prüfung und Erörterung zu trennen, so richtig ist es doch auch, dass durch Klärung argumentativer Bezüge gedankliche Zusammenhänge und daher auch Denkmodelle klarer und verständlicher werden. Damit werden auch Urteile klarer – denn sie bestehen ja aus argumentativen Zusammenhängen. Das Ziel von Argumentation lautet daher: *Der Anspruch auf Wahrheit wird zu einem Wissen um diesen Anspruch.* Das heißt, die Frage nach dem Warum führt zu hin zur Erkenntnis von Bedingungen, unter denen Positionen gelten. Subjektiv gewendet heißt dies: Bildungsziel ist die reflektierte Subjektivität, in der das Argument die Stelle des Ichs setzt. Das Ich *entsteht* gewissermaßen eher durch argumentative Klärung, als dass es sich argumentativ *absichert*.

Dies also wollen wir erreichen, wenn argumentiert wird, und wir wollen dies in einem *integrativen* Ansatz fördern – kein Argumentationskurs kann den wirklich ernsthaft erörterten Problemen gerecht werden, wohl aber soll die Aufmerksamkeit auf das Argumentieren gelenkt werden dürfen.

Was kann die Lehrkraft tun, um das Augenmerk auf Argumentation zu lenken?

Sie kann zunächst wiederum den *Weg von Situationen zu Bedingungen* einfädeln. Dazu ein paar Impulse, bei denen das Motto lautet: Alles Bisherige soll ausgeschöpft werden, und es soll geprüft werden, ob ein argumentativer Wert daraus folgt. So können die Argumente Bezug nehmen auf die zuvor geäußerten Gedanken.

- In welchen Situationen können wir sagen, dass es wahrscheinlich sinnvoll ist, so zu denken?
- Formuliere so: Wenn die Situation so ist …, dann …
- Formuliere so: Wenn diese Voraussetzungen erfüllt sind …, erscheint der Gedanke sinnvoll …
- Benutzt in euren Überlegungen die folgenden Formulierungen: A erscheint uns plausibel, weil in der Situation X … // A erscheint uns plausibel, obwohl in Situation Y … Denn …
- Prüfe: Passt die Position X zu unserer Frage?
- Passt sie zu unseren Eingangsgedanken?

Wie erreiche ich als Lehrkraft, dass die Schülerinnen und Schüler die Erfahrung machen, dass sie ein Gedanke anspricht und sie zugleich den Wahrheitsanspruch dieses Gedankens prüfen? Hierfür können wir Impulse unter vier Rubriken formulieren – die Reihenfolge kann von der Situation im Klassenzimmer abhängen. Erstens formulieren wir Impulse, die das *Schüler-Subjekt motivieren,* sich in ein argumentatives Verhältnis zu einem Denkmodell zu setzen. Zweitens ist es hilfreich, einen *Dialog* zwischen Schülerinnen und Schülern zu *inszenieren* – in dem Argumente die zentrale Rolle der Bezugnahme aufeinander einnehmen. Drittens können Argumentationslinien durch die *Rekonstruktion des bisherigen Problemzusammen-*

hangs eingefädelt werden. Mit Rekonstruktion ist daher in diesem Zusammenhang nicht der Nachvollzug eines Denkmodells gemeint. Und viertens ist es natürlich sinnvoll, zu verallgemeinern und das Argumentieren explizit zu trainieren.

Impulse zum Anknüpfen des Subjekts an eine argumentative Auseinandersetzung

- Sind wir jetzt fertig? Ist unsere Frage beantwortet?
- Ist das Denkmodell richtig?
- Was lässt dich zweifeln?
- Was zweifelst du an?
- Gibt es ein Unbehagen?
- Was stört dich?
- Gibt es einen Wahrheitskern, den wir auch bei Kritik aufnehmen sollten?
- Gibt es Situationen, in denen das Denkmodell gilt?
- Ist irgend etwas grundlegend falsch?
- Kannst du dir das Denkmodell zu eigen machen?
- Kannst du so leben?
- Passt dir das?
- Wenn das Denkmodell ein Kleid wäre: Wo ist es zu eng? zu weit? falsch geschnitten? Welche Stelle sitzt nicht richtig? Welches Detail?
- Können wir eine Kleinigkeit ändern, damit es stimmt?
- Schreibe auf: Würde ich das Denkmodell wählen?
- Was kann eine Alternative sein?
- Müsste es ganz anders sein? Wie?
- Denke dir hierzu ein Gedankenexperiment aus.

Impulse zum dialogischen Inszenieren argumentativer Auseinandersetzung

Subjektivität bedarf der Ergänzung durch andere. Beim Inszenieren argumentativer Verhältnisse eröffnet die Lehrkraft das Perspektivenkarussell; Ich-Du-Verhältnisse kommen ins Spiel. Ziele sind die sich erweiternde und zur Reflexion kommende Subjektivität und der

Dialog selbst. In der dialogisch etablierten Kritik taucht zugleich das Moment auf, dass Argumente nicht nur gesammelt, sondern gewogen, erörtert und selbst beurteilt werden.
- Sammle alle Gegenargumente gegen deine Position.
- Diskutiert und prüft dabei:
  - Überzeugt dich das, was andere sagen?
  - Was könntest du entgegenhalten?
  - Gibt es Argumentationsrichtungen, die immer wieder auftauchen?
  - Gibt es grundlegende Bedingungen, die immer wieder eine Rolle spielen? (z. B. Menschenbild, Grundannahmen, ...)
  - In welcher Situation trifft das zu, was dein Partner denkt?
  - Gibt es Bedingungen, die in dieser Situation vorkommen, so dass du sagen kannst: Unter diesen Bedingungen ist das richtig, unter anderen hingegen nicht?
  - Wovon hängt es ab, ob du oder dein Partner recht hat?
  - Gibt es eine Position, die definitiv bessere Argumente hat? Woran liegt das?
  - Gibt es eine vermittelnde Position oder eine, die sich aus euren Argumenten als neue Position ergibt? Die ihr nun am liebsten vertreten wollt?
  - Sammelt während eurer Diskussion alle Argumente.
  - Sortiert und gewichtet die Argumente.

Impulse zum Rekonstruieren der bisherigen Lerngeschichte und zur Entdeckung nahe liegender Argumentationslinien

Rekonstruktion hilft dabei, die Zusammenhänge zu bedenken, die im Rahmen der bisherigen Lerngeschichte bereits aufgetaucht waren. So werden Ideen für Argumentationsperspektiven gewonnen, und so werden bisherige Gedanken als Argumente gesichtet.
- Betrachte das Tafelbild der letzten Stunden: Wo werden Argumente sichtbar? Was lässt sich anzweifeln?
- Was hat uns damals bewogen, die These aufzustellen? Entspricht diesem *Grund* ein *Argument* für die These?
- Gibt es Zusammenhänge, die uns ein bestimmtes Denkmodell nahe legt, die aber nicht zwingend sind?

- Wie haben wir die Geltung der These nachvollzogen?
- Betrachtet die Unterschiede der Denkmodelle: Gibt es Argumente dafür, dass eher das eine oder andere richtig ist? Gibt es Situationen, die das eine oder andere nahe legen?

Argumentieren lernen

Insgesamt sollte den Schülerinnen und Schülern auf die bisher dargestellte Art deutlich werden, dass das Argumentieren »immer schon« beim Philosophieren dabei war und nicht eine neu zu erwerbende Schwierigkeit darstellt. Für diese Lernerfahrung ist es hilfreich, die Erfahrungen zu bündeln und festzuhalten.

Für jüngere Schülerinnen und Schüler lässt sich das Argumentieren-Lernen am besten mit Hilfe einfacher Sprachangebote ermöglichen, beispielsweise in dem sie gebeten werden, einen Satz der Form *Richtig ist ..., weil ...* zu bilden.
- Wie könnt ihr das anstellen: zu argumentieren?
- Wie haben wir es gemacht?
- Wenn ich keine Argumente habe – was kann ich tun?
- Schreibt auf: These B ist richtig, weil ... – Wo steckt das Argument? Ist es versteckt oder sichtbar?
- Schreibe alle Gedanken zur Prüfung, die wir hatten, in Form von Argumenten auf:
- A gilt, weil ...
- An A lässt sich kritisieren ...
- Sichte in deinem Heft alle Sätze, in denen *weil, denn, da, daher, also, deswegen* usw. vorkommen. Entdeckst du in ihnen unsere Argumente wieder oder findest du neue?
- An welcher Stelle unseres Unterrichts haben wir eigentlich: argumentiert?
- Wann war das besonders wichtig?
- Wozu hat es geführt?

Im engeren Sinn können die Schülerinnen und Schüler beim *Argumentieren-Lernen* eine *Kontroverse führen* lernen. Dazu ist es in einem ersten Schritt wichtig, die Frage nach *Gründen* schlicht mit der Frage »Warum?« zu etablieren. Es kann nicht empfohlen werden, schnurstracks auf erste Prinzipien, weite Begriffe oder gar auf das Münchhausentrilemma zuzusteuern. Die Schülerinnen und Schüler sollen ja erleben, dass es im Problemzusammenhang funktional ist, Voraussetzungen, Schlussfolgerungen und Begriffe zu beleuchten und zu reflektieren.

Der Begriff des Grundes ist in einem zweiten Schritt weiter als der des Arguments, denn mit Hilfe eines Arguments soll irgendeine Behauptung gestützt werden, während zu Gründen Hintergründe, Motive und Ursachen gehören, die den Problembezug erweitern, aber nicht argumentativ fokussieren.

Ein Argument besteht aus drei Teilen, einer Voraussetzung, einer Schlussfolgerung und einem Zusammenhang zwischen diesen beiden. Nur wenn ich ein Argument so verstehe, kann ich das Augenmerk auf diese Teile für sich genommen und auf ihren Zusammenhang richten. Mit anderen Worten, der Erwerb der Fähigkeit zu argumentieren, ergibt sich aus diesem (dreielementigen) Verständnis eines Arguments, das unbedingt im Unterricht also solches behandelt und visualisiert werden soll.

Auf der anderen Seite ist ein Argument nicht das gleiche wie eine *Begründung*. Beide, Argument und Begründung, stützen eine These. Aber diese These ist im Fall der Begründung eine substantielle Aussage über die Wirklichkeit, ähnelt also einer Meinung, während es auch Argumente dafür gibt, an etwas zu zweifeln. Wir wollen hier das Kriterium der Distanzierung noch einmal aufgreifen: Geht es beim Argumentieren nur und ständig um Begründungen (in diesem Begriff von Begründungen), so entsteht Identifikationsdruck. Jeder trüge dann bei einer philosophischen Auseinandersetzung ständig Beweislast mit sich, und das Moment des Reflektierens, Anzweifelns, Verflüssigens, des Perspektivwechsels und damit die Freiheit der philosophischen Betrachtung wäre unterbelichtet. Etwas pathetisch formuliert: Nur wenn das Argument in einer freieren Weise benutzt wird, kann es die Stelle des Ichs einnehmen.

Und gleichwohl behauptet der Argumentierende etwas, und sei es nur die Aussage: » …. – gilt nicht *generell*.« So verstanden lassen sich das Suchen nach Wahrheit und das Ringen um sie – also das Aufrechterhalten des Wahrheitsanspruchs – mit dem Aushalten der »gerade jetzt nicht erreichten Wahrheit« und mit den aporetischen

Elementen des Philosophierens harmonisieren oder aufeinander beziehen.

Es folgen ein paar Impulse zum Argumentieren, in die natürlich die grundlegende Unterscheidung von inhaltlichem und formalem Beurteilen von Argumenten eingegangen ist. Die Schülerinnen und Schüler sollen in die Lage versetzt werden, die Gültigkeit von Voraussetzungen und von Schlussfolgerungen sowie die Gültigkeit eines Schlusses (möglichst) selbstständig zu überprüfen.

Impulse zur Schulung der Argumentationsfähigkeit

- Gelten die Voraussetzungen?
- Muss das so sein?
- Gilt die Schlussfolgerung?
- Stell dir vor, alle leben so, wie es hier in der Schlussfolgerung beschrieben ist – ist das möglich? Ist das wünschenswert?
- Ist A *ein Argument* für B?
- Inwieweit ist das Argument *gültig*? Schreibe das Argument auf!
- Wenn die Voraussetzungen stimmen, stimmen dann auch die Thesen?
- Können wir andere Voraussetzungen hinschreiben?
- Kann jemand, der die Voraussetzungen teilt, auch das Gegenteil behaupten? Oder etwas ganz anderes?
- Denke dir das Gegendenkmodell aus – welche Voraussetzungen, Thesen und Konsequenzen stehen dann da? Müssen wir nun anders darüber urteilen, ob unser Denkmodell richtig ist?
- Betrachte das Argument und beurteile es auf die drei Arten, in denen jemand ein Argument analysieren kann.

Eine Situation haben wir bisher nur allzu indirekt beleuchtet, nämlich die, dass es gar nicht die Schülerinnen und Schüler sind, die die Notwendigkeit verspüren, dass argumentiert wird, sondern die Lehrkraft. Hierfür helfen Impulse in der Art der folgenden, die bereits so ähnlich in vorigen Kapiteln eine Rolle spielten:
- Wirklich?
- Ist das so?
- Wie kommst du darauf?

- Was macht das stark?
- Inwiefern ist das ein guter Gedanke?
- Aha.
- Überzeuge mich, dass du recht hast.
- Es interessiert mich, wie du das begründest. – Versuche es.
- Das wird schwer zu beweisen sein. – Versuche es.
- Und nun, da wir stocken: Schreibe auf: *Das gilt, weil* ...

KAPITEL 19

»Ich sehe keinen Unterschied!« – Wie kommen meine Schülerinnen und Schüler zu Begriffen – und zu ihrer Reflexion?

Diese Frage beschäftigt den beginnenden (männlichen und weiblichen) Philosophielehrer erfahrungsgemäß stärker als seine Lerngruppen. Denn diese wissen noch gar nicht, warum eine Diskussion nicht voranschreitet, warum keine höhere Ebene beschritten wird und welche grundsätzlichen Aspekte in einem Streitgespräch verborgen liegen – dafür müssten sie schließlich bereits Begriffsunterscheidungen vornehmen können. Fast kann es einem Beobachter dann scheinen, also ob die Intentionen von Schülerinnen und Schülern und Lehrer auseinanderfallen: Diese lesen das konkrete Streitgespräch als Anlass und Mittel für Begriffsunterscheidungen, jene wollen das konkrete Problem lösen.

Daher ist didaktisch betrachtet die entscheidende Frage zunächst die, von wo aus die *Veranlassung* entsteht, Begriffsarbeit zu betreiben. Wie sorge ich dafür, dass die Schülerinnen und Schüler mit unklaren Begriffen ein Problem haben? Diese Frage kann auch weniger sachorientiert pointiert werden: Wie kann ich geduldig und aufmerksam im Feld des Konkreten bleiben, um an einer richtigen Stelle die erforderliche begriffliche Hilfe zu geben? Zunächst stehen im Philosophieunterricht wohl meist Situationen, Meinungen und Thesen im Mittelpunkt; daher ist wohl *zunächst* die Förderung eines Frageinteresses, von Erfahrungsbeleuchtung und einer argumentativen Erörterung wichtig. Begriffsarbeit für sich genommen wird kaum motivierend sein, und sie wird kaum dazu führen, dass Schülerinnen und Schüler begriffliche Klarheit in Anwendungs- und Problemzusammenhängen herstellen können. Begriffsarbeit hat außerdem, wie Grammatikunterricht beim Fremdsprachenlernen, eine dienende Funktion im Problemzusammenhang. Begriffliche Reflexionsfähigkeit wiederum lässt sich wohl eher zu den Heurismen als zu den Techniken des Philosophierens zählen.

In der Regel ist der Moment der Begriffsarbeit gekommen, wenn es entweder *Missverständnisse* gibt oder wenn eine Diskussion *hitzig und zugleich ergebnislos* verläuft.

Was kann der Lehrer nun tun? Wie kommt die Aufmerksamkeit auf Begriffe zustande?

**Das Missverständnis thematisieren
oder dazu auffordern, es zu tun**

- Können wir die These an der Tafel so umformulieren …? Was macht das für einen Unterschied?
- Was ist eigentlich mit … gemeint? Meint A das Gleiche wie B damit?
- Ich denke, ihr habt unterschiedliche Positionen, weil ihr unter … Verschiedenes versteht. Welche unterschiedlichen Verständnisse können das sein? Schreibe auf: A versteht unter … …, B …
- X – das ist für die einen von euch Y, für die anderen Z – kann das sein? Ist das der Grund, weshalb ihr nicht weiterkommt?
- Schließt das, was A sagt, eigentlich aus, was B sagt? Begründet mir bitte, wie es gehen kann, dass *beide Parteien* recht haben, obwohl sich die Positionen im Wortsinn ausschließen.
- Trifft »…« das, was du meinst?

Es gibt in dieser Situation zwei Fähigkeiten, die den Schülerinnen und Schülern fehlen können. Zum einen haben sie möglicherweise noch gar keine klaren Begriffe erworben oder wissen nicht, wie sie sie definieren bzw. bestimmen können. Zum anderen sind sie vielleicht nicht in der Lage, ein bestimmtes begriffliches Verständnis hinterfragen und analysieren zu können, weil es ihnen selbstverständlich zu sein scheint. Daher ist es hilfreich, Impulse zur *Begriffsbestimmung* und zur *Begriffsanalyse* bzw. *Begriffsreflexion* zur Verfügung zu haben.

Impulse zur Begriffsbestimmung

- Erläutert mir, was A mit X meint.
- Versteht A unter X Y?
- Definiere X.

- Hat es etwas Gutes, dass Menschen so oft X als Y verstehen?
- Für welche Art von Lebensführung kann das der Fall sein?
- Gibt es auch Situationen, in denen es *weniger sinnvoll* ist, X so zu verstehen? Welches Verständnis von X *kommt* für diese Situation *hinzu*?
- Wenn du ein bestimmtes Verständnis des Begriffs X bevorzugst: *Adoptiere* es! Verteidige es gegen Verständnisse, die andere haben. Erkläre, wie du X definierst.
- »Sagen Sie uns, was es ist – lassen Sie uns doch bitte in Wikipedia nachgucken, damit wir es definieren können!« – Auf diesen Wunsch hin werden mehrere Definitionen (z. B. arbeitsteilig, z. B. Auch die im Historischen Wörterbuch der Philosophie) betrachtet – Was sind hier Unterschiede? Wie kann es sein, dass es unterschiedliche Definitionen gibt?
- Eine von euch sagt das Wort, die Nachbarn assoziieren frei Worte dazu. Eine Beobachtergruppe schreibt die Worte mit.
- »Das ist ja kompliziert!« – Sag es einfacher!
- Was ist eigentlich das Gegenteil von X? Gibt es genau ein Gegenteil oder gibt es mehrere?
- Was spricht für dieses Verständnis von X? Warum haltet ihr dieses Verständnis für angemessen?
- In welchen Situationen macht es Sinn, X so zu verstehen?
- Was für Situationen sind es, in denen jemand X so denkt wie A? Wie können wir demzufolge erklären, was »X« ist?
- Hat A ein Interesse, X so zu verstehen? Prüfe in allen Thesen von A, ob sie noch Bestand haben, wenn wir unter X Y verstehen.
- Ist *liebe* eher ein Verb, ein Adjektiv oder ein Substantiv? Was für einen Unterschied macht das?
- Nenne zehn Sätze, in denen das Wort X im Leben benutzt wird.
- Nenne zehn Sätze, in denen wir das Wort anders verwenden, als du es tust!
- Gibt es ein Beispiel, in dem X bedeutet, was die andere Gruppe darunter versteht?
- Bei normativen Begriffen: Wenn in einer Gesellschaft X im Vollsinn erreicht ist – wie geht es da zu?
- Nenne ein Beispiel, in dem du zweifelst, ob X gerade das passende Wort ist – einen Grenzfall.

- Nenne ein Beispiel, in dem es für dich völlig klar ist, dass X hierzu passt – die anderen erklären, inwiefern es völlig klar sein kann.

Impulse zur Reflexion von Begriffen

- Welche Bilder sind im Wort enthalten?
- Hier habe ich euch ein Gedicht (eine literarische Stelle) herausgesucht, in der das Wort auftaucht: Hier wird auch von X gesprochen – gibt es eine Regel für den Gebrauch?
- Gibt es etwas, das immer wieder auftaucht, wenn von X gesprochen wird?
- Verfasse ein Elfchen zum Begriff X.
- Ist ein philosophischer Begriff etwas anderes als ein »alltäglicher« Begriff?
- Ist ein philosophischer Begriff etwas anderes als ein »wissenschaftlicher« Begriff?
- Wieso lädt das Wort ... dazu ein, es verschieden verstehen zu können? Woran kann das liegen?
- Sind philosophische Worte oft substantivierte Adjektive? Wir reden gerade über *Tapferkeit*. Ist es sinnvoller, wenn wir zunächst fragen, unter welchen Umständen A *tapfer* ist?
- Hier gebe ich euch einen Text, in dem ein Wort auf ganz verschiedene Art verwendet wird. Im Text wird auch erklärt, inwiefern das höchst folgenreich ist. Erklärt euch gegenseitig: Inwiefern ist es bedeutend, ob ein Wort so oder so verwendet wird?

Begriffliche Reflexion im Zusammenhang mit klarer begrifflicher Bestimmung ist natürlich *das* Herzstück des Philosophieunterrichts, und geübte Lerngruppen gelangen mit ihrer Hilfe selbstständiger und tiefer in philosophische Probleme – und zu Lösungen. Wie kann dies trainiert werden?

Arten der Begriffsarbeit sind z. B. die Fragmentierung, der Symbolwechsel, die Situierung, das Betrachten der Verhältnisse zwischen Worten, Begriffe als Grundlage des Urteils und als Ergebnis des Urteilens zu bestimmen.

Die eben genannten Impulse und weitere können *in unterschiedlicher Funktion* verwendet werden. Begriffsarbeit kann daher typischen

Phasen und Anforderungen des Philosophieunterrichts zugeordnet werden, für die es dann typische und hilfreiche Impulse gibt. Im Folgenden bieten wir Impulse zu solchen unterschiedlichen Phasen des Philosophieunterrichts an.

Begriffsarbeit in Vorbereitung einer Erörterung (in der Regel ohne Denkmodelle)

- Stell dir vor, das Wort wäre weg, nicht aber die Sache – wie müssten wir von X reden?
- Erstelle ein Wertequadrat zu »Tapferkeit«.
- Erkläre X in einem Satz.
- Nenne drei Wörter, die X erklären.
- Wo spielt X im Leben eine Rolle? Wie verstehen die Menschen, für die es eine Rolle spielt, X? Wie würden sie X definieren? (arbeitsteilig)
- Nenne eine Frage, in der deutlich wird, dass es lohnt, sich mit X zu beschäftigen.
- Bringe ein Symbol aus der Umgebung mit, das für dich X repräsentiert.
- Wie verwendet ihr eigentlich X? Was versteht ihr darunter? Ich habe den Eindruck, ihr versteht Y darunter. Überzeugt mich, das X das Gleiche ist wie Y.
- Die Lehrerin nimmt eine scheinbare Randbedeutung des Begriffs als Paradigma, z. B.: Ihr seid ja alle aufgeklärt worden. – Liegt hier die entscheidende Bedeutung von »Aufklärung« vor?
- Die Lehrerin verwendet den Begriff (der oft ein substantivierter ist), wieder in seiner ursprünglich-alltäglichen Verwendung (als Verb, als Adjektiv, …) – Ergänzt: Ich bin glücklich, wenn … beim Begriff ›Glück‹.
- In welchen Situationen verwenden wir X?
- Die Lehrerin ersetzt im Text das Wort X durchgängig durch ein anderes – »Ist der Text noch schlüssig? Begründung?« (auch geeignet als arbeitsteilige GA)
- Bringt die folgenden Worte in eine sinnvolle Reihenfolge oder in ein Strukturdiagramm: Toleranz, Respekt, Akzeptanz, Beliebigkeit, Fundamentalismus, Für-die-Wahrheit-Eintreten, …

– Ordnet die folgenden Worte in einem Schaubild nach Nähe und Entfernung, verwendet ggf. Pfeile: schwindeln, lügen, flunkern, sich etwas ausdenken, Fantasie, ... – (ggf. arbeitsteilig, um eine Kontroverse zu erzielen)

Begriffsarbeit beim Erarbeiten von Denkmodellen

– Wie versteht Vf. X?
– Definiere das Verständnis, das Vf. von X hat.
– Welche drei zentralen Begriffe tauchen im Text auf?
– Begründe, ob Vf. X so versteht wie du.
– Vf. muss ohne das Wort auskommen – ändert sich am Denkmodell etwas?
– Wenn A so lebt, wie Vf. X begreift – wie sieht ein typischer Tag aus?
– Beschreibe einen Tag aus der Sicht von jemandem, der so denkt wie Vf.!

Begriffsarbeit beim Vergleichen von Denkmodellen

– Benenne den Unterschied zwischen dem Verständnis von X, das Vf. A und das Vf. B hat.
– Inwiefern ist A's Verständnis von X unverzichtbar für den Argumentationsgang?
– Sind A und B, wenn wir die unterschiedlichen Begriffe klären, gar nicht mehr konträr? Begründe!
– A sagt, X ist M, B sagt, X ist N – ja, was denn nun?
– Begründe, ob die folgende These stimmt: »X ist M. Denn ...«
– Weshalb ist es wichtig, ob wir unter X M oder N verstehen?
– Stell dir vor, Vf. A hat nicht den Begriff A von X, sondern den von Vf. B – schreibe den Gedankengang auf der Grundlage neu! Was ändert sich? (z. B. Rousseau hat plötzlich Sartres Freiheitsverständnis)
– Welche Gründe kann A gegen B für Begriff X geltend machen?
– Für welche Situationen ist Verständnis A geeignet, für welche B?

Begriffsarbeit bei der Urteilsfindung

- Erkläre, weshalb es sinnvoll ist, X so zu verstehen, wie du denkst.
- Erkläre, inwiefern dein Begriffsverständnis Einfluss auf dein Urteil hat.
- Wer diese Position hat, was versteht der unter X?
- Wenn deine Position soundso ist – was ist demzufolge X?
- Warum ist es notwendig, unter X das und das zu verstehen?

KAPITEL 20
»Wir wollen das auch ohne Sie können!« – Wie erhöhe ich die Mitverantwortung der Schülerinnen und Schüler?

»Wie sind wir hierher gekommen?«
»Vorhin konnte ich es noch, als Sie dabei waren, aber jetzt …«
»Wie machen wir das bloß, dass immer etwas so Unerwartetes und Neues herauskommt?«
»Und wenn die Klausur kommt, was dann? Jetzt sind Sie ja immer dabei und wir finden gemeinsam etwas heraus, aber was soll ich dann tun?«
»Ich weiß gar nicht, was ich mitschreiben soll.«

Wenn die Schülerinnen und Schüler dergleichen sagen, dann gehen wir davon aus, dass sie nicht nach *Methoden* verlangen, die sie in einem technischen Sinn beherrschen wollen. Sie wollen sich nicht merken, wie ein »Kugellager« oder »Gruppenpuzzle« funktioniert, das sie als *Methode* kennengelernt haben; sie haben vielmehr eine Ahnung davon, dass im Philosophieunterricht in einem eher »geheimnisvollen« Sinne etwas geschieht, das zu interessanten und lehrreichen Ergebnissen führt – aber sie wissen, nicht, *wie* dies geschah.

Mit Hilfe von technisch einsetzbaren *Methoden* können Schülerinnen und Schüler zu *Objekten* des Lerngeschehens gemacht werden; sie werden dann beispielsweise durch einen Ablaufplan geschleust, in dem nach einer 5-minütigen Einzelarbeit eine Partnerkartenabfrage erfolgt, die zu einer gemeinsamen Clusterung der Karten im Plenum führt, worauf sich als Reflexion jede Teilnehmerin die wichtigste Karte aussuchen soll, mit der sie weiterarbeiten will.

Hier ist vielmehr gemeint: Die Schülerinnen und Schüler stehen vor der Hürde, die Lerngeschichte als Subjekte und Akteure mitgestalten zu können und so zu ihrer zu machen; sie wollen als freie Ursachen des Lerngeschehens wirken. Dementsprechend lauten die beiden Fragen, auf die Antworten gesucht werden: *Was muss ich für den Fortgang des Philosophieunterrichts können? Und wie kann ich das möglichst selbstständig?* Sollen und wollen die Schülerinnen und Schüler Verantwortung übernehmen, so ist hierfür eine *Haltung* aller Beteiligten und ein *Können* der Schülerinnen und Schüler nötig.

Wie etabliere ich als Lehrkraft eine Haltung der Verantwortungsübernahme?

Dies ist zunächst natürlich das klassische pädagogische Paradoxon: als Lehrerin Verantwortung so wahrzunehmen, dass die Schülerinnen und Schüler Verantwortung übernehmen lernen. Wenn wir die Lehrerin als Regisseurin begreifen, dann ist entscheidend, *wie* sie diese Regie führt. Sie kann ihre Schauspielerinnen »stellen«, so dass sie genau das tun, was sie ihnen vorschreibt. Oder sie kann sie bitten, sich mit ihren Rollen auseinanderzusetzen und auf dieser Grundlage Handlungen zu erproben, die dann strukturiert, gestaltet und gefestigt werden. Gewissermaßen führt die Lehrerinnenregie dann dazu, dass die Schülerinnen und Schüler selbst Regie übernehmen können: Wie kann also die Lehrerin so Regie führen, dass Schülerinnen und Schüler selbstständig agieren und in Teilen selbst Regie führen können, dass die Lehrerin nicht allein Sachverwalterin des Unterrichtsfortgangs ist?

Wir erinnern dafür an die Haltung, die insgesamt im Unterricht herrschen soll: die einer Forschungsgemeinschaft, in der Zutrauen, vorauseilendes Vertrauen und Verantwortungsübergabe zentral sind. Diese Haltung kann zunächst besonders gut im *kontinuierlich problemorientierten Rahmen* des Philosophieunterrichts aufgebaut werden. Denn in ihm sind die Schülerinnen und Schüler immer schon die Akteure des Geschehens. Sie sind diejenigen, die »etwas vorhaben«; durch Problemorientierung wird ein gemeinsames Vorhaben in geteilter Verantwortung gegründet – in dem Moment, in dem eine Frage tragfähig wird.

Im Rahmen der Problemorientierung hat die Lehrerin Interesse an personaler Selbstständigkeit, und sie wird alle Chancen nutzen, den Schülerinnen und Schüler verantwortliche Lernjobs zu geben. Sie wird dies auch in einer eher strengen Weise verlangen; sie wird die Schülerinnen und Schüler auffordern, sich verantwortlich zu zeigen; sie wird ihnen spiegeln: *Was könnt ihr von mir verlangen und was nicht? Dafür und dafür seid ihr verantwortlich.* Sie wird sie bisweilen daran erinnern, dass *sie* die Gesamtfrage selbst gewählt haben, eine entscheidende Bedingung. Problemorientierter Unterricht baut Verantwortungsübernahme auf.

In einem solchen Rahmen macht es Sinn, Verantwortungsübernahme durch *Beförderung von Tätigkeiten* zu etablieren, die im zweiten Schritt »tragend« werden, sodass die Schülerinnen und Schüler über diese ihre Tätigkeiten verfügen lernen. Denn auch wenn eine Schülerin oder ein Schüler in der Übernahme von Tätigkeiten, die sie oder er angeleitet vollzieht, ein Können erworben hat, *verfügt* sie oder er nicht schon über das Können, dafür ist *Reflexion* nötig.

Was können Schülerinnen und Schüler tun, damit Verantwortung entsteht?

Verantwortungsübernahme wird durch vielfältige Handlungen aufgebaut, in denen Schülerinnen und Schüler sich verantwortlich zeigen. Dies kann geschehen durch
- das Anfertigen von Protokollen,
- Recherchen,
- das Verfassen von Texten,
- Gestaltung von eigenen Tafelbildern,
- das Erstellen von Collagen,
- das Einladen von Experten,
- die Organisation eines philosophischen Cafés,
- Diskussionsleitungen,
- Vorschläge für Leitfragen,
- Vorschläge für Textauswahlen,
- Entscheidungen über Alternativen zum weiteren Fortgang des Unterrichts,
- das Verfassen von Diskussionsbeiträgen für Zeitungen,
- Methodenreflexionen,
- folgenreiches Feedback.

Wie kann die Perspektive der Schülerinnen und Schüler tragend werden?

Durch solche Maßnahmen wird Verantwortungsübernahme nach und nach zum durchgängigen Prinzip des Unterrichts. Dies geschieht, *ohne dass es reflektiert wird.* Es geschieht, weil die Lehrkraft dazu ermuntert. Aber dann wird die Situation irgendwann »reif«: Die Schülerinnen und Schüler erleben Freude, sie haben die Erfahrung gemacht, Ziele erreicht zu haben und »irgendwie« dafür mitverantwortlich zu sein. Hat die Lehrerin den Schülerinnen und Schülern gewissermaßen oft genug in Diskussionen ein Stück Kreide in die Hand gegeben, damit sie einen Tafelanschrieb tätigen können, so wachsen die Fähigkeiten der Schülerinnen und Schüler, selbst zu gestalten. Die Lehrerin braucht nun ein Gespür für die Lerngeschichte und für die implizit erreichten Fähigkeiten, und sie kann »pflücken«, was ihre Schülerinnen und Schüler schon können oder »beinahe« können.

Die Lehrerin geht gewissermaßen in eine Metaebene, um den Schülerinnen und Schülern zu ermöglichen, das Lerngeschehen – und in ihm entscheidende Momente und Übergänge – besser verstehen und gestalten zu können. Dafür sollte sie unbedingt zeitweilige Zurückhaltung üben lernen, ihre eigene Nachdenklichkeit an Gelenkstellen des Unterrichts zeigen und zum Ausdruck bringen, um dieselbe den Schülerinnen und Schülern zu ermöglichen. *Und nun?* sollte einer ihrer Standardsätze sein, mit denen sie der Lerngruppe begegnet, auf die sie aufmerksam sein soll. Die folgenden Impulse kann sie geben:

- Was folgt daraus jetzt für uns?
- Welche Frage ist im Raum?
- Sagt mal, wo ihr jetzt seid und wie wir jetzt weiter vorgehen sollten.
- Was hat das jetzt eigentlich mit unserer Frage zu tun?
- Helft mir mal bitte, uns zu sortieren.
- Hm. Ich weiß gerade nicht, wie es sinnvoll weitergehen kann. Was denkt ihr?
- Mir sind das jetzt zu viele Gedanken. Lasst uns mal jeder zwei Minuten Zeit nehmen und überlegen: Was ist das Wichtigste und was ist der nächste Schritt, den wir gehen sollen?

- Sind wir jetzt einen Schritt weiter als in der letzten Woche? Inwiefern?
- Wie sind wir vorgegangen? – Was habe *ich* dazu getan, dass wir hier angekommen sind, was wollt ihr euch davon merken?
- Was sollen wir jetzt tun?
- Wie könntet ihr das allein auch tun?
- Wie geht es jetzt weiter?
- Wie geht eigentlich »philosophieren«?
  Wie haben wir das getan und was sollten wir nun besser tun?
- Was sollte ich stärker tun und was wollt ihr fortan übernehmen?
  Ihr seid ja schon eine ganze Weile in meinem Unterricht. Am Ende sollt ihr all das alleine können, was wir jetzt gemeinsam tun. Was gehört dazu, was könnt ihr davon jetzt schon formulieren oder anwenden?

Eine Gebrauchsanweisung für das Philosophieren erstellen können

Damit die Schülerinnen und Schüler selbst Regie führen lernen, schulen sie zum einen ihre Fähigkeit, den Gang des Unterrichts besser zu verstehen und gestalten zu können. Die Wege des gemeinsamen Lernfortgangs im Unterricht hängen zum anderen mit den Methoden sinnvollen Philosophierens zusammen. Die *Einheit von Lern- und Forschungsmethode* ist im Unterricht zwar nicht immer gegeben, dazu sind Gedanken zu heterogen und vielfältig, aber sie soll erzielt werden.

Wie können die Schülerinnen und Schüler solche Forschungsmethoden möglichst selbstständig praktizieren lernen? Das Können, das hier geschult wird, gilt es für die Lehrerin, zu *elementarisieren*. Dazu einige Beispiele, die die Lehrerin ritualisiert etwa mit den folgenden Worten einleiten kann: *Ich denke, ihr seid jetzt soweit, dass ihr euch selbst eine Gebrauchsanweisung für das Philosophieren geben könnt – heute zu dem folgenden Aspekt …*

Nach und nach verfestigen die Schülerinnen und Schüler so die folgenden Fähigkeiten, die hier als Prüffragen formuliert sind.
- Wie erarbeiten wir Texte?
- Wie werfen wir eine Frage auf?

- Wie führen wir ein Gespräch?
- Wie prüfen wir eine These?
- Wie vergleichen wir Denkmodelle?
- Wie gehen wir beim Philosophieren vor?
- Wie gelange ich auf eine grundsätzliche Reflexionsebene?
- Wie geht dies: Deuten von Deutungen?
- Wie prüfe ich Gegenargumente?
- Wie strukturiere ich einen Gedanken?
- Wie setze ich einen Gedanken einem Zweifel aus?
- Wie sichere ich einen Gedanken gegen Gegenargumente?
- Wie finde ich Beispiele?
- Wie bewerte ich Beispiele?
- Wie stelle ich mich zu einem Gedanken?
- Wie und wann geschieht dies: Ich verändere meine Meinungen und Positionen?
- Was ist der Unterschied zwischen einem Argument und einem Bekenntnis?
- Wie referiere ich Gegenargumente angemessen?
- Wie setze ich zentrale Begriffe in Beziehung zueinander?

KAPITEL 21
»Wie war das noch mal?« – Wie wird im Philosophieunterricht geübt?

Die Erfahrung, dass Schülerinnen und Schüler *vergessen* haben, was einmal diskutiert und besprochen wurde, dass es schwer möglich ist, an geistreiche Diskussionen anzuknüpfen, kennt wohl jede Lehrerin, die ein paar Wochen lang Philosophie unterrichtet hat. Manchmal können Schülerinnen und Schüler auch nicht mehr formulieren, was im Zentrum gedanklicher Strukturierungen stand, ja, ganze Zusammenhänge scheinen aus dem Gehirn verschwunden zu sein. *Das war interessant, was wir besprochen haben!* sagen die Schülerinnen und Schüler vielleicht, und auf die Nachfrage, was denn da so interessant gewesen sei, schweigen sie.

Auf der anderen Seite ist das technisch und langweilig anmutende Wiederholen von Lerninhalten nicht gerade das, was sich Schülerinnen und Schüler vom Philosophieunterricht erhoffen. Sie wollen über wichtige Fragen weiter nachdenken, und die Lehrerin bietet ihnen eine Wiederholungsstunde an – das mag ermüden. Die Lehrerin mag daher zu der Einsicht gelangen, solche Übungsstunden besser zu vermeiden. Uns führt das wiederum zu der häufig gemachten Beobachtung, dass in Philosophiestunden stets etwas Neues, Aufregendes diskutiert wird, das wieder interessant ist, um dann schnell ins Reich der vergessenen Begriffe zu entschwinden. Was kann die Lehrerin dagegen tun?

Zunächst einmal ist es hilfreich, einen sinnvollen *Anlass* für das Üben zu finden. Eine solche willkommene Gelegenheit kann dann entstehen, wenn die Schülerinnen und Schüler Sicherheit im Verstehen gewinnen wollen. Und sie kann dann ergriffen werden, wenn die Schülerinnen und Schüler Gedanken prüfen wollen.

Wollen die Schülerinnen und Schüler nach Erarbeitung gedanklicher Strukturen größere Sicherheit durch genaueres und tieferes Verstehen gewinnen, kann die Lehrerin Impulse zum Verarbeiten und

Durcharbeiten geben. Das stärkste Indiz, dass dieser Wunsch vorliegt, ist – neben dem geäußerten Bedürfnis –, dass die Lernenden die Worte, die zum Strukturieren benutzt wurden, eher *steif* und *variationslos* aufsagen, so als hätten sie eine Lektion im Fremdsprachenunterricht gerade eben verstanden, ohne einen Begriff von ihnen zu haben.

Hier ein paar Aufgabenstellungen und Fragen, die die Lehrerin jetzt stellen kann:
- Sage, wie du das verstanden hast, was wir gerade erarbeitet haben.
- Benutze deine eigenen Worte, um … zu erklären. Erkläre, was … unter … versteht, ohne das Wort zu verwenden.
- Klappe dein Heft zu und erkläre, »worum es im Kern geht«.
- Erstelle ein Flussdiagramm, das die gedanklichen Zusammenhänge angemessen wiedergibt.
- Finde ein Beispiel, an dem du zeigen kannst, was das bedeutet, was wir gerade erarbeitet haben.
- Für welche Situation ist das Denkmodell eine Verstehens- oder Handlungshilfe, für welche nicht?

Zu wissen, dass ich ein Denkmodell oder gedankliche Zusammenhänge besser verstehen will, setzt voraus, dass ich bereits einigermaßen geübt im Philosophieren bin. Daher kann es zunächst hilfreich sein, Übungssequenzen an die Aufgabe des *Prüfens* von Denkmodellen anzubinden. Wollen Schülerinnen und Schüler Gedanken prüfen, so müssen sie sich dafür dieser Gedanken vergewissern. Sie erwerben also, *indem* sie prüfen, die Fähigkeit, ein Denkmodell besser zu verstehen. Die letzten beiden Impulse deuteten bereits diese methodische Anbahnung des Übens an, hier sind ein paar weitere:
- Wie stellst du dir eine Person vor, die dieses Denkmodell als das zu ihr passende wählt?
- Stellt das Denkmodell in einem Standbild dar. Die anderen stellen sich hinter die beteiligten Personen und legen ihnen Worte in den Mund, indem sie aussprechen, was sie glauben, was diese sagen wollen, gerade sagen oder gleich sagen werden.
- Nun wissen wir, was Vf. geschrieben hat. – Ist es richtig?
- Lasst uns noch mal betrachten, was wir erarbeitet haben. Welches sind die wichtigsten Begriffe und welches die entscheidenden Argumente?

Da das Üben zu den Anlässen des tieferen Verstehens und des Prüfens geschehen kann, sollte es *durchgängig* im Philosophieunterricht eine Rolle spielen – »immer wieder« – *und* zu gewissen *bilanzierenden Phasen* des Unterrichts, die ritualisiert »immer mal wieder« stattfinden. Solche Phasen des Zwischenfazits bieten sich an, wenn bereits recht viele Denkmodelle »behandelt« wurden, und wenn ein Gesamturteil vorbereitet werden soll. Die zum Üben verwendeten Impulse sollen dabei in einer gewissen Spannweite gehalten werden:
- Sie sollen die selbstreflexive *Haltung* der Skepsis und der Vergewisserung – des tieferen Wissenwollens – stärken,
- sie sollen bloßes Wiederholen, Flexibilisieren, Automatisieren, Erinnern und Anwenden beinhalten – so dass Worte Begriffe werden, Gedanken lebensweltlich geerdet und symbolisch bebildert werden –,
- sie sollen die Fähigkeit zum Argumentieren und Urteilen befördern,
- und sie sollen nach und nach in längeren gedanklichen Zusammenhängen festgehalten werden, vornehmlich durch Schreibaufträge.

Beispiele:

- Suche einen kurzen Sinnspruch, der das Wesentliche des Denkmodells wiedergibt.
- Schreibe die zentrale These in einem Satz auf.
- Wähle eines der Denkmodelle der letzten Wochen aus. Begründe, warum gerade dieses!
- Sage in wenigen Sätzen, wie das Denkmodell von vor drei Wochen »funktioniert«.
- Erkläre drei zentrale Begriffe des Denkmodells …
- Versuche, Position X im Stile des Vf.s von Position Y zu formulieren. Gibt es dabei Hürden?
- Nenne erste Voraussetzungen der drei Positionen von X, Y und Z.
- Wenn das Denkmodell ein Kleid ist: Beschreibe es und gib Auskunft darüber, ob du es tragen möchtest. Wo sitzt es gut, wo ist es zu eng, zu weit, …?

- Hier sind ein paar Testfragen, die ich euch heute zur Wiederholung der Positionen ... vorlege. Wer kann die meisten beantworten?
- Prüfe die folgenden Thesen, die ich euch vorlege, und entscheide ggf., von wem sie stammen könnten.
- Denke dir selbst Thesen aus und lege sie deinem Nachbarn vor.
- Zeichne die Höhle, über die Platon schreibt.
- Erkläre, welchen Sinn es haben kann, dass die Wand im Höhlengleichnis ein Echo zurückwirft.
- Ordne die folgenden Worte sinnvoll den Verfassern zu.
- Nenne die Zeile des Textes, in der die zentrale These steht.
- Passen die Voraussetzungen zu den Konsequenzen?
- Lasst und heute einmal wieder innehalten und bilanzieren: Wo stehen wir? Was haben wir herausgefunden, welche Gedanken haben wir aufgenommen und geprüft? Erstellt einen Wegeplan des bisherigen Unterrichts. Wer ihn liest, soll mitdiskutieren können, wenn wir gleich die vorläufige Antwort auf unsere Kursfrage suchen.
- Erstelle einen Steckbrief des Autors ...
- Bereitet euch auf eine Gerichtsverhandlung vor, in der ihr ein Denkmodell gegenüber anderen verteidigen dürft.
    * Gegen welche Gegenargumente musst du dich wappnen?
    * Überlege, weshalb du das Denkmodell Z *nicht* gewählt hast. Was hat dich abgehalten? Ergeben sich aus den Motiven deiner Ablehnung Gegenargumente gegen das Denkmodell oder brauchst du noch ein tieferes Verständnis für das Denkmodell?
- In den folgenden Textauszügen kommen die zentralen Begriffe, die uns beschäftigt haben, nicht vor. Lassen sich die Texte dennoch den bisherigen Autoren zuordnen?

Der Gang der Erarbeitung und Diskussion von Denkmodellen folgt wohl im gelingenden Fall einem Dreischritt: (1) Denkmodelle werden *erarbeitet,* und es werden *Erfahrungen* mit ihnen gemacht, in denen sie *verarbeitet* und *durchgearbeitet* werden, (2) die Schülerinnen und Schüler setzen sich tiefer mit gedanklichen *Zusammenhängen* auseinander, wenn sie *Empfehlungen* aussprechen und so ihre begründete Stellungnahme vorbereiten, und (3) indem sie *urteilen* und *Urteile überprüfen.*

Möglicherweise haben wir, indem wir das Üben an sinnfällige Kontexte binden und indem wir die elaborierende Funktion des Übens betonen, einen zentralen Aspekt des Übens außer Acht gelassen. Er wirkt altmodisch und scheint im Gegensatz zu einem *modernen* Unterricht zu stehen, in dem sich Subjekte zu Denkmodellen verhalten, in dem sie sich ihnen gegenüber stellen; er scheint im Gegensatz zu stehen zu einem Verständnis des Lernens, das Individualität und Eigenständigkeit in den Mittelpunkt setzt. Wir meinen das rein memorierende *Auswendiglernen*.

Singe den kategorischen Imperativ! – eine solche Übung scheint aus der Zeit gefallen zu sein, besonders wenn man sich kanonische Formen vorstellt. Sie scheint Drill darzustellen und indoktrinierend wirken zu können. Aber ist die Beschäftigung mit Denkmodellen im Sinne einer *Entscheidung* zu verstehen? Sicherlich braucht es das *Einverständnis* der Lernenden mit solcher Übungsform, damit der Wortlaut überhaupt aufgenommen werden kann, aber dieses Einverständnis kann implizit erfolgen, die Lernenden können sich prägen lassen von kulturellen Formen, die tradiert werden, weil sie zu unserem Wissenserbe gehören und erst auf der Grundlage der Aneignung tiefer geprüft werden können. Wer den kategorischen Imperativ singen kann, wird vielleicht eher stutzig über den Unterschied zwischen der Formulierung »von der du wollen kannst, ...« und »..., *durch* die du wollen kannst ...«.

Identität findet durch *Formung* statt, unabhängig von Wahrheitsgehalten. Das mag man manipulativ finden, aber jede Beschäftigung mit Vorgefundenem ist dies in gleicher Weise. Verstehen, kennen heißt auch an-nehmen und ist Selbst-Formung durch Memorierung. Betonen wir solche Übungsformen, akzentuieren wir das Moment des Sich-Einhausens in gedanklichen Zusammenhängen und die Vielschichtigkeit des Erkennens, die erst erfolgt, wenn Menschen sich mehrmals – *immer wieder* – mit symbolischen Formen beschäftigen. Und nicht zuletzt ermöglicht eine solche Aneignung *Stolz über Erlerntes*.

Eigenständig kann die Erarbeitung gedanklicher Formen und Zusammenhänge werden, wenn Aufnahme und Verfremdung im Sinne einer *Dekomposition* zusammen kommen, die Aneignung ermöglicht. *Sing den Textauszug von Heidegger als Rap!* wäre eine solche Aufforderung zu formender Aneignung, in der die Durcharbeitung eines gedanklichen Gehalts geschehen könnte.

Wir wollen ein paar solcher altmodischer Impulse nennen:
- Sage das Gedicht auswendig auf. Sage es in verschiedenen Stimmungen auf und beachte Unterschiede.
- Argumentiere als Verfechter des Denkmodells A gegen den Vertreter des Denkmodells B. Du darfst aber nur Zitate aus dem Text äußern.
- Zieh dir Perücken an, die zu dem Denkmodell, das du vertrittst, passen. Spiele die Person auch mimisch.
- Denke dir einen Tanz aus, der zur ethischen Position von … passt.
- Lernt zur nächsten Stunde möglichst viele Sätze aus Denkmodellen auswendig. Sagt sie dann auf, die anderen raten, von wem das Zitat stammt.
- Lerne bis morgen das Originalzitat auswendig, das dich am meisten beeindruckt hat.
- Jeder von euch schreibt jetzt die zentrale These auf, so wie er sie im Gedächtnis hat. Dann notiert ihr Abweichungen zum Originalzitat, das ich euch als Folie zeigen werde. Schließlich prüft ihr, welchen inhaltlichen Unterschied die Formulierungsabweichung ergibt.

Kapitel 22

Exkurs 3 – Zur Erweiterung geistiger Landkarten beitragen

In einem *Raum* der Auseinandersetzung kann ich mich befinden, auch wenn ich mich nicht gut mit anderen Positionen auseinandersetzen kann. In einem solchen Fall kann ich nur grob verstehen, welche Strukturzusammenhänge in dem Raum herrschen. In ihm gibt es in der Regel *mehrere Felder* der Auseinandersetzung. Beispielsweise enthält die Frage *Was zeichnet einen moralischen Menschen aus?* das Untersuchungsfeld *An welchen Prinzipien lässt sich festlegen, welche Handlungen moralisch geboten sind?* Dieser Aspekt der Frage ist aber gänzlich zu unterscheiden von der Frage *In welchem Verhältnis zu seinen Mitmenschen lebt jemand, der moralisch ist?* Oder von der Frage *Wie glücklich macht Moralität?* Ein Raum erfordert Gestaltung, aber erst ein Feld ermöglicht diskursive Auseinandersetzung.

Wenn Schülerinnen und Schüler sich mit Denkmodellen als Orientierungsangeboten auseinandersetzen, dann heißt das dementsprechend noch nicht, dass sie dies in einer gekonnten Weise tun. Möglicherweise können sie nur vage formulieren oder erörtern, oder es ist ihnen nur kurzzeitig möglich, gedankliche Zusammenhänge zu erinnern.

Daher können alle Situationen, in denen Denkmodelle erarbeitet und geprüft werden, d. h. alle Situationen der Kapitel 7 bis 14, noch einmal und genauer unter der Perspektive einer solchen Gestaltung als Felder der Auseinandersetzung fokussiert werden, durch die Kompetenzen erworben werden.

Das geschieht zunächst *erstens* explizit in Kapitel 16, wenn Denk- und Reflexionserfahrungen *als Lernerfahrungen* in Form gebracht werden. Die im Raum der Auseinandersetzung untersuchten Diskussionsfelder führen zu formulierten Ergebnissen. Diese muss der Einzelne für sich fruchtbar machen und sich als reflexives Wissen aneignen. Das Sach- und Satzwissen wird Gebrauchswissen.

Wenn Denkmodelle konkretisiert und auf die Lebenswelt bezogen werden, so wie es in Kapitel 10 betrachtet wurde, und wenn Schülerinnen und Schüler handelnd mit Denkmodellen umgehen, so wie in Kapitel 12 dargestellt, dann werden *zweitens* Denkmodelle miteinander und in ihrer Eignung verglichen, die Wirklichkeit angemessen zu deuten. *Vergleichen zu lernen* ist eine Fähigkeit, die gezielt trainiert werden sollte. Die eigene Geschichte kann nämlich bildlich als Lernweg verstanden werden. Wer sich im Denken auf den Weg macht, weiß, dass seine Perspektiven auf die Welt situativ bedingt selektiv sind. Um zielgerichtet voranzugehen, benötigt man zumindest eine Landkarte mit vorläufigen Orientierungsmarken – mehrere Denkmodelle –, um sich im unübersichtlichen Feld möglicher Wege orientieren zu können. Von dieser neu erreichten Position aus können neue Wegperspektiven untersucht werden.

Dort, wo die Lehrkraft *drittens* Gespräche führt und wo der Problembezug hergestellt wird, geschieht diese Strukturierung in der Perspektive, eine bessere Prüfung vornehmen zu können. Eine solche Prüfung von Denkmodellen wird explizit trainiert, wenn es um den Erwerb der Fähigkeit geht, *zu argumentieren und Argumente zu beurteilen.*

Viertens dient die individuell-differenzierte Auseinandersetzung mit den Denkgegenständen der Fähigkeit, Überblick und Klarheit zu gewinnen. Dies wird explizit trainiert, indem *Begriffe in ihrer Orientierungsfunktion geklärt und hinterfragt werden.*

Zwischen den letzten beiden Zusammenhängen besteht natürlich keine Trennschärfe. Denn Gesprächsstrukturierung, Problembezug und differenzierte individuelle Auseinandersetzung erfordern und zielen gleichermaßen auf Kompetenzen im Bereich der Begrifflichkeit und der Argumentation.

Schließlich wird in den Kapiteln 20 und 21 hervorgehoben, dass Fähigkeiten nur dann dauerhaft erworben werden, wenn sie selbstständig benutzt werden und wenn sie in Übungskontexten konsolidiert werden.

Zusammenfassend gesagt: Ging es in der zweiten Etappe der Lerngeschichte darum, den *pädagogischen* Bezug der Schülerinnen und Schüler zur Sache, um die gerungen wird, zu gestalten, so geht es jetzt auf dieser Grundlage darum, die Schülerinnen und Schüler zu befähigen, *philosophische* Bezüge herzustellen, kurz: In der dritten Etappe einer philosophischen Lerneinheit erwerben die Schülerinnen und Schüler *zentrale Fähigkeiten des Philosophierens*. Dazu gehört unter anderem, argumentieren zu können, begrifflich klar zu denken und vergleichen zu können – als Grundlage der Erörterung von Denkmodellen. Die Lernprogression des Unterrichts ist hier methodischer Art, und dadurch erlangen die Schülerinnen und Schüler Orientierung *im* Denken.

Die Darstellung der Steuerungsmöglichkeiten und der Steuerungsanforderungen der Lehrkraft in den letzten Kapiteln hat gezeigt, dass dies *in sinnfälligen Kontexten* zu geschehen hat. Die Schulung von Kompetenzen im Philosophieunterricht kann und darf aus den folgenden Gründen nicht in einem rein formalen oder handwerklichen Sinn geschehen. Ein rein formales Argumentationstraining lässt den Faden zur Lerngeschichte und zum inhaltlichen Problemzusammenhang abreißen – um den es aber den Schülerinnen und Schülern geht. Und auch in der Art, wie die Schülerinnen und Schüler argumentieren lernen und lernen, begrifflich klar und reflektiert in eine Prüfung von Denkmodellen einzusteigen, gilt es dem entsprechend, Rückgriffe auf Situationen, Perspektiven, Lebensweltbezüge, Symbolisierungen und Frageinteressen herzustellen. Außerdem entsteht nur dann eine geistige Landkarte, wenn es auch Orte und Landschaften gibt, die durch Strukturierungen miteinander verbunden werden können – mit anderen Worten, kognitive Fähigkeiten liegen nur vor, wenn *etwas* kogniziert wird. Und schließlich – selbst wenn es möglich wäre, inhaltsbefreit Kompetenzen zu schulen –, dann wären diese Fähigkeiten nicht *anwendbar* auf inhaltliche Zusammenhänge.

Die Erweiterung geistiger Landkarten ist zum einen kognitiv, zum anderen metakognitiv. So sehr das Vergleichen von Denkmodellen als »sachorientiertes Geschäft« oder gar als in der philosophischen Tradition pro Thema verankertes und daher reproduzierbares Bildungsgut gelten kann, so richtig ist es auch, dass für eben dieses

Vergleichen gewisse *Voraussetzungen* gelten. Die Schülerinnen und Schüler müssen nämlich das Zweifeln aushalten lernen, sie müssen ihr (abschließendes) Urteil vorläufig dispensieren und eine reflexive Perspektive einnehmen, in der sie gleichwohl (vorläufig) urteilen und problematisieren. *Zweifeln* und *entschiedene Wahrheitssuche* müssen einander stützen. Zwar liegt ein Bildungswert der Erörterung im Finden und Bestimmenkönnen von Vergleichsgesichtspunkten. Denn wer dies kann, nennt nicht nur Unterschiede und Gemeinsamkeiten oder zählt gar nur die verhandelten Positionen erneut auf, sondern er verfügt mit der Formulierung leitender Vergleichsgesichtspunkte schon über Bedingungen, unter denen das eine oder andere Denkmodell gültig ist. Aber dieses Ziel kann nur erreicht werden, wenn zugleich und mitschwingend der andere Bildungswert der subjektorientierten Reflexivität – zweifeln können, Wahrheitsansprüche problematisieren und prüfen wollen und dabei auf seine eigenen Gedanken vertrauen – zur Geltung gebracht wird.

Zu Beginn einer Lerneinheit greifen die Situationen immer schon voraus auf den Erwerb von Fähigkeiten. Beim gezielten Training dieser Fähigkeiten – bei der vergleichenden Untersuchung abstrakter Denkmodelle, ihrer Begrifflichkeit, bei der Schulung argumentativer Prüfung, und der sich daraus ergebenden Frage, wie man sich positionieren solle, wird – jeweils wie in den Kapiteln zu Beginn einer Lerneinheit – die Auseinandersetzung zurückbezogen auf die Subjekte, auf offen gestaltete Denkräume sowie auf die konkrete und die vorgestellte Lebenswelt.

Damit ist ein Darstellungsproblem einer Didaktik angesprochen, die von Situationen ausgeht. Die Darstellung selbst muss linear sein, die Perspektiven in konkreten Situationen dagegen sind vielfältig. Die lineare Darstellung geht von einer Perspektive aus und entfaltet die anderen Perspektiven nacheinander in der Zeit. Ist ein Raum der Auseinandersetzung konturiert, entscheidet sich in der konkreten Unterrichtssituation, ob die Begrifflichkeit oder Vergleich von Denkmodellen oder die passende Positionierung thematisiert werden.

Betrachten wir abschließend einmal das folgende Schaubild, um die Verknüpfungen zwischen der Gestaltung des Raums der Auseinandersetzung und den Erörterungen von Denkmodellen zu beleuchten. Das Schaubild bietet außerdem Überblick über den Gang des Lernens im Philosophieunterricht generell.

Gefahr
- bloßes Anhäufen von Meinungen
- »Worte kneten«
- kühle Abstraktheit

Erfordernis
- den roten Faden der Lerngeschichte erhalten
- Ermutigung
- ohne Lebensweltbezug keine Urteilskraft
- herrschende Stimmung aufgreifen
- Fokussierung des Unterrichts

Orientierung im Raum der Auseinandersetzung:
Meinungen, Antworten, Thesen Positionen

Spiel — **Lebensweltbezug** biografische Fundierung — Ernst

Schärfung und Prüfung der Thesen
Auseinandersetzungen

Argumentieren

Denkmodelle diskursiv

Lebensweltbezug biografisch

Begriff

Beispiele

Balance

Erzählen

Urteilskraft

Perspektivenwechsel

Situationen

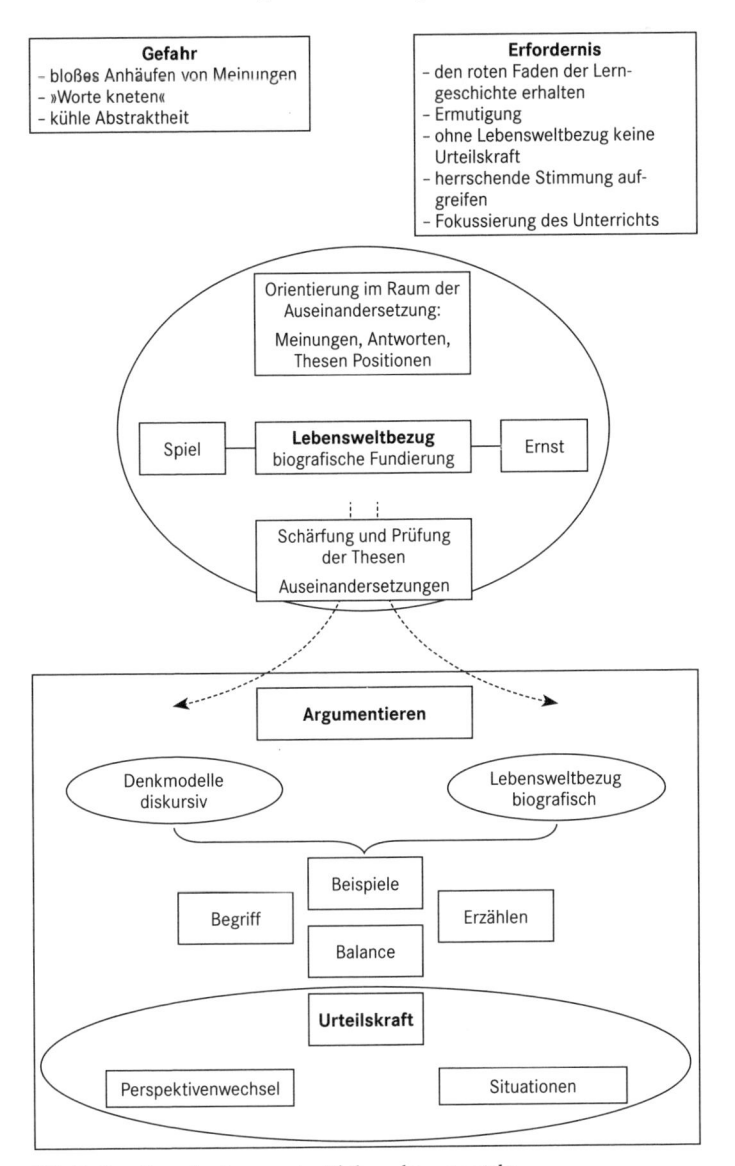

Abb. 4: Der Gang des Lernens im Philosophieunterricht

Hier werden wieder Balanceakte der Steuerung des Lehrers deutlich: zwischen Spiel und Ernst, komplexer Fülle von Gedanken und geschärften Thesen, Lebenswelt und Denkmodellen, Begriff und Narration. Indem derartige Balancen gewahrt werden, entsteht Lernprogression, in der die Subjekte sich klar und fundiert mit Denkmodellen auseinandersetzen und so die Chance auf Orientierung wahren.

KAPITEL 23
»Wann klären wir, was nun insgesamt gilt?« – Wie können die Schülerinnen und Schüler zu einer systematisierenden Antwort gelangen – zu ihrem eigenen Urteil?

Herauszufinden, was insgesamt gilt, dies kann als vermessener Anspruch erscheinen. Dazu gehört anscheinend der Glaube oder die Gewissheit, am Ende einer Wahrheitssuche angekommen zu sein oder kurz vor dem Durchbruch zur letzten Erkenntnis zu stehen. Aber andersherum ist dies das anvisierte Ziel des Nachdenkens: *möglichst gute Antworten auf Fragen zu finden*. Würde dieser Anspruch gar nicht erst erhoben, wäre das Nachdenken nicht sinnvoll. Erst am Ende vieler Erfahrungen philosophischen Nachdenkens steht (oftmals) die Einsicht, dass die Gültigkeit von Antworten auf Voraussetzungen beruht und dass Systeme von Bedingungen abhängen. Solche Erfahrungen wollen wir auch Schülerinnen und Schülern ermöglichen, und daher wollen wir diesen Anspruch ernst nehmen und aufrechterhalten.

Wir können uns dem, was es hier für die Lehrerin zu tun gilt, von zwei Seiten nähern: von dem her, was es heißt, eine möglichst gute Antwort zu erreichen – und natürlich von der Situation her, in der die Schülerinnen und Schüler fragen: »Wann klären wir, was nun insgesamt gilt?«

Schülerinnen und Schüler können nach einer Gesamtklärung fragen, wenn bereits viele Antworten gefunden und geprüft wurden, wenn gewissermaßen das Feld des Nachdenkens gesättigt erscheint. Dies kann von unterschiedlichen Einstellungen begleitet sein: von zu großem Zweifel, dass noch gar keine letztlich gültige Antwort gefunden wurde, von fehlendem Überblick und schließlich von langsam geringer werdenden Interesse aufgrund von gedanklicher Überforderung, Ermattung oder dem Wunsch, neue Denkgebiete zu erkunden. Nicht zu unterschätzen ist auch die Situation der nahenden Klassenarbeit, des Tests oder der Klausur.

Üblicherweise wird in solchen Momenten in der erfahrenen Lehrerin der innere Ruf nach einer *Schreibaufgabe* laut: Weiß sie doch, dass die Systematisierungsleistung, die ein abschließendes Urteil erfordert, einen *individuellen* gedanklichen Zusammenhang nahe legt und dass Orientierung immer auch die Orientierung von Personen ist. Dennoch ist es natürlich langweilig, wenn Schülerinnen und Schüler an dieser Stelle des Unterrichts *immer* eine Schreibaufgabe erhalten. Und, dies wollen wir hier zeigen, es gibt vielfältige Möglichkeiten, im *Dialog* und gemeinsam mit mehreren Personen Gedanken »zusammenzunehmen«, zu strukturieren und sich dabei gegenseitig zu unterstützen. Kooperative Formen sind also ebenso denkbar. Fast alle Impulse, die wir in diesem Kapitel vorstellen, können in mehreren Sozialformen bearbeitet werden. Zentral ist in solchen Situationen wie diesen, dass die Schülerinnen und Schüler lernen, die *Elemente* zu *trainieren,* die zum Urteilen gehören. Daher sind nach Bearbeitung durch Schülerinnen und Schüler *zentrale Auswertungsphasen,* in denen die Lehrerin strukturiert und steuert, hilfreich – in solchen wird geklärt, mit welchen Mitteln jemand vorgehen kann, der urteilen möchte.

Impulse der Lehrkraft, die zunächst das Problemfeld des Urteilens bestimmen und den Gedanken eine produktive Form geben

- Ok, ihr möchtet eine *Gesamtantwort* – einverstanden, heute klären wir das: Was gehört dazu, was brauchen wir dazu?
- Wie kann ich das klären: Wann gilt etwas *insgesamt*?
- Wie ist das möglich, dahin zu kommen: zur bestmöglichen Antwort?
- Sind wir nicht jetzt schon fertig? Wonach sucht ihr – haben wir das nicht schon die ganze Zeit versucht?
- Ist das wichtig? Wofür?
- Was fehlt dir ggf. noch zu einer möglichst guten Antwort?
- Stimmt, wir haben ja schon genug Antworten beisammen: Welche sind die richtigen?
- Zunächst ist es wichtig, dass wir die vielen Gedanken in Form bringen: Erstellt eine Collage, produziert einen Kurzfilm, schreibt und inszeniert ein Theaterstück, verfasst einen Zeitungsartikel oder einen fiktiven Dialog.

»Wann klären wir, was nun insgesamt gilt?«

- Was denkt ihr: Soll dies das Ende sein, diese Collage, diese symbolische Form? Oder sollen wir jetzt auf dieser Grundlage weiter nachdenken? Wovon hängt das ab?
- Erstelle in Einzelarbeit eine Übersicht in Form einer concept map: Sie soll Positionen, Gründe, Gegengründe, Aspekte und Begriffe enthalten.
- Nun erstelle deine eigene Struktur der Frage. Achte darauf, wovon du ausgehen willst und welche Denkmodelle du besonders berücksichtigen willst.
- Partnerarbeit: Prüfe Annahmen deines Gegenübers, stelle Nachfragen, prüfe, inwiefern die gedankliche Strukturierung für dein Gegenüber sinnvoll sein kann, vielleicht für dich aber nicht.
- Worauf wird es ankommen, wenn ihr gleich zusammen eine möglichst gute Gesamtantwort sucht? Lasst uns zusammentragen: Eine möglichst gute Gesamtantwort enthält …

Und was heißt es nun, zu klären, was *insgesamt* gilt? Es heißt zu *urteilen,* und das heißt, das Folgende zu können:
- Argumente und Gründe zu wägen – ein Urteil ist *wohlbegründet –,*
- sich entscheiden zu können – ein Urteil wird *bewusst* gefällt – und
- problematisieren zu können – ein Urteil wird im *Wissen um die Begrenztheit* der eigenen Position vollzogen.

Argumente und Gründe zu wägen, das scheint das Wichtigste zu sein. Denn gesucht ist ja ein *Zusammenhang:* Eine möglichst gute Antwort soll möglichst vieles berücksichtigen können. Wer in einer Erörterung nur auf drei zufällig ausgewählte Argumente Bezug nimmt, der scheint nicht auf der Höhe der Argumentationslinien angekommen zu sein. Viele Gedanken zueinander in Bezug zu setzen, das gehört zu einer guten Antwort. Daher erfordert Urteilen die Fähigkeiten, gewichten und strukturieren zu können, sich Überblick verschaffen zu können, zu argumentieren und zu begründen. Als höchste Fähigkeit gehört hierzu die Fähigkeit, gegensätzliche Positionen auf einer höheren Ebene zu vermitteln, überwinden oder miteinander versöhnen zu können.

Neben den eben genannten Aufgaben, die zu einer Strukturierung des Themengebiets anregen, können die folgenden Impulse bei dieser Teilfähigkeit dienlich sein.

Nenne Gründe für die Positionen
- Welche Denkmodelle scheiden aus? Warum?
- Gewichte, d. h. finde Gründe dafür, dass ein bestimmtes Argument oder eine bestimmte Position besser ist.
- Wäge die Argumente und die Gegenargumente.
- Sortiere die Argumente, indem du ergänzt, zu welchem Aspekt bzw. welcher Frage sie gehören.

Es ist keineswegs selbstverständlich zu behaupten, dass zum Urteilen Entscheidungen gehören. Eine *systematisierende* Antwort und ein *eigenes* Urteil, das scheinen Gegensätze zu sein: Ein System scheint objektiv, ein eigenes Urteil subjektiv. Und außerdem entspricht es überhaupt nicht der Realität, dass Menschen sich für ihre Auffassungen *entscheiden*. Vielmehr entstehen Meinungen und Positionen in der Regel so, dass Menschen Zustimmungen und Ablehnungen von anderen übernehmen, dass Erfahrungen sich zu Behauptungen entwickeln und dass in schnellen Gedankengängen Wertungen und Vorlieben zu Haltungen und Thesen gerinnen, ohne dass die Menschen dies bemerken. Ein *Urteil* hingegen hat sich im besten Fall bewusst gebildet.

Beim Urteilen führen wir Meinungen vor das innere Auge der Wahl, wir reflektieren unsere Meinungen; wenn wir noch keine abschließende Position haben, dann können wir eine solche nur durch Entscheidungen festlegen – sonst würde unser Urteil im Zweifel niemals vollzogen werden können. Sich-Entscheiden-können ist wohl die wichtigste Fähigkeit beim Urteilen. Eine solche Wahl – oder das selbstreflexive Bemerken, dass man immer schon so und so gedacht hat samt unter Umständen erfolgender Umorientierung – ist nicht rein dezisionistisch; es lassen sich für eine Entscheidung wiederum Gründe anführen. Aber es ist höchst bedeutsam, dass Schülerinnen und Schüler sich klarmachen, dass sie sich entscheiden dürfen und wie sie dies anstellen können.

Zum Entscheiden gehört, *Situationen* auszuwählen oder sich klar zu machen, welche Situationen einem vor dem inneren Auge am ehesten präsent sind. Eine Schülerin oder ein Schüler kann sich vor Augen führen, warum ihr oder ihm bestimmte Situationen relevanter erscheinen. Ebenso können Urteilende Positionen auf sich selbst und auf die Zeit beziehen, in der sie leben. Sie können sich auf einen Aspekt konzentrieren und somit die Frage, die sie behandeln, verkleinern; sie können nach Interesse vorgehen und ihr Untersuchungsinteresse bestimmen, und sie können erste Annahmen festsetzen und begründen.

Impulse als Hilfe zum Sich-Entscheiden

- Kläre: Welchem Anspruch sollen Denkmodelle genügen? Formuliere, was deine Gesamtantwort leisten soll.
- Sage, zu welcher Position du am ehesten tendierst – was zieht dich dahin? Welche Argumente stellst du in Rechnung?
- Formuliere so: Ich betrachte alles, was ich jetzt untersuche, unter folgendem Gesichtspunkt …
- Entscheide dich für eine Position, rein nach Lust und Laune! Nun begründe sie. Wenn du feststellst, dass du sie mehr und mehr in Zweifel ziehst, wechsele sie und fang von vorne an.
- Trau dich, Behauptungen aufzustellen.
- Entscheide dich bereits bei der Auswahl der Positionen, mit denen du dich überhaupt beschäftigen willst: Welcher Aspekt steht dabei im Mittelpunkt? Inwiefern ist es ein wichtiger Aspekt?
- Setze einen Anfang, stecke ein Feld der Auseinandersetzung ab! Entscheide dich, von welcher Annahme du ausgehst, die du jetzt erst einmal nicht mehr in Zweifel ziehen willst.
- Sei ruhig leidenschaftlich: Sage, warum es jetzt für dich bei dem, worüber du nachdenken willst, »um etwas geht«!
- Für welche Art Mensch wird die Position, die du vertrittst, passen?
- Für welche Situationen wird deine Position geeignet sein? Inwiefern ist diese Situation besonders wichtig/relevant?
- Inwiefern sind die Situationen, die dein Denkmodell besonders gut erklären kann, heutzutage besonders wichtig/relevant? Unterscheide ggf. verschiedene Kulturen oder Personenkreise.
- Inwiefern sind die Situationen, die dein Denkmodell besonders gut erklären kann, in deinem Leben besonders wichtig/relevant?
- Begründe, warum deine Annahmen plausibel sind!

Wenn es so ist, dass in einem bestimmten Themengebiet keine letztgültigen Antworten erreichbar sind, dann gehört zu einem redlichen Urteil, sich der in ihm liegenden Annahmen bewusst zu werden, d. h. das gefällte Urteil *problematisieren* zu können. Dazu gehört, Bedingungen zu identifizieren, unter denen geurteilt wurde, die Bestimmtheit und Unbestimmtheit von Begriffen zu klären sowie festzusetzen – und als Höchstes: festzustellen, dass die Frage nicht gut gestellt ist – das Problem also auf einer höheren Ebene zu überwinden. Hierzu ein paar Impulse:

- Gibt es Annahmen, die erfüllt sein müssen, damit diese Position gültig ist?
- Versteht jemand, der so urteilt wie X, unter dem Begriff … das Gleiche wie der, der diese Position ablehnt?
- Hängt die Gültigkeit der Position von einem bestimmten Verständnis des Begriffs … ab?
- Gibt es bei deinem Urteil Begriffe, die unklar geblieben sind?
- Gibt es Möglichkeiten, zwischen den beiden Positionen, die du untersuchst, eine vermittelnde Position einzunehmen? Oder sogar eine neue?
- Gibt es eine Frage, die sich jemand *zuerst,* d. h. vor Beantwortung der Gesamtfrage stellen sollte, um überhaupt ein tragfähiges Urteil zu entwickeln?
- Gibt es Gründe dafür, *keine* feste Position einzunehmen?
- Überwiegt der Zweifel an jeder Position? Welche Gründe gibt es für diesen Zweifel?

Nachdem die Schülerinnen und Schüler mit Hilfe der drei Fähigkeiten geurteilt haben und die Frage nach dem Urteilen in die drei genannten Elemente aufgeteilt haben, kann die Phase des Urteilens selbst reflektiert werden. Eine solche Phase des Reflektierens zu gestalten kann zu der Erfahrung führen, dass sowohl ein Gesamturteil als auch eine Aporie jeweils nur Versuche sind, die Wirklichkeit und Deutungen über sie genauer zu verstehen – Versuche, die einander ergänzen können. Hierzu ein paar Impulse.

Impulse zum Reflektieren des Urteilens

- Um eine Gesamtantwort zu finden, ist es nötig,
- (1) mit Überblick zu argumentieren und Gründe zu wägen, (2) sich zu entscheiden und
- (3) zu problematisieren. Entwirf zu diesen drei Fähigkeiten jeweils eine Checkliste der Fähigkeiten: *Ich kann ...*
- Wann sagt ihr: *Etwas gilt insgesamt?*
- Finden wir bei Systematisierungen (guten Gesamtantworten, in denen Positionen, Thesen, Argumente, Begriffe im Zusammenhang dargeboten werden) eher Antworten oder eher neue Fragen?
- Seid ihr jetzt sicherer geworden?
- *In welcher Weise* haben wir Antworten gefunden?
- Was war zuerst da, die These oder das Argument?
- War das hilfreich? Wofür war das gut?
- Inwiefern könnt ihr jetzt sagen: *Mir ist das Denken zu dieser Frage klarer geworden?*
- Inwiefern könnt ihr jetzt sagen: *Nur dadurch, dass wir versucht haben, uns zu einer möglichst gut begründeten Antwort durchzuringen, ist uns das Denkgebiet klarer geworden?*
- Ist da auch ein Risiko bei gewesen, eine solche Gesamtantwort versucht zu haben?
- Ich gebe euch jetzt zwei Texte, in denen es um die Fragen geht: *Was ist ein System? Was heißt es zu urteilen?* Wie hängen diese drei Begriffe zusammen: eine Gesamtantwort haben – zu urteilen – ein System zu haben? (z. B. von Kant, Arendt, Dölle-Oelmüller)
- Wenn euch jetzt jemand sagt: *Es wird gar keine bestmögliche Antwort geben.* Was würdet ihr dazu sagen? Würde sich an eurer Art, durch das Leben zu gehen, etwas ändern?
    • Wäre das auch eine Art Antwort oder auch ein mögliches Denksystem?
    • Hängt es von der Gesamtfrage ab, ob das stimmt?
- Warum ist das, was ihr getan habt, für eure Klausur sehr hilfreich?
- Warum ist es für euer Leben hilfreich?
- Warum ist es für euren Umgang mit anderen Menschen und deren Auffassungen hilfreich?

– Ist eigentlich unsere Gesamtantwort wiederum ein Denkmodell geworden?

In methodischer Absicht können wir in diesem Kapitel abschließend sagen: Es besteht nur ein scheinbares Dilemma zwischen *Reflexion* und *Systematik:* Wir schulen nämlich im Philosophieunterricht immer zweierlei. Zum einen ist dies die Urteilskraft als das Vermögen, Besonderes von Allgemeinem her (einstweilen) zu erfassen. Zum anderen ist es das Urteilsvermögen. Dies ist die Fähigkeit, Allgemeines von Besonderem her zu reflektieren. Es ist aber auch die Fähigkeit, sich dort zu orientieren, wo in Situationen gehandelt wird, obgleich die Handelnden wissen, dass für das Handeln in diesen Situationen kein sicheres Wissen zur Verfügung steht. Das Urteilsvermögen ist hier die Fähigkeit, sich im Konkreten zu orientieren, ohne feste Maßstäbe.

Daher sollten Lehrerinnen im Philosophieunterricht nicht ihr persönliches Verständnis von Erreichbarkeit oder Unerreichbarkeit von Wahrheiten zum Maßstab erheben, und sie sollten keinen Gegensatz zwischen postmodernem oder sokratischem Philosophieren und Systemphilosophien oder doktrinalem Philosophieverständnis aufbauen, sondern das Urteilen über das, was Philosophie *letztlich* ist, wiederum dem Urteil der Schülerinnen und Schüler überlassen.

Orientierung wird im Philosophieunterricht durch Denken gewonnen, und Orientierung wird im Denken gewonnen; Menschen orientieren sich im Durchgang durch philosophisches Denken manchmal an Grundsätzen und manchmal im Grundsätzlichen.[1]

---

1 vgl. Herbert Schnädelbach: Philosophie in der modernen Kultur. In: Friedrich Hermanni/Volker Steenblock (Hrsg.): Philosophische Orientierung. Festschrift zum 65. Geburtstag von Willi Oelmüller. München (Fink) 1995, S. 39.

KAPITEL 24
»Was sollen wir für die Arbeit lernen?« – Wie gestalte ich als Lehrkraft die Leistungsbewertung?

Lehrer (und natürlich auch Lehrerinnen) erhalten gewöhnlich beim Korrigieren von Klausuren und Klassenarbeiten und Tests Rückmeldung über ihren eigenen Unterricht, sie erfahren nämlich: Das wurde *wirklich* gelernt. Das mag bisweilen frustrierend sein, es ermöglicht aber in der Vorausschau und für den kommenden Unterricht zwei Perspektiven: der Vorbereitung auf Leistungsüberprüfungen und der Schlussfolgerungen für kommenden Unterricht. Insbesondere die organische Einflechtung von Leistungstests in den laufenden Unterricht wollen wir in diesem Kapitel ansprechen, damit die Überprüfung nicht jeweils nur die *Quittung* für Vergangenes bleibt.

Was kann der Lehrer zur Vorbereitung tun? Wir wollen zwei Situationen unterscheiden: a) *regelmäßig* und b) *gezielt vor einer Leistungsüberprüfung*. Durchgängig scheint es uns sinnvoll, die Sicherung und Dokumentation von Gelerntem im Blick zu halten. Es kann im Organisationsrahmen des Philosophieunterrichts liegen, ein sauberes und ästhetisch ansprechendes *Heft* zu führen – um an dieser Stelle nicht das Wort *Portfolio* zu strapazieren –, in dieses Heft werden eingetragen: gedankliche Zusammenhänge, Thesen (beispielsweise in jüngeren Klassen rot unterstrichen), Argumente (grün), Problematisierungen (gelb), Tafelbilder, Notizen, subjektive Kommentare, Zusammenfassungen, und es werden die behandelten Texte eingeklebt oder eingeheftet, kurz: Das Heft wird *geführt*. Gedanken werden in ganzen Sätzen formuliert, und Sätze werden in der Formulierung gedanklicher Zusammenhänge mit solchen Verbindungswörtern verbunden, auf die regelmäßig geachtet wird. Unterrichtliche Tätigkeiten werden regelhaft und je neu wieder auf erreichte Ziele und Fähigkeiten bezogen, die sich auf diese Art gleichsam materialisieren und nach längerer Zeit wieder anschauen lassen. *Ich kann jetzt …* – kann zur Standardformulierung werden, in der

Schülerinnen und Schüler nach munteren und gedankenreichen Diskussionen und Reflexionen reflektieren, prüfen und sichern, was sie nun besser können als zuvor.

Um solche Fähigkeiten zu erreichen, werden Tafelbilder nicht nur abgeschrieben, sondern in Sätzen rekonstruiert, die gedankliche Zusammenhänge abbilden. Der Lehrer soll dieses Heft regelmäßig einsammeln und ein *Feedback* geben – persönliche Kommentare stellen eine Ausnahme dar, die jeder für sich behält. Die Art des Feedbacks kann dazu genutzt werden, eine Schüler-Schüler-Interaktion einzufädeln. *(Vergleiche deine Zusammenfassung mit der von Ilona und einigt euch auf eine gemeinsame Formulierung. Dort, wo ihr euch nicht einigen wollt, feilt an euren eigenen Formulierungen.)*

So wichtig ein solcher Organisationsrahmen ist, weil er Verbindlichkeit herstellt und Lernerfahrungen sichert und ermöglicht, so kann der Lehrer jedoch auch nicht buchhalterisch über den Unterricht wachen, besonders ein Anfänger wird eintauchen in die Freude des gemeinsamen Nachdenkens und mitlaufende Ergebnissicherungen erst beim nächsten Mal gründlicher bedenken, bei der zweiten Lerneinheit. Das Bewusstsein um die Aufgabe, gründlich und individuell festhalten zu lassen, was gelernt wurde, entsteht erst beim Tun; der Lehrer bemerkt dies erst nach und nach und kann erst nach gewisser Zeit sowohl die laufenden Gespräche und deren Fixierung im Auge behalten.

Der Kern der regelmäßigen Vorbereitung auf Testsituationen sind *Schreibaufgaben*. Formen schriftlicher Aufgabenstellung können beispielsweise sein:
- Formuliere die Frage, die dir jetzt am wichtigsten ist.
- Entfalte das Problem, das dich am stärksten beschäftigt/das wir diskutiert haben.
- Stelle eine These auf.
- Nenne Argumente.
- Nenne alle genannten Argumente.
- Schreibe Gründe auf, die zum Zweifeln veranlassen.
- Finde Beispiele für die These.

Solche Schreibaufgaben beziehen sich auf alle Aspekte der bisher aufgebauten Anforderungen. Fast jedem bisherigen Kapitel in diesem

Buch können solche Teilanforderungen entnommen werden, die Leserin und der Leser können in ihrer Sprache formulieren, welche Fähigkeiten die Schülerinnen und Schüler erwerben können; sie bilden zusammen das in einer Klausur zu Lernende und das, was jemand können soll, der philosophiert.

In der gezielten Vorbereitung ist es sinnvoll, die Anforderungen zusammenzunehmen und aus ihnen möglichst ein Ganzes zu machen. Unter Umständen ist es in fortgeschrittenen Lerngruppen hilfreich, mit einer sogenannten *Checkliste* zu arbeiten, d. h. einer Liste, in der alle Teilfähigkeiten aufgelistet sind, die erworben wurden oder hätten erworben werden können. Wie diese Liste genau formuliert sein soll und wie viele Fähigkeiten in ihr auftauchen, hängt von der Lerngruppe und der Situation ab. Möglicherweise enthält sie Formulierungen folgender Art:

- Ich kann eine Frage formulieren und begründen, inwiefern sie relevant und philosophisch ist und zu einem bestimmten Text passt.
- Ich kann eine These aufstellen.
- Ich kann die zentralen Begriffe einer These definieren.
- Ich kann eine These begründen.
- Ich kann Beispiele zu einer These liefern.
- Ich kann Argumente formulieren, die Zweifelsgründe an der These darstellen.
- Ich kann ein Denkmodell in einem gedanklichen Zusammenhang darstellen.
- Ich kann Positionen miteinander vergleichen.
- Ich kann Vergleichsaspekte formulieren.
- Ich kann die Gültigkeit von zwei Denkmodellen erörtern.
- Ich kann ein eigenes Urteil formulieren.

Nun haben wir uns zu der Situation vorgearbeitet, in der Schülerinnen und Schüler fragen: *Was sollen wir für die Arbeit lernen?* Wir sind jetzt als Lehrer selbst vorbereitet auf diese Frage. Wenn Lerner gewohnt sind, in Arbeiten Wissensbestände zu reproduzieren, mag sie insbesondere eine erste anstehende Arbeit verunsichern; sie wissen schlicht nicht, was sie erwartet. Wenn sie jedoch ihr Heft geführt haben und durch die von der Lehrkraft eingeführte Wahrung des Ordnungsrahmens Sicherheit erlangt haben – »*Worüber wir gesprochen und worüber wir nachgedacht haben, dazu halten wir Denkergebnisse und Lernerfahrungen fest«* – sind die Schülerinnen und Schüler schon vorbereitet. Sie wissen, was methodisch von ihnen verlangt wird, und sie wissen, was sie inhaltlich an Denkmodellen und Vergleichsgesichtspunkten lernen können.

Daher ist es nicht schwer, im Unterricht jetzt gezielt auf eine Arbeit vorzubereiten. Im Mittelpunkt liegen: Bilanzierung und Systematisierung, Training, Auswertung sowie die Eröffnung einer subjektivperspektivischen Vorbereitung. Hierzu ein paar Konkretisierungen:

- Sieh in dein Heft und markiere alle Denkmodelle, mit denen wir uns beschäftigt haben.
- Nimm die Checkliste hervor und schätze deine Fähigkeiten ein. Notiere in einem Dreischritt:
  1. Ich kann ...
  2. So habe ich das bereits einmal getan ... // So kann ich zeigen, dass ich das beherrsche ...
  3. Das will ich mir für die Arbeit merken ...
- Erstelle einen Spickzettel (du darfst ihn bei der Arbeit benutzen) zum Denkmodell von ...
- Hier habe ich ein paar Thesen formuliert. Entscheidet mit Gründen, welcher Verfasser der bisherigen Denkmodelle aus unserem Unterricht ihnen zustimmen könnte, und ob sie richtig sind. Anschließend einigt ihr euch zu zweit möglichst auf eine Antwort.

Diese wenigen Beispiele mögen genügen, enthalten sie doch Elemente, die in vielen bisherigen Kapiteln auftauchten und die jetzt trainiert, gesichtet und reflektiert werden können.

Mit dem Zusammentragen der bisherigen Lernerfahrungen sind die Schülerinnen und Schüler jedoch noch nicht gut gerüstet für eine *Klausur*. In einer solchen nämlich sollen sie unter anderem auswählen, gewichten, wägen, problematisieren, und dies erfordert einen *eigenständigen* Zugang zu einer philosophischen Fragestellung. Eine solche selbstständige Perspektive kann beispielsweise vorbereitet werden durch diese Impulse:

- Schreibe auf:
  • Das ist mein eigener Fokus: ...
  • Das ist das Problem des Kurses ...

- Das ist die Frage, die sich mir am stärksten stellt, und so hängt sie mit der Gesamtfrage zusammen …
- Das sind die Denkmodelle, mit denen ich mich am stärksten auseinandersetze …

Zur Vorbereitung auf die Aufgabenstellung einer Klausur kommen als Teilaufgaben oder als Gesamtaufgaben in vorhergehenden Unterricht unter anderem folgende Formen der schriftlichen Ausarbeitung in Betracht:
1. sich mit einer philosophischen Anratung zur Lebensführung in einer einschlägigen Situation auseinandersetzen (vgl. »Passt mir dieses (Philosophen-) Kleid gerade?«),
2. einen vorliegenden philosophischen Gedanken aus seinem Zusammenhang herausnehmen, in einem neuen Kontext entfalten und ausführen, sodann den neu ausgeführten Gedanken im neuen Kontext mit dem Gedanken im ursprünglichen Zusammenhang und alten Kontext vergleichen,
3. eine historische Position umformulieren für die Situation der Gegenwart,
4. einen bekannten Ansatz und einen aus einer Textvorlage neu erschlossenen Ansatz miteinander vergleichen,
5. einen philosophischen Streit zwischen zwei Positionen überprüfen,
6. eine Kontroverse erkennen und eine Problemstellung formulieren,
7. für einen philosophischen Denkansatz die Stellung innerhalb einer bekannten Auseinandersetzung ermitteln,
8. eine philosophische Ansicht prüfen und würdigen,
9. eine eigene These formulieren und verteidigen,
10. zu einem philosophischen Problem einen Lösungsansatz formulieren,
11. die einer literarisch dargestellten Situation »innewohnende« philosophische Idee herausarbeiten und formulieren,
12. mehrere Argumentationen auf ihren formalen Schematismus zurückführen und ihre Gültigkeit überprüfen,
13. Begriffe bestimmen sowie begriffliche Unterscheidungen vorführen und begriffliche Beziehungen darlegen.

Die Auswahl und die Zusammenstellung dieser Formen zu Gesamtaufgaben richtet sich nach dem Lerninhalt des jeweiligen Kurses, nach dem Lernfortschritt in der Abfolge der Jahr-gangsstufen sowie nach den Anforderungen des schriftlichen Abiturs. Teilaufgaben müssen (wie in der Abiturprüfung auch) in eine Gesamtaufgabe eingefügt sein.

Um noch konkreter zu werden: Unter Umständen kann der Lehrer der Vorbereitung auf eine Klausur zwei Doppelstunden widmen. In den folgenden Schritten bereiten sich die Schülerinnen und Schüler vor:
1. Systematisierung des Gelernten und Festhalten von unklar Gebliebenem anhand des Hefts (45 Minuten).
2. Erarbeitung eines eigenen Fokus (45 Minuten).
3. Die Lehrkraft nimmt die Hefte und Vorbereitungen mit nach Hause.
4. Gegebenenfalls wiederholt die Lehrkraft zu Beginn der zweiten Doppelstunde das, was nötig ist und unverstanden blieb.
5. In der zweiten Doppelstunde fädelt die Lehrkraft Schüler-Schüler-Interaktionen ein, etwa durch die folgenden Impulse:
   a) Vergleicht die Fragen, die du und dein Partner gewählt haben.
   b) Vergleicht ebenso die Thesen, Schaubilder, Formulierungen, ...
   c) Benennt Vorteile und Nachteile, Risiken und Chancen eurer Vorbereitungen.

Eine zentrale Schwierigkeit, in der Schülerinnen und Schüler während philosophischer Leistungsüberprüfungen stecken, lässt sich auf die einfache Formel bringen: *Wie formuliere ich am besten?* Leider lässt sich die Antwort nicht in eine ebenso einfache Formel gießen. Denn weder lässt sich empfehlen, *alles in eigenen Worten* zu sagen noch *immer genau das Wort aus der Textvorlage* zu benutzen oder gar bloß eine Textcollage anzufertigen. Vielmehr werfen Begriffe ja Licht auf Phänomene, Zusammenhänge und weitere Begriffe, sie stellen Verständnisgrundlagen dar, und Umformulierungen an falscher Stelle können bisweilen weniger gut erschließen, worum es gerade geht. Daher sollen Schülerinnen und Schüler befähigt werden, mit Begriffen möglichst *flexibel* zu arbeiten, vorliegende zu benutzen, andere heranzuziehen, Zusammenhänge und Unterschiede von

Begriffen zu klären und zu reflektieren. Es sind Zusammenhänge von Gedanken gefordert, die wiederum begrifflich organisiert sind. Begriffsklärung ist Ausleuchten von Begriffen und Flexibilisierung, Begriffsarbeit ist daher in Urteilsperspektive (und für sie) und ebenso als Perspektive der Entwicklung von Gedanken notwendig; sie kann daher als ein Kern der Vorbereitung auf Klausuren gelten. Konkrete Aufgabenstellungen können beispielsweise diese sein:
- Ersetze Wort A durch Wort B.
- Formuliere um und benenne die Differenz.
- Erkläre, weshalb es sinnvoll ist, dass der Verfasser immer das Wort ... benutzt.
- Finde heraus, welchem anderen Wort eines anderen Autoren das Wort ... am ehesten entspricht.

Welche Aufgabenstellung erhalten die Schülerinnen und Schüler?

Im Grunde genommen sollen die Schülerinnen und Schüler vor die Aufgabe gestellt werden, *einen Dialog führen zu können*. Wir wollen sie also möglichst gut in diese Aufgabe hineinfinden lassen. Fünf Varianten bieten wir an, die je nach Alter und Fähigkeiten sinnvoll sind.

In der **ersten Variante,** die vor allem für jüngere Schülerinnen und Schüler sinnvoll ist, werden *Detailfragen* und *detaillierte Aufgabenstellungen* vorgegeben, durch die die Schülerinnen und Schüler das bisher Gelernte stark vorstrukturiert anwenden und zur Geltung bringen können. Aufgabenstellungen können den bisherigen Vorschlägen entnommen und passend zum jeweiligen Thema konkretisiert werden. Wichtig ist, trotz Detailabfragen auch das Moment des nachdenklichen Reflektierens zur Geltung zu bringen.

Vier weitere Varianten bestehen darin, den Schülerinnen und Schülern in der Analogie zu geltenden Anforderungsbereichen (begreifen und darstellen, erörtern, urteilen) Teilaufgaben vorzulegen, die dieses Vorhaben strukturieren helfen. Sie unterscheiden sich in der Akzentuierung der Problemorientierung: Liegt diese *implizit* zugrunde, wird die Fragestellung des Kurses *explizit* eingeflochten oder sollen die Schülerinnen und Schüler sogar selbst Fragen formulieren?

Variante 2:
1. Stellen Sie den Gedankengang von ... dar.
2. Vergleichen Sie die Position von ... mit der von ...
3. Prüfen Sie argumentativ, welche Position plausibler ist.

Variante 3:
FRAGESTELLUNG?
Die Klausur dient der Begründung, Problematisierung und Findung einer Antwort auf diese Frage. Die folgenden Aufgabenteile strukturieren diese Aufgabe.
a) Welche Antwort ergibt sich aus dem Material von X? Rekonstruiere die zentrale These, zentrale Begriffe und den gedanklichen Zusammenhang. Konzentriere dich auf einige Aspekte, mit deren Hilfe du die Begründung der These erläuterst, und schreibe in eigenen Worten.
b) Vergleiche X' Antwort mit anderen aus unserem Kurszusammenhang! Nenne Unterschiede und Gemeinsamkeiten, Begriffsunterscheidungen, Fragen und Zusammenhänge, die dir für deine Antwort wichtig sind.
c) Formuliere eine eigenständige Antwort, die sich aus dem zuvor Gesagten ergibt!

Tipps:
- Teile dir deine Zeit gut ein: ca. 30 Minuten für eine Gliederung und Struktur deiner Arbeit, ca. 20 Minuten Schreiben pro Aufgabenteil.
- Schreibe pro Aufgabenteil ca. eine halbe (bis höchstens eine) Seite: besser kurz und prägnant als wiederholend und abschweifend-assoziativ – also begrifflich klar und argumentativ sauber; beachte die Gedankenführung, die mit benotet wird.
- Organisiere deine Gliederung so: Was hast du zu sagen? Welche Argumente, Begriffe und Kontroversen willst du dafür benutzen?
- Beachte: Hast du Gegenargumente genügend gewürdigt? Benutzt du Begriffe stets gleich? Erläuterst du deine Begriffe?

Variante 4:
Beantworten Sie eine selbstgewählte philosophische Frage unter Berücksichtigung der Textvorlage und Ihres Philosophieunterrichts!

Sie können sich bei Ihrer Klausurerstellung an der Reihenfolge der nachfolgenden Aufgabenteile orientieren; ebenso möglich ist es, dass Sie einen eigenen methodischen Zugriff erstellen und dabei die Aufgabenteile berücksichtigen.
- Entwickeln Sie eine philosophische Frage, für die Sie die Textvorlage und Ihren Philosophieunterricht in Anspruch nehmen! Bestimmen und begründen Sie, inwiefern Ihre Frage philosophisch, wichtig und sowohl von der Textvorlage als auch von Ihrem Philosophieunterricht her ergiebig ist!
- Rekonstruieren Sie die zentralen Begriffe, Thesen und den gedanklichen Zusammenhang der Textvorlage!
- Erläutern Sie Denkmodelle aus Ihrem Kurszusammenhang, die für Ihre Frage ergiebig sind!
- Erörtern Sie die Gültigkeit der Denkmodelle des Kurszusammenhangs und der Textvorlage in bezug auf Ihre Fragestellung!
- Formulieren Sie ein eigenes Urteil: Welche Antwort auf Ihre Frage ergibt sich aus Ihren bisherigen Gedankengängen? Begründen Sie Ihre Antwort!!

Schließlich – **Variante 5** – können geübte Schülerinnen und Schüler eine kreative Aufgabe erhalten, die standardisiert etwa so lautet:

Stell dir vor, einige der bereits behandelten verstorbenen Philosophen treffen im Jenseits zusammen.
Entwickle einen Totendialog zur Frage ...
Entscheide, wer an dem Gespräch teilnimmt,
lass die Gesprächspartner argumentativ aufeinander Bezug nehmen und führe einen Moderator ein,
der auf Grundlage aller Äußerungen zu einer möglichst guten und begründeten Gesamtantwort gelangt.

Damit die Schülerinnen und Schüler möglichst zielgerichtet daran arbeiten, ihre Fähigkeiten zu verbessern, kann in der Kopfzeile einer dieser Standardtexte eingefügt werden:

- Zu dieser Anforderung möchte ich eine Rückmeldung haben: ...
- Darauf, diese Anforderung zu erfüllen, möchte ich mich besonders konzentrieren: ...

Welches Material soll die Lehrkraft auswählen?

Wir empfehlen für den Anfang *Texte:* Sie sind für argumentative Zwecke zugänglicher und klarer, und sie ermöglichen eine Orientierung an Thesen. Erst später können Bilder oder andere symbolische Darstellungen verwendet werden. Ein Text soll altersgerecht kurz sein, er soll argumentativ klar formuliert sein und eine These enthalten. Wiederum erst später können solche Textvorlagen benutzt werden, in denen ein Autor eine These kritisiert, ohne eine eigene zu entwickeln, oder einen solchen Text, in dem ein bestimmter Begriff problematisiert wird.

Schülerinnen und Schüler sollen auf mehrfache Weise an die Textvorlage *anknüpfen* können, daher kann die Textvorlage *mehrere Aspekte* enthalten. Außerdem soll der Text an gedankliche Strukturen und Konfigurationen anknüpfen, auch wenn die verwendeten Worte nicht deckungsgleich mit denen aus dem bisherigen Unterricht sein müssen.

Etwa drei Sitzungen vor einer Leistungsüberprüfung steht der Text fest: Das ermöglicht, nun im Unterricht in Vorbereitungsphasen überzugehen, statt dass die Lehrkraft sich bemüßigt fühlt, »noch viel Inhalt durchzunehmen, damit die Schülerinnen und Schüler den Text überhaupt verstehen können«.

Wie korrigiere ich als Lehrkraft?

Bewertungskriterien ergeben sich aus den genannten Anforderungen. Die fachliche Richtigkeit und Schlüssigkeit muss hierbei eine zentrale Rolle spielen. Außerdem wird die Anforderung beurteilt, einen eigenen methodischen Weg gefunden zu haben.

Die Bewertung am Rand der Arbeit unterliegt einer Doppelfunktion: Sie soll den *Dialog* wiederum *reinszenieren,* den nun die Lehrkraft mit der Schülerin oder dem Schüler führt. Der Lehrer stellt hier also beispielsweise Fragen, er denkt mit, er formuliert mögliche Einwände. Schülerinnen und Schüler werden durch solche Anmerkungen gewürdigt, und sie erfahren: Hier denkt jemand mit: Darum geht es schließlich im Philosophieunterricht, auch an dieser Stelle. Zweitens geht es in Randbemerkungen um *Anforderungstransparenz*.

Schülerinnen und Schüler können Klarheit über die Qualität des Geleisteten erhalten, indem einheitliche *Korrekturzeichen* verwendet werden, etwa diese:
B – begriffliche Klarheit
Arg – Argumente
U – Urteil
Pr – Problematisierung
VG – Vergleichsgesichtspunkt
Subj./Persp – die Verfasserin, der Verfasser hat eine eigene Perspektive zur Geltung gebracht
Entsch – hier hat sich jemand entschieden
M – methodisches Vorgehen

Diese (und weitere) Kürzel können jeweils mit »+«/»–«/»fehlt«/»?« versehen werden, damit die Einschätzung der Lehrkraft deutlich wird.

Am Ende der Arbeit sollen *drei Rückmeldungen* formuliert werden, die die Note erklären, und ebenso sollen *bis zu drei Empfehlungen für die Weiterarbeit* gegeben werden. Sie ergeben sich zumeist organisch aus den drei Rückmeldungen und den Randanmerkungen.

Wie werden Leistungsüberprüfungen für die weitere Arbeit genutzt?

Zum Schluss dieses Kapitels wollen wir Empfehlungen dafür geben, wie Arbeiten *besprochen* und für die Weiterarbeit in Wert gesetzt werden können. Das kann auf vier Arten geschehen:

Erstens hat die Lehrkraft beim Korrigieren *Häufungen von Fehlertypen* festgestellt. Daher setzt sie jetzt Schwerpunkte, die besprochen werden. Sätze können besprochen werden, direkt aus den Arbeiten entnommene, anonymisiert, oder aber es werden Typen von Zusammenhängen und Fehlern, die eine Perspektive für Weiterarbeit ergeben, erörtert und verbessert.

Zweitens können Schülerinnen und Schüler individuell und in Gruppen sich mit ihren Arbeiten beschäftigen, beispielsweise mit diesen Fragestellungen:
- Was ist mir gelungen?
- In welcher Weise habe ich an meine Vorbereitungen anknüpfen können?/Was hat sich bewährt?
- Wie will ich meine Fehlerschwerpunkte verfolgen? Was will ich beim nächsten Mal und in meinem Heft besser machen?

Drittens können Schülerinnen und Schüler und Lehrkraft gemeinsam erörtern, welche *Schlussfolgerungen für den Unterricht* gezogen werden sollen:
- Was ergibt sich aus eurer Beantwortung in den Arbeiten: Was sollen wir in der weiteren Arbeit bedenken?
- Was wollen wir beibehalten?
- Sage mir bitte schriftlich, damit wir dann darüber sprechen können: Welche Aufgaben wünsche ich mir beim nächsten Thema, damit ich die Anforderungen gut bewältigen kann?

So entsteht durch Leistungsüberprüfungssituationen eine gemeinsame Verantwortung für den Philosophieunterricht. Möglicherweise ist dies auch eine geeignete Stelle im Unterricht, an der eine Gesamtliste an Schreibaufträgen und eine gesamte Checkliste der Anforderungen ausgeteilt wird. Sie wird den Schülerinnen und Schülern zur Verfügung gestellt, und sie entscheiden mit, welche Aufgaben wann hilfreich sind.

Viertens können im Anschluss an eine Klassenarbeit zu mehreren Fehlerschwerpunkten *Trainingsformen* etabliert werden. Diese Art des Stationenlernens können wir *philosophisches Fitnessstudio* nennen. Jüngere Lehrer können den Schülerinnen und Schülern heutzutage vielleicht sagen: *Heute erhaltet ihr ein paar philosophische Apps.*

Kapitel 25

»Wann kriegen wir das nächste Thema?« – Wie komme ich von einer Frage zur nächsten?

»Wir haben eben in der Pause schon überlegt,
wie lange wir noch über … reden.«
»Aber den Aspekt, der mir wichtig ist,
haben wir noch gar nicht behandelt!«
»Mal wieder was Neues!«
»Wir wollten unbedingt diese eine Frage vertiefen. Sie haben gesagt,
dass das noch tiefer in die Philosophie hinein führt.«
»Sind wir denn schon mit unserer Frage fertig?«
»Beim nächsten Mal aber nicht so viele Texte, bitte!
Und auf keinen Fall wieder Heidegger!«

Die Motivlagen, mit denen Schülerinnen und Schüler nachfragen, wann ein neues Thema kommen wird, sind vielfältig, und sie spiegeln die bisherige Lerngeschichte wider. Sie zeigen auf zunächst implizite Weise, wie die Beteiligten die Lerneinheit wahrgenommen haben und wie sie zu ihr stehen. Das bisherige Thema kann »ausgelutscht« sein, d.h. das Interesse ist erlahmt, der Atem der Konzentration ist erschöpft. Das kann mit inhaltlichen oder methodischen Unzufriedenheiten einhergehen. Das Thema kann sich gesättigt haben, d.h. es liegen Antworten und Problematisierungen vor, die mit einer gewissen Zufriedenheit erinnert und präsent sind. Ebenso ist es aber auch möglich, dass die Denkbemühungen in eine Sackgasse geraten sind, die zu einer Umorientierung zwingt oder dass es aus curricularen Gründen notwendig ist, noch bestimmte Inhalte innerhalb oder außerhalb eines Themengebiets zu erörtern. Im Unterschied zu den Situationen in bisherigen Kapiteln dieses Buchs ist hier jedoch der Abschluss eines Themas möglich und sinnvoll. Wir haben es also mit einer relativ späten Phase in einer Lerneinheit zu tun.

In jedem Fall ist zunächst die Aufmerksamkeit der Lehrkraft gefragt. Sie soll nicht auf ihren eigenen Hobbys bestehen, wenn es um eine anstehende Themenwahl geht, und ebenso wenig soll sie in eine Rechtfertigung des bisherigen Unterrichts oder gar auf Appelle verfallen! Wenn es dann darum geht, die Situation zu gestalten, dann sollte dies im Spannungsfeld zwischen den Lehrerintentionen, den curricularen Vorgaben und den Schülerinteressen erfolgen. Die Frage der Lehrerin *Was wollt ihr jetzt?* ist ebenso erlaubt wie ein Hinweis auf etwa behördliche Vorgaben, stark schematisiert können die einen Angaben links an der Tafel gesammelt werden, die anderen rechts, und in der Mitte werden Verabredungen festgehalten.

Wir wollen hier erstens darüber nachdenken, wie innerhalb eines Themas ein An- und Abschluss hergestellt werden kann, zweitens, wie ein Thema gefunden werden kann, das an das bisherige sachlogisch anschließt, und drittens, wie ein neuartiges Thema aufgeworfen werden kann. Zum Abschluss wollen wir Überlegungen zur Evaluation einer Lerneinheit formulieren, die schließlich in einen Standardfragebogen münden. In gewisser Weise schließt sich damit der Kreis der Situationen, vor denen Lehrkräfte im Philosophieunterricht stehen. Eine Anschlussstunde lässt sich gut so vorstellen, dass hier ein neues Vehikel den Weg zu einer tragfähigen Fragestellung bahnt, der alle Beteiligten dann nachgehen.

An- und Abschlüsse finden

Hilfreich ist, dass die Lehrkraft sich fragt, welche Aspekte der Unterrichtseinheit der Sachlogik und der Methodenlogik nach jetzt sinnvoll anzuschließen sind. Es kann ja sein, dass eine Facette des Themas zu wenig oder gar nicht vorkam oder dass der Denkmodellerwerb gegenüber der Erörterung viel stärker ins Gewicht fiel. Ein paar exemplarische Impulse mögen genügen.
- Sollen wir die Frage an dieser Stelle unseres Kurses umformulieren? Was spricht dafür?
- Gibt es einen Aspekt, den wir jetzt vertiefend behandeln sollen?
- Schlagt nach, welche Teil-Frage wichtig geworden ist, ohne dass wir sie zufriedenstellend beantwortet haben.
- Schreibt auf: Dieser Aspekt interessiert mich noch am stärksten. Findet euch anschließend in Interessengruppen zusammen und bereitet eine Präsentation vor, die am … gehalten wird. Welche

Materialien ihr benutzen dürft, klären wir gemeinsam in den Gruppen.
- Hier seht ihr eine Übersicht über die Methode des Philosophieunterrichts. Prüft bitte, welche Elemente der Übersicht wir noch nicht genügend stark berücksichtigt haben.

Gilt es, einen Abschluss einer Lerneinheit zu gestalten, so ist hierfür leitend, dass die Lehrerin diesen Schluss steuert und anleitet. Ein Kurs kann dabei nicht als systematisches Ende des Denkens angesehen werden; er ist eher als ein endlicher und begrenzter, in Teilen kontingenter Denkzusammenhang anzusehen, der auch kursorische Elemente enthält, denn als eine Fahrtroute, die in sich zeitlich geschlossen und zu einem Ziel geführt wird. *Konkretisierung, Aktualisierung* und die *Stiftung von Selbstbezügen* können als Maximen gelten. Je nach antizipierender Vorentscheidung darüber, ob ein neues Thema kontinuierlich oder mit einer Zäsur gesucht werden soll, kann die Lehrkraft nach *Problemüberhängen* oder *Problembreiten* fragen. Dazu Impulse:
- Mit welchen Gründen können wir das Thema jetzt abschließen?
- Wir haben über die Frage, worin Gerechtigkeit besteht, nachgedacht. Nun möchte ich an einem Beispiel eure bestmöglichen Antworten erfahren: *Soll ich als Schülerin bzw. Schüler meinen Nachbarn abschreiben lassen?* Bezieht Gründe aus unserem Kurs ein.
- Gestern in den Nachrichten ging es um folgende Situation. Was sagt ihr als Experten des Themas ... dazu?
- Hier habe ich ein Bild mitgebracht, das, finde ich, als Abschluss unseres Kurses geeignet ist. Inwiefern könnt ihr dem zustimmen? Was fehlt dazu auf dem Bild?
- Inwiefern haben wir jetzt zum Abschluss unserer Lerneinheit Grund, zufrieden zu sein?
- Blicke zurück: Welches ist dein größter Aha-Moment, der, an dem du sagst: Hier habe ich etwas wirklich Wichtiges gelernt?
- Stell dir eine Situation in deinem künftigen Leben vor, in der du denkst: Hier werde ich gebrauchen können, worüber wir nachgedacht haben! Wie ist sie gekennzeichnet?
- Schreibe in *einem* Merksatz auf, was das Ergebnis unseres Kurses ist. Die Merksätze sollen am Informationstag zur Vorstellung

des Fachs Philosophie für die 4. Klassen der Grundschule ausgestellt werden.
- Betrachte diese Fragedimensionen von Immanuel Kant ... Welche zieht dich jetzt am stärksten an? Nenne Gründe.

Ein neues Thema finden, das an das bisherige weiterführend anschließt

Ein solches Thema zu suchen ist natürlich nur dann sinnvoll, wenn noch genügend starkes Interesse vorherrscht. Unter Umständen können diese Impulse dabei behilflich sein:
- Welche Gründe sprechen dafür, tiefer und auf eine neue Art in unser Denkgebiet einzusteigen?
- Vor zwei Monaten habt ihr festgestellt, dass wir jetzt diese Aspekte des Themas genauer beleuchten müssten, um zu tragfähigen Erkenntnissen zu gelangen ... (z. B. sprachkritische, erkenntnistheoretische, wissenschaftstheoretische, metaphysische, handlungsleitende, anthropologische) – welche sollen wir wählen?
- Als wir darüber sprachen, ob *Moralität immer* gut für den Menschen ist, lag mir auf der Zunge, wir sollten über Humor oder über Glück nachdenken. Könnte dies ein gutes neues Thema sein? Was hätte es mit unserem bisherigen zu tun?
- Damals vor einem Monat habt ihr gesagt, als nächstes sei es geboten, wir würden über *Freiheit* nachdenken. Gilt dies noch?
- Gibt es einen offenen, vernachlässigten Aspekt des bisherigen Themas, der uns nun beschäftigen sollte? Wie würde er als Frage formuliert werden können?
- Gibt es Fragen, die sich uns während der bisherigen Unterrichtseinheit stellten, die wir jetzt als neue Frage an die Tafel schreiben könnten?

Zu einem neuartigen Thema kommen

Beizeiten mögen aber auch alle Beteiligten sagen: *genug davon!* Ein deutlicher Schnitt kann Kräfte beleben und vergleichbare Lernschritte in unbekannten Zusammenhängen ermöglichen. Möglicherweise ist es dann geboten, von einem nahen Thema zu einem weiter

entfernt liegenden zu wechseln – das gilt natürlich auch umgekehrt: Erkenntnistheorie nach Ethik, Sprachphilosophie nach Sinn-des-Lebens-Themen. Das kann beispielsweise mit den folgenden Aufträgen eingefädelt werden:
- Was spricht dafür, ein ganz neues Thema zu behandeln?
- Was habt ihr während der letzten Lerneinheit am stärksten vermisst? Welches Thema kann als Abhilfe geeignet sein?
- Schreibe auf: Heute suchen wir ein Thema, das *ganz anders* als das bisherige ist. Dazu gehört … Ich wünsche mir bei der Behandlung …
- Was sagt der Bildungsplan zu den Themen, die wir noch behandeln sollen?
- Schlag im Schulbuch die Seite auf, die dein Interesse jetzt gerade am stärksten weckt. Nenne Gründe dafür, warum wir uns damit in der nächsten Zeit beschäftigen sollen.

Ein *Blick auf Schulbücher* sei an dieser Stelle eingeschoben: Notgedrungen sind diese eher katalogisch und breit als problemorientiert und vertiefend: Die konkrete Frage eines Kurses kann ja in einem Schulbuch nicht vorausgesetzt sein, sie muss vielmehr von konkreten Menschen gefunden werden. Daraus folgt aber, in der Phase der *Generierung von Leitfragen* (eher) *schulbuchunabhängig* vorzugehen. Sonst droht der Unterricht selbst kaleidoskopartig zu werden, was einer problemorientierten begrifflich-argumentativen Erörterung zuwiderläuft.

Werfen wir noch einmal einen Blick auf die Fragestellung der Schülerinnen und Schüler im Titel dieses Kapitels – *Wann kriegen wir das nächste Thema?* – so zeigt sie schon, dass die Schülerinnen und Schüler sich als passive Empfänger von »Themen« verstehen. Daher bietet es sich an, den Übergang von einem Thema zum neuen als Chance der Erhöhung der Mitverantwortung zu begreifen und entsprechend zu gestalten. In jedem Fall empfehlen wir daher, beim Übergang von einem Thema zu einem nächsten eine *gründliche Methodenreflexion* durchführen zu lassen.

In dieser kommt es in besonderer Weise auf die Haltung der Lehrkraft an: Sie soll eine *beschreibende* Betrachtung der Vergangenheit ermöglichen. Auf keinen Fall soll die Lehrerin im Nachhinein den Unterricht rechtfertigen! Daher lautet das Motto für die

Lehrkraft: Betrachte deinen eigenen Unterricht und die Schüleräußerungen zu ihm wie einen interessanten Käfer! Gehe in Distanz zu deinem Unterricht! Gehe auch in Distanz zur Philosophie! Versuche, die Kritik zu lieben! Versuche zu verstehen! Denn an dieser Stelle gilt es, das Arbeitsbündnis zu erneuern und zu stärken, und dies verbindet nun einmal Interessen und Personen miteinander, wie sie faktisch sind.

Wir können die Vorgehensweise als Motto in einem Fünfschritt formulieren:
1. Wie war es?
2. Was wollt ihr?
3. Was braucht ihr dafür?
4. Was sollt ihr?
5. Was können wir verabreden?

Ein paar Impulse mögen genügen, von denen sich die Lehrkraft die passenden aussuchen kann:
- Lasst uns prüfen, wie wir vorgegangen sind: Was haben wir bisher alles getan?
- Wie haben wir die Frage untersucht?
- Haben wir die Frage so untersucht, dass alle unsere Interessen eingebunden waren?
- Beantworte: Hat die Frage etwas mit mir zu tun gehabt? War der Bezug zu mir für mich immer einsichtig?
- Haben wir mehr Fragen als Antworten? Ist das befriedigend, war es notwendig oder sogar gut?
- Gemäß eurer Erfahrungen im Philosophieunterricht: Was zeichnet einen guten Philosophiekurs aus?
- Was könnt ihr jetzt mehr oder besser als vor dem Kurs?
- Was von dem, was wir getan haben, hat dazu beigetragen, dass du jetzt mehr kannst?
- Was war die beste Stunde?
- An welcher Stelle konnte ich besonders gut lernen?
- Was sollen wir beibehalten, wenn wir demnächst ein neues Thema festlegen?
- Was kann ich mir *noch* vorstellen, was aber jetzt keinen Platz hatte?

- Welche der folgenden Elemente waren eher förderlich oder eher hinderlich für deine Auffassung von gutem Philosophieunterricht: die Menge der Texte, die wir gelesen haben, die Textlänge, die Diskussionen, der Wissenserwerb, die gegensätzlichen Positionen, ...
- Was habe ich vermisst?
- Was hat gestört?

Von den Antworten hängt dann ab, welche Konsequenzen die Lehrer-Schüler-Gemeinschaft zieht. Die getroffenen Verabredungen sollen möglichst schriftlich formuliert und zwischenzeitlich überprüft werden.

Ob ein *Standard-Fragebogen* zur Evaluation eines Philosophiekurses mit Hilfe von Kreuzen oder freien Texten gestaltet werden soll, hängt von vielen Faktoren ab, die wir hier nicht diskutieren wollen; stattdessen nennen wir ein paar Standardfragen, die gleichsam Evaluations*aspekte* darstellen, aus denen die Lehrerin einen Fragebogen erstellen kann.

1. Die Frage war so gestellt, dass mein Interesse geweckt war. Und wir haben die Frage so untersucht, dass ich Schritte zur Beantwortung gehen konnte.
2. Ich wusste stets, an welchem Punkt wir gerade waren.
3. Ich kann die Frage jetzt besser als zu Beginn der Auseinandersetzung beantworten – oder verstehen.
4. Ich verstehe die wichtigsten Denkmodelle.
5. Der Philosophieunterricht war abwechslungsreich.
6. Die Arbeit mit Texten hat meine Auseinandersetzung bereichert.
7. Wir haben Positionen und Meinungen zufriedenstellend diskutiert. Am Ende einer Stunde haben wir stets einen Lern- oder Erkenntnisfortschritt erreicht.
8. Ich konnte eine eigene Position entwickeln und begründen.
9. Ich habe verstanden, auf wie vielfältige Art unsere Fragestellung das Leben von Menschen beeinflusst.
10. Der Philosophieunterricht hat mir Freude bereitet. – Damit er mir (mehr) Freude bereitet, fehlt mir noch ...

Kapitel 26

Eine bunte Reihe Fragen

Probleme lassen sich, wie bereits mehrfach betont, nicht außerhalb einer konkreten Situation formulieren, sie stellen sich immer realen Menschen, *für die* eine Frage zur Suchaufgabe wird. Auch die Formulierungen von Problemen in Form von Fragen sind immer nur tragfähig für bestimmte Menschen, die mit den Worten in einer Frage einen Sinn und einen Zusammenhang verbinden können. Nur in diesem Fall gründen Fragen einen Untersuchungszusammenhang, in dem Schülerinnen und Schüler und Lehrkraft gemeinsam die Verantwortung für den Prozess des Nachdenkens übernehmen. Daher ist die Aufgabe, tragfähige Formulierungen von Problemen zu finden, immer eine, die sich konkret vor Ort stellt. Wir formulieren in diesem Kapitel lediglich mögliche Fragen zur gedanklichen Anregung. Die Fragen sollen nicht Leitfragen für eine Stunde sein, sondern sie sollen tragfähige Grundlagen für Lerneinheiten bilden können. Solche Lerneinheiten sind unterschiedlich lang, vielleicht dauern sie regelhaft in den Klassen 1 bis 4 zwei bis drei Wochen, in den Klassen 5 bis 9 eher sechs Wochen und können in der Oberstufe über einen Zeitraum von bis zu einem halben Jahr untersucht werden.

Problemorientierte Leitfragen können auf verschiedene Arten systematisiert und gefunden werden. Üblich ist die Zuordnung zu den vier Fragedimensionen Immanuel Kants. Diese Zuordnung hat ihre Tücken, insofern eine konkrete Frage Erörterungsaspekte in sich bergen kann, die in mehreren dieser Dimensionen liegen. Beispielsweise enthält die Frage *Sollen wir Angst vor dem Tod haben?* erkenntnistheoretische Aspekte – *Was können wir überhaupt über den Tod wissen?* –, ethische – *Wie sollen wir handeln, wenn wir doch irgendwann alle tot sind; kann es da bleibende unantastbare Güter geben?* –, sie berührt Hoffnungsansprüche rechtfertigende Aspekte – *Auf was dürfen wir uns als Sterbliche Hoffnung machen?* –, und schließlich sind natürlich anthropologische Dimensionen grundlegend und folgerungsfähig – *Wie verstehe ich mich selbst, wenn ich glaube, dass der Tod das definitive Ende ist oder wenn ich dies nicht annehme?* Obwohl es in Fragestellungen oft solche mehrfachen Bezüge gibt, um die eine Lehrkraft wissen sollte, liegen sie *eher* innerhalb einer Fragedimension – und jedenfalls ist es hier aus rein redaktionellen Gründen pragmatisch sinnvoll, Fragen auf diese einfache Weise zu sortieren.

Wir wollen im Vorwege ein paar Fragen formulieren, die von jüngeren Schülerinnen und Schülern gestellt werden und die in kürzeren Lerneinheiten tragfähig sein können. Nachdem wir dann Fragen zur Anregung formulieren, die wir Kants Fragerichtungen zuordnen, wollen wir zum Abschluss auf methodischer Ebene zwei Beispiele vorlegen, wie Fragen stärker vom Lehrer oder der Lehrerin ausgehend gelenkt werden können und wie dies stärker von Schülerinnen und Schülern ausgehend gelingen kann.

- Kann mein Hund mein bester Freund sein?
- Darf ich Lollys aus dem Laden stehlen, wenn dort viele liegen und der Besitzer reich ist?
- Gibt es Hello Kitty?
- Kann man etwas gerecht aufteilen?
- Muss ich immer tun, was meine Eltern sagen?
- Muss ich mir von Älteren was sagen lassen?
- Darf ich petzen?
- Wofür brauche ich Vorbilder?
- Warum versteht mich niemand?
- Du willst mich nicht verstehen! – Wann stimmt das?
- Kann man viele Freunde haben?
- Welche Information über mich würde ich nicht posten?
- »58 Freunden gefällt, dass ich meinen Beziehungsstatus auf ›in Beziehung‹ geändert habe« – was ändert sich dadurch für mich?
- Wann ist Verrat erlaubt?
- Was darf ich alles für meine Karriere tun?
- Wenn wir jetzt alle auf eine Insel gelangen würden – wie würden wir zusammenleben?
- Feigheit erfordert Mut!?
- Was gewinne ich durch Mutproben?
- Soll ich so wie mein Held werden?

- Wer will ich eher sein: *Iron Man* oder *Captain America*?
- Lieber Prinzessin Lillifee oder Pippi Langstrumpf?
- Besser Model oder besser Superstar werden?
- Wer ist eigentlich BOSS?
- Ist Langeweile ein gutes Gefühl?

Erkenntnis und Sprache

- Können Tiere sprechen?
- Können Menschen sich verstehen?
- Kann jemand aus meinen Daten ablesen, wer ich bin?
- Gibt es eine oder mehrere Wahrheiten?
- Gibt es das: *meine* Wahrheit?
- Gibt es Garantien für *Wahrheit*?
- Wann kann ich sicher sein, etwas wirklich zu wissen?
- Gibt es Grenzen des Wissens?
- Gibt es etwas, das durch Wissenschaften nicht erkannt werden kann, was wir aber gerne wüssten?
- Gibt es etwas, das *niemand* wissen kann?
- Ist *sicheres Wissen* naturwissenschaftlich?
- Weiß ich etwas besser, wenn ich es selbst wahrgenommen oder erfahren habe?
- Ich glaube nur das, was ich sehe!?
- Gibt es etwas, das ganz sicher gilt?
- Heißt zeitgenössisch sein, blöde sein?
- Ist der Zeitgeist immer gut?
- Überlebensstrategie: so zu denken wie alle!?
- Macht es klug, so zu denken, wie alle?
- Produzieren Wissenschaften Wissen?
- *Voll krass! Korrekt, Mann! Rumharzen!* – Ändert unsere Sprache unsere Lebenseinstellung?

Anthropologie und Kultur

- Ist alles, was machbar ist, zu realisieren?
- Macht Schule dumm?
- Brauche ich Wissenschaften, um mich selbst zu verstehen?

Eine bunte Reihe Fragen

- Kann es sinnvoll sein, Geheimnisse zu haben?
- Werden alle Rätsel der Welt irgendwann gelöst sein?
- Muss Kunst schön sein?
- Brauche ich Kunst, um glücklich zu sein?
- Wieviel Wahrheit steckt in Musik?
- Steckt in Songs das richtige Leben?
- Kann man Wissen downloaden?
- Sind alle meine Facebookfreundschaften *wirkliche* Freunde?
- Kann ich jemandem nahe stehen, den ich nicht kenne – beispielsweise einem Autor eines Buches oder einer Rolle in einem Film?
- Sind Utopien wichtig?
- Virtuelle Welten – kann man am Leben anderer teilhaben?
- Wann habe ich das Gefühl, beschnüffelt zu werden?
- Darf jemand seine Nase in meine Angelegenheiten stecken?
- Leben wir »zu schnell«?
- Ist es gut, wenn Arbeit immer effektiver erledigt wird?
- Sollen Maschinen künftig alle Arbeit verrichten?
- Gibt es für alles eine technische Lösung?
- Arbeiten Maschinen besser als Menschen?
- Können Computer alle Probleme lösen?
- Merken wir immer, wenn wir manipuliert werden?
- Ist Liebe ein chemischer Prozess?
- Was wäre ein Leben ohne Liebe?
- Woran merke ich, dass ich liebe?
- Wenn mich jemand wirklich liebt: versteht der mich GANZ?
- Kann ich jemanden lieben, den ich nicht kenne?
- Kann ich in meinem Leben frei handeln?
- Bin ich so wie mein Name?
- Geld macht glücklich!?
- Macht Geld unabhängig?
- Sind humorvolle Menschen glücklicher?
- Brauche ich Freunde?
- Bin ich erst so, wie ich bin, weil ich die und die Freunde habe?
- Kann ich alleine noch ich selbst sein?
- Vereinigt unvereint – gehören Sex und Liebe automatisch zusammen?
- Ein Partner ist mir zu wenig, alle sind mir zu viel!?

- Kann das Internet süchtig machen?
- Brauchen wir eine andere Welt als die reale?
- Müssen sich gute und schlechte Zeiten abwechseln?
- Was wäre eine Kultur ohne Tabus?
- Ist beizeiten Wut oder Empörung *angebracht*?
- Wer trauert, akzeptiert nicht!?
- Sind wir *nur* Menschen oder *doch immerhin* Menschen?
- Was heißt es, dass jemand *menschlich* ist?

Ethik und politische Philosophie

- Dürfen wir aus Embryos Stammzellen für ein defektes Körperteil herstellen?
- Was wäre die Natur ohne uns?
- »Alles gehört allen« – Was gehört allen und was darf ich ganz für mich beanspruchen?
- Muss man für spätere Generationen verantwortlich sein?
- Darf man jemanden für ein höheres Gut opfern?
- Dürfen Drohnen in einem fremden Land Menschen töten?
- Haben Tiere Rechte?
- Gibt es gerechte Kriege?
- Sind wir für die Welt verantwortlich? Wer sonst?
- Sind wir mehr wert als Tiere und Pflanzen?
- Was zeichnet einen gerechten Staat aus?
- Was darf der Staat alles?
- Bin ich weniger frei, wenn die Polizei in meiner Nähe ist?
- Können Gesetze frei machen?
- Muss ich für die Renten älterer Menschen aufkommen?
- Warum Steuern zahlen?
- Leben wir heute in einer Demokratie?
- Warum soll ich gut sein?
- Was spricht eigentlich gegen Egoismus?
- Ist Moral wichtig?
- Warum gibt es eigentlich kein Unterrichtsfach »gelingendes Leben?«
- Ist Toleranz immer gut?
- Kann jeder mein Freund sein?

Eine bunte Reihe Fragen

- Soll ich Fremde mögen?
- Ehrenmord oder gar keine Ehre mehr?
- Kann es Taten geben, die zwar verboten, aber dennoch moralisch richtig sind?
- Führt der Verzicht auf Verbote ins Chaos?
- Sind Eltern für ihre Kinder verantwortlich?
- Ist es ratsam Lehrerinnen bzw. Lehrern zu sagen, was ich denke?
- Muss man immer sagen, was man denkt?
- Muss Strafe wirklich sein?
- Muss ich alles verzeihen?
- Muss ich für alles Verständnis haben, das ich verstehen kann?
- Muss ich alle Versprechen halten?
- Was ist Treue?
- Gibt es Handlungen, die ich aus Takt unterlassen sollte, obwohl sie im Prinzip gut sind?
- Was soll öffentlich, was privat sein?
- Wem gehört etwas, das im Internet ist?
- Gibt es ein Recht auf Schweigen?
- Darf ich manchmal lügen?
- Darf ich Kleidung oder Handys kaufen, für die Kinder in anderen Teilen der Welt ihre Gesundheit ruinieren?
- Hat jeder das Recht, bei uns in Deutschland zu sein?
- Dürfen Fremde im Gastland so bleiben, wie sie sind?
- Kann man Fremde verstehen?
- Ist Multikulti gut?
- Muss es Ein Recht im Staat geben?
- Ist ungleiches Einkommen gerecht?
- Ist es wichtig, dass es in der Welt gerecht zugeht?
- Wer nicht arbeitet, soll wenigstens gut essen!?
- Führt Philosophie oder Religion zum besseren Leben – oder was?
- Ist Philosophie wichtig?

Metaphysik und Hoffnung

- Kann ich jemanden davon überzeugen, dass es Gott gibt?
- Gibt es Gott?
- Ist die Frage nach Gott veraltet?

- Kann Gott in mein Leben eingreifen?
- Gibt es eine Welt der Gedanken?
- Stimmt das: Wenn Gott tot ist, ist alles erlaubt?
- Gibt es mehrere Welten?
- Gibt es das: Schicksal – oder ist alles ein zufälliges Los, das ich annehmen kann?
- Ist das Leben ein Wunschkonzert oder ein Ponyhof oder harte Arbeit?
- Sollen wir Angst vor dem Tod haben?
- Ist es möglich, in der Wahrheit zu leben?
- Was unterscheidet Glauben von Wissen?
- Hunde, wollt ihr ewig leben!?
- Woher komme ich, und wohin gehe ich?
- Gibt es ein Ende der Welt?
- Gibt es einen Anfang aller Dinge?
- Gab es am Anfang einen Ur-Knall?
- Entwickelt sich die Welt immer zum Besseren weiter?
- Was hält den Fortschritt auf?
- Ist die Gegenwart ein Mittel für eine bessere Zukunft?
- Brauchen wir die Vorstellung einer guten Zukunft, um jetzt gut leben zu können?
- Gibt es EINE Lebenshoffnung, die die allerallerwichtigste ist?
- Ist es gut, dass nicht alle unsere Pläne in Erfüllung gehen?
- Hat immer einer Schuld, wenn eine Katastrophe eintritt?
- Wissen Europäer besser, was für alle richtig ist?
- Zählen Menschenrechte überall?
- Kommen wir durch Vernunft zur Wahrheit?
- Gibt es eine chinesische, iranische, amerikanische Vernunft – oder gibt es nur EINE Vernunft?
- Kann Scheitern fruchtbar sein?
- Gibt es Lebensziele, die besser begründbar sind als andere?
- Ist unser Leben absurd?
- Leben – genießen oder eine Aufgabe erfüllen?

Oftmals handelt es sich bei diesen Fragen um Ja-Nein-Fragen. Solche Fragen haben den Vorteil, dass ihnen anzusehen ist, dass hier etwas auf dem Spiel steht – sie können Kontroversen entfalten. Das lässt sie geeigneter erscheinen als Formulierungen wie »Inwiefern ... inwieweit ... Was ist ... Was bedeutet ...?« Ja-Nein-Fragen sind nur dann nicht hilfreich, wenn Schülerinnen und Schülern noch nicht klar ist, dass sie Antworten auch begründen müssen, oder wenn es auf eine Frage mehr als zwei Antworttypen gibt, die von vornherein ins Auge fallen.

Anders als in Kapitel 4 formuliert enthalten manche Fragen keine zentralen Begriffe, um deren Zusammenhänge gerungen werden kann – oder nur wenige und diese nicht fachsprachlich formuliert. Ob eine Frage eher begrifflich genau oder alltagsangebunden formuliert werden soll, dies wollen wir hier offen lassen. Denn es gibt für beide Varianten gute Gründe: Wird die Frage alltagsnah formuliert – *Wer nicht arbeitet, soll wenigstens gut essen!?* –, dann besteht die Chance, dass die Schülerinnen und Schüler etwas mit der Frage verbinden können. Möglicherweise sind die Beteiligten dann in einer späteren Phase der Lerneinheit jedoch gezwungen umzuformulieren, um philosophische Erörterungslinien genauer begreifen zu können. Wird die Frage philosophisch präziser gefasst – *Welche Form austeilender und distributiver Gerechtigkeit soll im Staat leitend sein?* – kann die Chance bestehen, bereits zu Beginn einer Lerneinheit die Leitlinien des Untersuchungsgangs gemeinsam mit den Schülerinnen und Schülern bestimmen zu können. Ähnlich ist es, wenn wir uns zwischen der Frage *Gibt es ein moralisches Prinzip, an dem wir unser Handeln ausrichten sollen?* und der Formulierung *Kann ich allein in meinem Kopf entscheiden, welche Handlungen gut sind?* Eine situationsorientierte Fragestellung im gleichen Problemzusammenhang guten Miteinanderlebens findet sich oben in der Auflistung am Beispiel des *Taktes*.

Vermutlich ist die sinnvoll zu wählende Formulierungsart abhängig von den Lernvoraussetzungen der Schülerinnen und Schüler, von ihrem Alter und vom Unterrichtsstil der Lehrkraft. Wir haben uns hier der Motivation halber eher für alltagsangebundene Formulierungen entschieden. Eine Mischform zwischen einer Entweder-Oder-Entscheidung von fachsprachlich genauer Formulierungswahl und pointierter und situationsangebundener Formulierung besteht darin, die Frage als Lehrerin oder Lehrer relativ zeitig, etwa eine Doppelstunde nach vorläufiger Frageformulierung durch Schülerinnen und Schüler umzuformulieren und die Gründe zu benennen sowie die Formulierungsänderung zu motivieren, etwa durch einen vorbereitenden Text, der vom Beispiel zum Allgemeinen führt.

Bisweilen haben wir die Fragen so formuliert, dass sie abgewandelte Thesen sind oder gar Ausrufe, bei denen fraglich ist, ob man ihnen zustimmen möchte. Solche Formulierungen können motivieren, weil wir als Hörer oder Leser das Gefühl haben, wir möchten jetzt in einen Dialog mit einer Person treten, die diese Position vertritt. In dieser Absicht ist es durchaus angeraten, in Fragestellungen unbekannte und überraschende Aspekte einzuflechten, die Appetit auf neues Wissen machen. Der Schüler bzw. die Schülerin mag fragen: *Aha, so habe ich bisher noch gar nicht gedacht, eher im Gegenteil – das will ich jetzt wissen!* Derartige Fragen spitzen auf einen Aspekt zu und rücken deshalb eine Kontroverse in erreichbare Nähe. So sind etwa die obigen Fragen zu gelingender Lebensführung tragfähiger als die Frage *Was ist der Sinn des Lebens?* Diese wird ob ihres Umfangs und ihrer Unbeantwortbarkeit nach anfänglicher Euphorie meistens eher Frustrationen erzeugen – wenngleich auch diese Frage tragfähig ist, sofern die Schülerinnen und Schüler sie denn unbedingt erörtern wollen.

Fragestellungen werden dann tragfähig, wenn sie zugänglich für Schülerinnen und Schüler werden; daher ist es ratsam, dass Lehrerinnen und Lehrer sich fragen, ob sie sich vorstellen können, dass Kindern spezifischen Alters sich bestimmte Fragen wohl stellen. Bisweilen – wenn man selbst als Lehrkraft schon recht tief in die Wissenschaft der Philosophie eingetaucht ist – kann es hilfreich sein, sich zu fragen, ob man sich vorstellen kann, dass eine Frage für die eigenen Freunde relevant sein kann oder für Menschen, die nicht Philosophie studiert haben.

In jedem Kapitel dieses Buchs haben wir es mit einer Spannung zu tun, die darin besteht, dass einerseits Schülerperspektiven vorliegen. Solche haben wir als Thesen in den Kapitelüberschriften formuliert. Diese Perspektiven bergen Unzufriedenheiten in sich, die andererseits nach Gestaltungen aufgrund der Lehrerperspektive verlangen. Aber hier ist eine *solche* Perspektive gefragt, in der die Lehrkraft auch antizipiert, welches aufgrund ihres oder seines Verständnisses der

Schülerperspektiven ein sinnvoller nächster Schritt für die Lernenden sein kann. Diese Aufgabe haben wir in den Kapitelüberschriften als Fragen formuliert. Eigentlich lässt sich sagen, dass mindestens die Lehrkraft in sich mehrere Perspektiven tragen soll (die eigene und die antizipierten der Schülerinnen und Schüler).

Am Ende einer Lerneinheit soll die Spannung zwischen Schüler- und Lehrerperspektiven möglichst *fruchtbar* in eine Auseinandersetzung gewendet worden sein, und die vielen Perspektiven sollen auch *vergleichbarer* geworden sein. Das heißt, die Verantwortung der Schülerinnen und Schüler ist gestiegen und das Verständnis der Lehrkraft ebenso.

Zu Beginn einer Lerneinheit können die Perspektiven ruhig konfrontativ aufeinander bezogen werden. Aus einer solchen Konfrontation kann ein *Bedürfnis der Auseinandersetzung* erwachsen, so wie es auch bei der Vorlage von Vehikeln ist. Wir wollen hier als Extremfall vorschlagen, dass der Beginn des Unterrichts als eine intergenerationelle Konfrontation gestaltet wird. Das ginge so:

Liebe Schülerinnen und Schüler, ich lege euch heute ein paar Gedanken von älteren Menschen und von mir selbst vor. Bitte prüft: Inwiefern könnt ihr sagen: Das gilt noch?

- Nicht alles, was erlaubt ist, ist auch gut.
- Entweder gibt es Gott oder es gibt gar keinen Sinn!?
- Abraham starb alt und lebenssatt. – Was sättigte ihn?
- »Nur das Gesetz kann uns Freiheit geben.« (Goethe)
- »Spricht die Seele, ach, so spricht die Seele schon nicht mehr.« (Schiller)
- »Der vernünftige Mensch passt sich den Umständen an, der unvernünftige versucht, die Umstände sich anzupassen. Aller Fortschritt geht vom Unvernünftigen aus.« (George Bernhard Shaw)
- Wie schön, wenn man moralisch ist, doch keiner kann es wissen! (Kant)
- Hochverrat ist eine Frage des Datums.
- Man steckt seine Nase nicht in anderer Leute Angelegenheiten.
- Manchmal ist man Menschen etwas schuldig.
- Es gehört sich einfach so, dass man nicht auf das Handy guckt, wenn man mit anderen redet.

- Tischmanieren sind wichtig.
- Kinder und andere nahe Menschen soll man des Öfteren in Ruhe lassen.
- Eine tickende Uhr im Klassenzimmer zerstört jede Form des konzentrierten Denkens.
- Manchmal ist es gut, richtigen Mangel zu empfinden.
- Trau keinem über dreißig!
- Er hat das falsche Bewusstsein!
- Geld: geprägte Freiheit!

Umgekehrt kann ein rein spiegelndes oder interpretatives schülerorientiertes Verfahren geeignet sein, in eine problemorientierte Auseinandersetzung hineinzugelangen. Ein solches Setting sähe im Extremfall so aus:

Liebe Schülerinnen und Schüler, heute sollt ihr zu einer gemeinsamen Leitfrage gelangen, die euch interessiert. Bitte denkt dazu allein nach: Welche Frage hat euch immer schon oder in der letzten Zeit beschäftigt; aber ihr habt keine gute Antwort gefunden? Im Anschluss stellt ihr eure Gedanken in der Runde vor und denkt darüber nach. Ich werde manche Fragen an der Tafel aufschreiben; ihr dürft ebenfalls zur Tafel gehen und Fragen aufschreiben. Wundert euch nicht, wenn ich an manchen Stellen überraschend formuliere. Seid ihr nicht damit einverstanden, schreibt daneben eure Formulierung. Am Ende entscheiden wir uns mit Gründen für genau eine Frage, auf die wir eine Antwort suchen.

Die Lehrkraft spielt auf diese Weise ihre bzw. seine Erfahrungen aus, nahe liegende Gedanken tragfähig zu machen, die Schülerinnen und Schülern jedenfalls in formulierter Weise nicht gegenständlich zur Verfügung stehen.

KAPITEL 27

Exkurs 4 – Der Bildungsanspruch des Fachs Philosophie

Insgesamt lässt sich die Struktur des Philosophieunterrichts – der Lernprozess – wie folgt darstellen:

Struktur der Situationen des Philosophieunterrichts

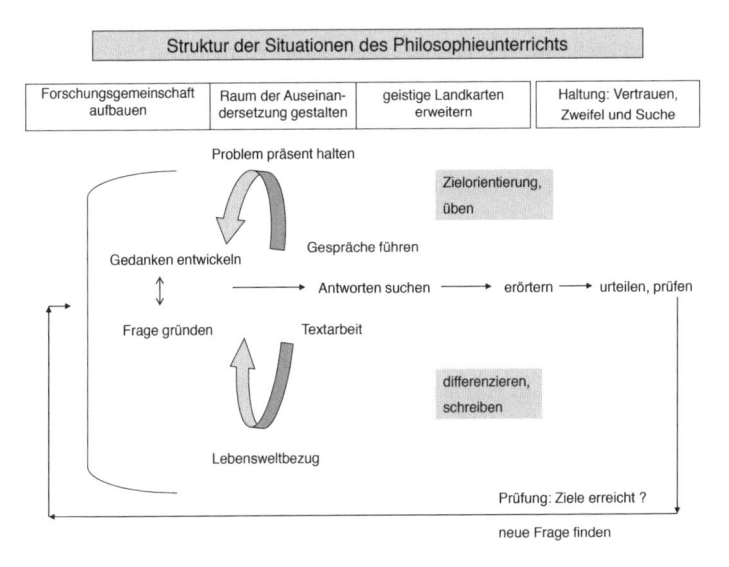

Forschungsgemeinschaft aufbauen	Raum der Auseinandersetzung gestalten	geistige Landkarten erweitern	Haltung: Vertrauen, Zweifel und Suche

Problem präsent halten

Zielorientierung, üben

Gedanken entwickeln

Gespräche führen

Antworten suchen → erörtern → urteilen, prüfen

Frage gründen   Textarbeit

differenzieren, schreiben

Lebensweltbezug

Prüfung: Ziele erreicht?

neue Frage finden

Abb. 5: Struktur der Situationen im Philosophieunterricht

Üblicherweise wird das *Ziel* des Philosophierens mit diesen drei Aspekten umschrieben: (1) Orientierung gewinnen und urteilen können, (2) »die Vernunftstelle einnehmen« können sowie (3) mit Aporien bzw. Ungewissheiten leben und eine Haltung des Zweifelns erlernen.

Wir formulieren den Bildungswert von Philosophieunterricht einmal anspruchsvoll in Anlehnung an diese drei Zielformulierungen der Orientierung und Beurteilung, der Vernunft und des Umgangs mit Ungewissheiten. Im Anschluss ergänzen wir einen Ausblick.

Wir können das Ziel des Philosophieunterrichts erstens als *Orientierung* ansehen. Das Ziel, das alle Beteiligten anvisiert haben, als sie eine Fragestellung formuliert haben, war bessere Orientierung, denn es ging darum, eine *möglichst gute* Antwort zu finden. Orientierung *durch* Denken – das Ziel, *die* richtige oder beste Antwort zu erhalten, wird wohl nicht erreicht werden. Dennoch kann das philosophische Denken zu Orientierung führen, im Sinne einer *situativen Handlungsfähigkeit,* d. h. die Schülerinnen und Schüler gewinnen Orientierung in Situationen. Sie *handeln* begründet und entschieden. Diese Handlungsfähigkeit ist eher sentimentalisch als naiv; sie entsteht ja durch Reflexion. Es geht aber bei der Reflexion von Situationen nicht nur um Handlungen. Schülerinnen und Schüler können Situationen besser verstehen und sie besser deuten. Dies kann Orientierung durch *Übersicht in Situationen* genannt werden – das ist dann Orientierung *im Denken* und ein *methodisches* Bildungsziel. Eine solche Art der Orientierung liegt auch dann vor, wenn ich ein *Problem* besser *verstehen* kann; dann kann ich Ebenen unterscheiden. Ich erhalte Überblick über Denkmöglichkeiten und Facetten des Problems. Dieser Überblick ermöglicht es mir, Stellung zu nehmen und einen Standpunkt zu gewinnen. Diese Art von Stellungnahme durch Überblick ist aber subtil, denn sie entspricht gerade nicht bloß einem Urteilen. In einem Urteil, für das ich beispielsweise kämpfe und das ich gegen andere Auffassungen zu verteidigen suche, *bewege* ich mich relativ zu anderen Positionen. Überblick zu erhalten hingegen ermöglicht mir, stehen zu bleiben, Unterschiede zwischen Denken A und Denken B festhalten zu können.

Orientierung *durch* Denken entsteht im Urteilen. Denn sich für eine Handlung oder eine Deutung zu entscheiden ist ein Urteilsakt. In einer solchen Orientierung, in der die Sicherheit überwiegt und die aus einem Urteil entsteht, in der die Begründungen für eine bestimmte Auffassung überwiegen, liegt Urteils*kraft* vor. Eine Orientierung *im* Denken hingegen, in der eine Person mit Argumenten an der Möglichkeit einer gesicherten Erkenntnis zweifelt, ist Ausdruck geschulten Urteils*vermögens.*

In beiden Fällen verfügen Schülerinnen und Schüler über Deutungsangebote. Im Durchgang durch Denkmodelle wird die Lebenswelt in Positionen beleuchtet, und diese Konstruktionen werden verständlich. Wer urteilen kann, macht sich die Welt oder die Arten, wie Menschen sie deuten, verständlich und lernt sie zu deuten. Schülerinnen und Schüler lernen daher durch Philosophieunterricht, ihre Lebenswelt besser zu strukturieren.

Mit sich selbst einstimmig denken zu lernen – das ist – zweitens – eine Zielbeschreibung des Philosophierens. Sie stammt von Immanuel Kant und lautet an anderer Stelle eben: die Stelle der Vernunft einnehmen. Offenbar kommen hier *Selbstbezug* – mit *einer Stimme* sprechen können – und *Sachbezug* zusammen – einstimmig im Sinne der *Konsistenz* sprechen können. Ist diese Art von Vernunft durch Philosophieunterricht erreichbar? Wir wollen die Ziele des Philosophieunterrichts einerseits bescheidener, andererseits anspruchsvoller formulieren. Anstelle der Einstimmigkeit und Einnahme der Stelle der Vernunft wollen wir sagen, die Schülerinnen und Schüler lernen durch Philosophieunterricht *mit sich selbst im Gespräch zu sein*.
Indem sie sich mit sich selbst auseinandersetzen, *schulen sie ihre Perspektive* und setzen sich mit Denkmodellen *als Positionen* auseinander. *Perspektiven* sind in subjektiv strukturierte Situationen eingelassen; ein *Denkmodell* ist in (vielen) Teilen von Subjektivem zugunsten des Allgemeinen ›bereinigt‹ und zielt daher – in seiner strukturellen Klarheit – auf Allgemeinheit.
Wir wollen dies kurz erklären: In der Allgemeinheit und in allgemeingültig formulierten Gedanken ist der Wissens-Anspruch von Gedanken modelliert, die vom vereinzelt Subjektiven auch weiter ins Allgemeine reichen. Der Wissens-Anspruch von Denkzusammenhängen wird dann, wenn eine Person ihn geltend macht, (sozusagen im Allgemeinen) in Stellung gebracht, und wird somit eine *Stellungnahme* zum eigenen Leben und zur Lebenswelt anderer. Ein Denkmodell ist also im Philosophieunterricht ein Kandidat für eine Position. Position, darunter wollen wir, wie in vorigen Kapiteln gesagt, die Stellungnahme im Lebenszusammenhang verstehen. (Eine Position wird eingenommen; Leben wird mit Hilfe von Positionen angeeignet.)
Wird auf diese Weise Sachlichkeit und Subjektivität im Philosophieunterricht miteinander vermittelt, so können die Schülerinnen und Schüler *eine Lernprogression als ihre eigene Lerngeschichte* ansehen.

Dadurch wird eine Perspektive auf Meinungen, Denkmodelle und Positionen elaboriert. Perspektiven sind *Blickrichtungen auf* Positionen. Die Schulung der Perspektivität erfordert Reflexivität, sprachliche Klarheit, aber auch, dass Schülerinnen und Schüler für ihre Auseinandersetzung mit sich selbst eine passende Sprache finden, in der sie, was sie reflektieren, auf ihre Ausgangsinteressen rückbeziehen, auf sich selbst und auf argumentative Anforderungen und Ansprüche. Die Fähigkeit, Positionen und Auffassungen betrachten zu können, ohne dass sie in Verfügungen und als automatisch geltende Denk- oder Handlungszwänge eingelassen sind, lässt sich aristotelisch mit ›theoria‹ und modern mit ›Einblicken‹, ›Aufmerksamkeit‹ oder auch ›Empathie‹ beschreiben. In der Tat entsteht ein dialogisches Verhältnis zu sich selbst, wenn jemand seine Auffassungen reflektieren kann.

Das Subjekt, das eine Perspektive einnimmt, wird nicht in einer substantiellen Weise als jemand, der (abschließend) so und so ist, denkt und auf dem Prüfstand steht, angesprochen, sondern als jemand, der gerade nachdenkt und Gedanken betrachtet. Wird ihre Perspektive in den Mittelpunkt gerückt, werden die Schüler-Subjekte als reflektierende Menschen angesprochen. Perspektiven können (besser als Positionen dies vermögen) einander bereichern; Perspektivunterschiede erweitern den Blickradius. Wenn *Perspektivität* ein Ziel des Philosophieunterrichts ist, dann entsteht diese im *Dialog* und daher im Verhältnis von Perspektiven zueinander. Positionen, verstanden als abschließende und endgültige Urteile mögen erst dann aus solchen Verhältnissen erwachsen.

Mit der Schulung der Perspektivität als Bildungsziel geht unmittelbar das gute alte Ziel der *Selbsterkenntnis* einher. Die Bildung der Schülerin und des Schülers als Subjekt, die sie bzw. er durch Philosophieunterricht erfährt, besteht darin, dass er sich *spiegelt*. Dies mag psychologisch klingen, bedeutet aber nur den reflexiven Grundzug des Philosophieunterrichts. Das Subjekt spiegelt sich in grundlegenden Problemen. Es spiegelt sich in Denkmodellen. Es spiegelt sich im Erzählen, Betrachten und Prüfen von Situationen, auf die sich die Denkmodelle erstrecken. Und schließlich spiegelt sich das Subjekt in den menschlichen Möglichkeiten, die sich dadurch ergeben.

Der Unterschied zu einer Selbstbespiegelung, bei der sich an Narziss denken lässt, ist der, dass der Philosophierende sich in etwas anderem spiegelt. So wie die Mutter ihr kleines Kind spiegelt, kann der Mensch auch in seiner Kultur gespiegelt werden, in und durch Normen, Traditionen und eben: Denkmodelle, von denen her er sich besser oder genauer verstehen kann. Eine solche Spiegelung kann verdeutlichend und orientierend sein, sie kann mich gewissermaßen zurechtrücken, denn ich erkenne mich selbst dann als jemand, der ich sein oder werden möchte oder bin, ohne das gewusst zu haben. Daher geschieht philosophische Reflexion in Distanz, die eine gewisse und möglicherweise sich verändernde Nähe zu sich selbst erst entstehen lässt. *Im See spiegelt sich die reifende Frucht (Goethe).*

In einem solchen emphatischen Bildungsverständnis von Philosophieunterricht lässt sich formulieren: Ich entwerfe mich selbst als Mensch im Blick auf Denkmodelle, die in Problemzusammenhängen stehen. Daher kann neben der Selbsterkenntnis auch die *Selbstveränderung und -erweiterung* als Ziel gelten.

Vernünftig durch Philosophieunterricht werden, das kann also heißen, in der Lage zu sein, mit sich selbst im Gespräch zu sein. Nun findet solche Selbstreflexion und Selbstprüfung im Philosophieunterricht immer auch im *Gespräch mit anderen* statt. Sie wird unter anderem im Dialog erreicht, in dem ich mich im Lichte der Reflexion meiner Mitschülerinnen und Mitschüler erkennen, beleuchten und ansprechen lassen kann. Eine bloße Innenperspektive wird im Gespräch überwunden, meine Mitschülerinnen und Mitschüler betrachten nämlich nicht nur die Wirklichkeit und Denkmodelle, sie betrachten auch meine Gedanken. Im Gespräch vollzieht sich eine wechselseitige Perspektivierung, und im Verstehen wird eine Perspektivenübernahme möglich. Insofern sich Subjekte in der Wahrnehmung ihrer perspektivisch bedingten Äußerungen durch andere spiegeln – und im Bespiegeln Brechungen wahrnehmen –, werden sie einzelner Aspekte ihrer Innenperspektive gewahr. Das Gespräch erweitert die Selbstwahrnehmung, weil sich eine wechselseitige Perspektivierung vollzieht.

In der Schulung der Reflexionsfähigkeit entsteht wiederum – wie beim ersten Bildungsziel, der Orientierung – eine gewisse *Haltung* der Schülerinnen und Schüler. Und auch diese Haltung entspricht nicht einem bloßen Urteilen. Das übliche Verständnis von *Haltungen,* die Menschen (auch) im Unterricht »einnehmen«, ist an dieser

Stelle irreführend. Denn damit sind oft Einstellungen und Positionen gemeint. Eine *philosophische* Haltung zu erwerben – und dies sei hier als Bildungsziel etabliert –, bedeutet jedoch das genaue Gegenteil: zu reflektieren, sich als im Dialog befindlich zu verstehen und daher also: sich zu anderen, zu Problemen und sich selbst je nach Denklage unterschiedlich zu verhalten. Wir können sagen: Der philosophisch Gebildete weiß sich und lebt im Verhältnis zu sich, anderen und der Wirklichkeit. Dies ist eine Art Halt, den Philosophen haben. Im Verhältnis zu sich selbst kann jeder in dieser Weise mit sich selbst Freundschaft schließen. Wer mit sich selbst im Gespräch ist, hält es aus, keine Letztgültigkeit von Denkergebnissen zu erreichen und übt sich auf dem Wege zu Erkenntnis in Gelassenheit.

Damit wechselseitige gespiegelte Perspektivierung den Horizont des Denkmöglichen erweitern kann, müssen die Schülerinnen und Schüler die Chance haben, Neues, Ungewohntes, Sperriges spielerisch zu erproben. Auf diese Weise können sie prüfen, ob sie sich vorstellen können, in dieser Weise ihr Leben zu führen. Das den Lernweg begleitende Gespräch pendelt daher zwischen spielerischem Erproben und ernsthaftem Prüfen und schärft Urteilskraft sowie Urteilsvermögen. So kultivieren Schülerinnen und Schüler im Philosophieunterricht einen spielerischen Umgang mit sich selbst, sie balancieren *Ernst und Spiel* in der Weise des *Humors* aus.

In den letzten beiden Arten von Bildungszielen – Orientierung und Reflexion – haben Denkmodelle eine zentrale Funktion: Sie sorgen für die Strukturierung von Gedankengebieten und damit für Überblick. Sie machen die Wirklichkeit klarer und können in ihrer Orientierungsleistung für Personen und Situationen herausgestellt werden. Sie selbst können zweitens als *Denkmodelle* klarer werden. – Und schließlich können die Bedingungen, unter denen sie gelten, erkannt werden.

Schülerinnen und Schüler lernen im Philosophieunterricht dementsprechend, zu *problematisieren* und zu kritisieren. Sie erwerben eine Haltung des Zweifelns im Sinne des Prüfen-wollens. Dies geht einher mit Differenzfähigkeit, Respekt und einer durchgängigen Fragehaltung, vielleicht auch mit prinzipieller Offenheit für andere Denkungsarten. Wer eine solche Haltung durchgängig praktiziert, wird wohl bescheiden sein; sie oder er ist aufmerksam für die Grenzen des eigenen Denkweges und der eigenen Positionen.

Welche Rolle spielen Aporien hierbei? Wir können sie zunächst als *Situationen* etablieren, die *aus Denkprozessen resultieren,* und nicht als (Dauer-)Zustände. In einem Denkprozess, der zum Problematisieren von Wissensansprüchen führt, kann es ein Moment der Befreiung darstellen, ein System als System zu erkennen. Glaubte ich zuvor, es *müsse* soundso gedacht werden, so merke ich jetzt, dass dies nicht notwendig ist – die Erfahrung dieses Prozesses des Übergang von einer geglaubten Wahrheit zu einem Wissen um Bedingungen kann daher *Freiheit* erzeugen und eine systemkritische Öffnung darstellen. Aporien als Prozess zu verstehen betont den Erkenntnisfortschritt und das selbstbezügliche Moment: In der Reflexion erwerbe ich Wissen von meinem Wissen bzw. meinen Meinungen. Aporie in dieser Weise ist Bereicherung meiner selbst: Begrifflich-argumentative Prüfung lädt zur Erweiterung des eigenen Denkens ein.

Verknüpfen wir die Bedeutung von Aporien mit dem Bildungsziel der Selbstveränderung: Indem – wie unter zweitens gesagt – der Einzelne seine Subjektivität in vielen Rückmeldungen seiner Perspektivität spiegelt, verändert er sich mit jeder Positionsveränderung. Jede neu justierte Position sollte als Weg in eine offene, noch unerschlossene Zukunft verstanden werden. Die Orientierung im Denken bleibt dann nicht bei Aporien stehen, sondern bedenkt den Weg vor diesem offenen Horizont. Prozesshafte Aporien führen zur Weiterentwicklung des Subjekts und in dieser Weise trotz (oder sollten wir sagen: aufgrund?) unsicheren Wissens zu Handlungsfähigkeit. Denn sie öffnen für Denkmöglichkeiten. Dass aus der Unmöglichkeit einer sicheren Erkenntnis die Möglichkeit einer Entwicklung erwächst, ist das Besondere an philosophischen Denkerfahrungen. Es ist allerdings typisch für menschliches Leben. (Das sokratische *daimonion* sagt nur *Nein* und ist insofern Statthalter für Möglichkeiten und Entwicklung.)

Aporie als Zustand hingegen wäre nicht zu erstreben und führte nur zu selbstgefälligen Bekundungen des eigenen, ach so klugen elaborierten Nichtwissens ohne das Verdanktsein der energischen Wissenssuche. Möglicherweise verändert sich das Verständnis dessen, was Philosophie soll und was Wissen ist, in diesem Prozess der

Schulung der Problematisierungsfähigkeit so ähnlich, wie es in den sokratischen Frühdialogen stattfindet. Dort nämlich werden Thesen geprüft, es wird also propositionales Wissen (Satzwissen) destruiert. Aber in dieser Prüfung geht es vordringlich um die Lebensformen der beteiligten Personen, also um ihr Gebrauchswissen; wir können sagen, um ihren situativen Umgang mit ihren gedanklichen Reflexionen.[1]

Möglicherweise liegt die *praktische Dimension* dieser drei Ziele darin, je nach Situation sein Leben führen zu können oder es prüfen und betrachten zu können oder gelassen mit Fremdbestimmungen oder sozialen Gegebenheiten und Ansprüchen umgehen zu können. So lapidar sich dies anhört, so folgenreich aber kann es sein. Denn wer seine Position prüfen und reflektieren kann, der ist eher in der Lage, einem Konformitätsdruck nicht zu erliegen und verfügt über die Voraussetzungen für Zivilcourage.

Bisher haben wir die Schülerinnen und Schüler in ihrer Funktion für den Einzelnen betrachtet; jene sind für die Auseinandersetzung mit sich selbst dienlich. *Gemeinschaft* zwischen Menschen aber, und zwar eine solche, in der sie einander als suchende und zweifelnde begegnen können, wird durch Philosophieunterricht inspiriert und etabliert. Am Beispiel moralischer Bildung lässt sich dies veranschaulichen. Moral kann ja bedeuten, in seinem eigenen Kopf Maßstäbe für Handlungen anderer und eigene Handlungen zu erarbeiten und sich an ihnen zu orientieren. Gemäß der eigenen Maßstäbe sollen sich dann alle Menschen an diesen Regeln ausrichten. Eine solche Moral ist selbstbestimmt, unterliegt aber der Gefahr des Fanatismus. (Denn *ich* bin hier das alleinige Maß der Be- und Verurteilung.) In einer Haltung dialogischen Zweifelns tritt mir hingegen die reale Gemeinschaft in Form anderer Menschen vor Augen, die andere

---

1 Platon: Menon oder Über die Tugend. In: Otto Apelt (Hrsg.): Platon: Sämtliche Dialoge, Bd. 2, Meiner, Hamburg 2004, (Übersetzung (Otto Apelt) mit Einleitung und Erläuterungen; Nachdruck der 2., durchgesehenen Auflage, Leipzig 1922). In: Platon: Menon. Griechisch/Deutsch. Übersetzt und herausgegeben von Margarita Kranz. Stuttgart (Reclam UB 2047) 1999, 82a–86c, 87b–88d.

Maßstäbe für sich geltend machen, als ich sie habe. Hieraus kann sich eine andere Art von Moral ergeben, die sich eher mit Begriffen wie Takt, Achtung und Respekt beschreiben lässt. Dass das, was mich als Mensch umgibt, nicht in meinen Absichten und Verfügungen aufgeht, dass es sich mir je neu und anders zeigt, als ich es gedacht habe, handle es sich um Menschen, Dinge oder Situationen – ist eine Erfahrung, die der Philosophieunterricht mit sich bringt. Eine solche Erfahrung kann zum Staunen über unsere Wirklichkeit führen.

Nachwort

Dieses Buch ist aus vielen Erfahrungen mit Studierenden und Lehramtsanwärtern erwachsen. Insbesondere die Erarbeitung von Impulsen, die Lehrerinnen und Lehrer in ihrem Unterricht verwenden, hat sich als nützlich erwiesen. Die einzelnen Kapitel dieses Buchs sind deshalb zur Strukturierung fachdidaktischer Seminare an der Universität oder im Referendariat in Fachseminaren geeignet. Pro Seminarsitzung kann eine Situation betrachtet werden, und die vorgeschlagenen Impulse (und weitere) können konkretisiert, erprobt, reflektiert und verallgemeinert werden. Beispielsweise ist dies auch sinnvoll zur Einführung in die Fachdidaktik, zum Abschluss, zur gezielten Vorbereitung auf die Unterrichtsbefähigung oder im Rahmen eines Kernpraktikums. Ebenso kann dieses Buch als Einführung in die Philosophie gelesen werden.

Zum Abschluss wollen wir kurz die theoretischen Grundlagen streifen, auf denen unsere Gedanken ruhen. Zunächst ist unser Ansatz problemorientiert. Problemorientierung vermittelt einen Gegensatz zwischen Technik und Inhalt alias formaler und materialer Bildung. Auf höherer Ebene nämlich erfahren Lernende: Um eine Frage beantworten zu können, brauchen wir Denkmodelle, und wir brauchen Techniken der Problemlösung (alias Kompetenzen). Weil Kompetenzen im Sinne Weinerts Problemlösefähigkeiten sind, ist es geradezu absurd, wenn im Namen der Kompetenzorientierung ein reines Werkzeugtraining im Philosophieunterricht betrieben wird. Das aber ist nicht nur eine reale Gefahr der gängigen Betonung von Kompetenzorientierung in der allgemeinen Didaktik und eine reale Gefahr, die in manchen Kompetenzbeschreibungen in Bildungsplänen auftaucht. Sondern es kann auch die Gefahr einer bestimmten rein werkzeugorientierten Rezeption von Ekkehard Martens' sogenanntem 5-Finger-Modell sein.

Dieses Buch steht dezidiert auf der Grundlage der Didaktik von Ekkehard Martens: Zunächst nämlich orientieren wir uns an seinem dialogisch-pragmatischen Konzept von Philosophieunterricht, in dem es um die Betonung der Dialoggemeinschaft und die Orientierung an lebensweltlich-handlungsbezüglichen Inhalten geht. Und ebenso sind die philosophischen Denkrichtungen der Spekulation, Phänomenologie, Hermeneutik, Analytik und Dialektik für uns Ankerpunkte der Elaborierung des philosophischen Nachdenkens und Suchrichtungen sowohl für Tätigkeiten als auch für Fähigkeiten der Schülerinnen und Schüler. Nimmt man jedoch diese beiden Ansätze zusammen, so können sie problemorientiert realisiert werden, ohne dass die Gefahr besteht, ein reines Werkzeugtraining zu betreiben. Die fünf Methoden des 5-Finger-Modells flechten wir ein in Wege der Problemerörterung.[1]

Auf der Grundlage dieses doppelten Ansatzes von Martens in einem problemorientierten Kontext beschreiben wir in unserem Buch eine *Lernprogression*. Möglicherweise unterscheidet das unser Vorgehen von anderen Didaktikbüchern, in denen Methoden, Inhalte, Ziele oder auch Fähigkeiten beschrieben werden, nicht aber deren Erweiterung im Rahmen einer Lerneinheit.

Die Impulse, die wir Lehrerinnen und Lehrern in diesem Buch vorschlagen, sind nicht als Rezepte zu lesen, sondern als Anleitungen zur Entfaltung der Urteilskraft der Beteiligten. Sie könnten die Funktion, Patentlösungen darzustellen, auch gar nicht entfalten, weil wir ja, indem wir bestimmte Situationen beleuchten, andere Aspekte der Gestaltung im Dunkeln lassen. In Wirklichkeit muss jedoch die Lehrerin und der Lehrer viele Aspekte zu gleicher Zeit berücksichtigen. Die Komplexität unterrichtlichen Handelns bauen wir induktiv auf, in der Hoffnung, die Leserin und der Leser erwerben dabei nach und nach komplexere didaktische Strukturen. Impulse, die wir vorschlagen, verstehen wir analog zu Denkmodellen als Vereinfachungen und damit als Handlungsanweisungen, die Anleitungen zur Reflexion und Erweiterung des Hintergrundwissens des Lehrers bzw. der Lehrerin darstellen. Diese Anleitungen sollen befähigen, situationsgerecht zu handeln. Und die Situationen, die wir dafür vorstrukturieren, sind genau genommen Typen von Situationen, die auffordern, die konkrete Situation zu verstehen und darauf auf-

---

1 Ekkehard Martens, Dialogisch-pragmatische Philosophiedidaktik. Hannover 1979; ders., Philosophieren mit Kindern. Eine Einführung in die Philosophie. Stuttgart 1999.

bauend zu gestalten, so wie es wohl die Aufgabe der Lehrerin und des Lehrers insgesamt ist, möglichst gut zu verstehen, um dann mit Schülerbeiträgen weiter zu arbeiten. Das Rezept dieses Buchs lautet also im Durchgang durch die Lektüre: *Prüfe deine Maßnahmen auf Situationsangemessenheit.*

Glauben wir, dass wir das Feld der unterrichtlichen Entscheidungen im Fach Philosophie mit diesem Buch erschöpfend dargestellt haben? Keineswegs. Wir denken eher, einen Geist der Art der Handlungen beschrieben zu haben, der Lehrerinnen und Lehrer befähigt, andere je nach Situation passende Impulse in passenden Sozialformen zu geben. Wir stellen mit unserer Auswahl unser Verständnis von Philosophieunterricht zur Diskussion, das wir über 30 Jahre lang erprobt und vermittelt haben. Klaus Langebeck schlug an dieser Stelle unseres Nachdenkens vor, wir sollten den Leserinnen und Lesern sagen: *In diesem Buch sind manche Weisheit und manche Irrtümer zu finden. Suche sie!* Daraufhin schlug Michael Fröhlich vor, ein eigenes Kapitel mit der Überschrift *Und was denken Sie darüber? – Kann es sein, dass die Impulse dieses Buchs nicht helfen?* zu schreiben, in dem nur der Satz steht: *Wir bitten sogar darum, dass das geschieht (vgl. Wittgenstein, Ludwig, Tractatus Logico-philosophicus, Satz 6.54).*[2] Zwischenzeitlich haben wir überlegt, unser Verständnis noch stärker auf den Begriff zu bringen und zu präzisieren. Aber wir wollten ja ein induktives praxisnahes Buch schreiben, in dem Metabemerkungen nicht die Überhand gewinnen. Schließlich aber hat Eberhard Ritz uns auf den richtigen Weg gebracht, den Lesern zu *vertrauen, selbstständig mit unseren Gedanken umzugehen, unsere Begriffe in ihr Handeln einfließen zu lassen, und es zu vertiefen, indem sie eigene Lerngeschichten gründen, befördern und erzählen.*

---

2 »Meine Sätze erläutern dadurch, dass sie der, welcher mich versteht, am Ende als unsinnig erkennt, wenn er durch sie – auf ihnen – über sie hinausgestiegen ist. (Er muss sozusagen die Leiter wegwerfen, nachdem er auf ihr hinaufgestiegen ist.)«